21世纪高职高专新概念

数据结构（C语言描述）

王路群　主编

邓沌华　曹　静　副主编

中国水利水电出版社

内容提要

本书为 21 世纪高职高专新概念教材之一，全书共 10 章，主要内容包括：绪论、线性表、栈和队列、串、多维数组和广义表、树、图、查找、排序、文件等。各章中所涉及的数据结构与算法均给予了 C 语言描述（所有程序都运行通过），以便于读者巩固和提高运用 C 语言进行程序设计的能力与技巧。

本书在内容的选取、概念的引入、文字的叙述以及例题和习题的选择等方面，都力求遵循面向应用、逻辑结构简明合理、由浅入深、深入浅出、循序渐进、便于自学的原则，突出其实用性与应用性。

本书为高职高专计算机专业教材，也适合作为各校非计算机专业辅修计算机专业课程的教材，还可以供一切从事计算机软件开发的科技人员自学参考。

本书配有电子教案，此教案用 PowerPoint 制作，可以任意修改。选用本教材的老师可以与北京万水电子信息有限公司联系，免费获取该电子教案。联系电话：010-68359168-331。

图书在版编目（CIP）数据

数据结构：C 语言描述/王路群主编．—北京：中国水利水电出版社，2002

（21 世纪高职高专新概念教程）

ISBN 7-5084-0989-2

Ⅰ.数…　Ⅱ.王…　Ⅲ.①数据结构—高等学校：技术学校—教材②C 语言—程序设计—高等学校：技术学校—教材　Ⅳ.TP311.12

中国版本图书馆 CIP 数据核字（2002）第 005184 号

书　　名	数据结构（C 语言描述）
主　　编	王路群
副 主 编	邓沌华　曹　静
出版、发行	中国水利水电出版社（北京市三里河路 6 号　100044） 网址：www. waterpub. com. cn E-mail：mchannel@public3.bta.net.cn（万水） sale@waterpub. com. cn 电话：（010）68359286（万水）　63202266（总机）　68331835（发行部）
经　　售	全国各地新华书店
排　　版	北京万水电子信息有限公司
印　　刷	北京天竺颖华印刷厂
规　　格	787×1092 毫米　16 开本　14 印张　291 千字
版　　次	2002 年 2 月第一版　2003 年 2 月北京第三次印刷
印　　数	8001—13000 册
定　　价	18.00 元

21 世纪高职高专新概念教材

编委会名单

参编学校名单

（按第一个字笔划排序）

三门峡职业技术学院
山东大学
山东交通学院
山东建工学院
山东省电子工业学校
山东农业大学
山东省农业管理干部学院
山东省教育学院
山西阳泉煤炭专科学校
山西运城学院
山西经济管理干部学院
广州市职工大学
广州铁路职业技术学院
中华女子学院山东分院
中国人民解放军第二炮兵学院
中国矿业大学
中南大学
天津市一轻局职工大学
天津职业技术师范学院
长沙大学
长沙民政职业技术学院
长沙交通学院
长沙航空职业技术学院
长春汽车工业高等专科学校
北京对外经济贸易大学
北京科技大学职业技术学院
北京科技大学成人教育学院
石油化工管理干部学院
石家庄师范专科学校
辽宁交通高等专科学校
华中电业联合职工大学
华中科技大学
华东交通大学
华北电力大学工商管理学院
华北航天工业学院
江汉大学
江西渝州电子工业学院
西安外事学院
西安欧亚学院
西安铁路运输职工大学
西安联合大学
孝感职业技术学院
杨陵职业技术学院
昆明冶金高等专科学校
武汉大学动力与机械学院
武汉大学信息工程学院
武汉工业学院
武汉工程职业技术学院
武汉广播电视大学
武汉化工学院
武汉电力职业技术学院
武汉交通管理干部学院
武汉科技大学工贸学院
武汉商业服务学院
武汉理工大学
武汉铁路职业技术学院
河南济源职业技术学院
郑州工业高等专科学校
陕西师范大学
南昌水利水电高等专科学校
哈尔滨金融专科学校
济南大学
济南交通高等专科学校
济南职业技术学院

荆门职业技术学院
贵州无线电工业学校
贵州电子信息职业技术学院
恩施职业技术学院
黄冈职业技术学院
黄石计算机学院
湖北工学院
湖北丹江口职工大学
湖北交通职业技术学院
湖北汽车工业学院
湖北经济管理大学
湖北药检高等专科学校
湖北经济学院
湖北教育学院
湖北鄂州大学
湖北水利水电职业技术学院
湖南大学
湖南工业职业技术学院
湖南计算机高等专科学校
湖南省轻工业高等专科学校
湖南涉外经济学院
湖南郴州师范专科学校
湖南商学院
湖南税务高等专科学校

序

根据1999年8月教育部高教司制定的《高职高专教育基础课程教学基本要求》（以下简称《基本要求》）和《高职高专教育专业人才培养目标及规格》（以下简称《培养规格》）的精神，由中国水利水电出版社北京万水电子信息有限公司精心策划，聘请我国长期从事高职高专教学、有丰富教学经验的教师执笔，在充分汲取了高职高专和成人高等学校在探索培养技术应用性人才方面取得的成功经验和教学成果的基础上，撰写了此套《21世纪高职高专新概念教材》。

为了编写本套教材，出版社进行了广泛的调研，走访了全国百余所具有代表性的高等专科学校、高等职业技术学院、成人教育高等院校以及本科院校举办的二级职业技术学院在广泛了解情况、探讨课程设置、研究课程体系的基础上，经过学校申报、征求意见、专家评选等方式，确定了本套书的主编，并成立了编委会。每本书的编委会聘请了多所学校主要学术带头人或主要从事该课程教学的骨干，教学大纲的确定以及教材风格的定位均经过编委会多次认真讨论。

本套《21世纪高职高专新概念教材》有如下特点：

（1）面向21世纪人才培养的需求，结合高职高专学生的培养特点，具有鲜明的高职高专特色。本套教材的作者都是长期在第一线从事高职高专教育的骨干教师，对学生的基本情况、特点和认识规律等有深入的了解，在教学实践中积累了丰富的经验。因此可以说，每一本书都是教师们长期教学经验的总结。

（2）以《基本要求》和《培养规格》为编写依据，内容全面，结构合理，文字简练，实用性强。在编写过程中，作者严格依据教育部提出的高职高专教育"以应用为目的，以必需、够用为度"的原则，力求从实际应用的需要（实例）出发，尽量减少枯燥、实用性不强的理论概念，加强了应用性和实际操作性强的内容。

（3）采用"问题（任务）驱动"的编写方式，引入案例教学和启发式教学方法，便于激发学习兴趣。本套书的编写思路与传统教材的编写思路不同：先提出问题，然后介绍解决问题的方法，最后归纳总结出一般规律或概念。我们把这个新的编写原则比喻成"一棵大树、问题驱动"的原则。即：一方面遵守先见（构建）"树"（每本书就是一棵大树），再见（构建）"枝"（书的每一章就是大树的一个分枝），最后见（构建）"叶"（每章中的若干小节及知识点）的编写原则；另一方面采用问题驱动方式，每一章都尽量用实际中的典型实例开头（提出问题、明确目标），然后逐渐展开（分析解决问题），在讲述实例的过程中将本章的知识点融入。这种精选实例，并将知识点融于实例中的编写方式，可读性、可操作性强，非常适合高职高专的学生阅读和使用。本书读者通过学习构建本书中的"树"，由"树"找"枝"，顺“枝”摸“叶”，最后达到构建自己所需要的“树”的目的。

（4）配有实验指导和实训教程，便于学生练习提高。

（5）配有动感电子教案。为顺应教育部提出的教材多元化、多媒体化发展的要求，每本教材都配有电子教案，以满足广大教师进行多媒体教学的需要。电子教案用 PowerPoint 制作，教师可根据授课情况任意修改。

（6）提供相关教材中所有程序的源代码，方便教师直接切换到系统环境中教学，提高教学效果。

总之，本套教材凝聚了数百名高职高专一线教师多年的教学经验和智慧，内容新颖，结构完整，概念清晰，深入浅出，通俗易懂，可读性、可操作性和实用性强。

本套教材适用于高等职业学校、高等专科学校、成人及本科院校举办的二级职业技术学院和民办高校。

新的世纪吹响了我国高职高专教育蓬勃发展的号角，新世纪对高职教育提出了新的要求，高职教育占据了全面素质教育中所不可缺少的地位，在我国高等教育事业中占有极其重要的位置，在我国社会主义现代化建设事业中发挥着日趋显著的作用，是培养新世纪人才所不可缺少的力量。相信本套《21 世纪高职高专新概念教材》的出版能为高职高专的教材建设和教学改革略尽绵薄之力，因为我们提供的不仅是一套教材，更是自始至终的教育支持，无论是学校、机构培训还是个人自学，都会从中得到极大的收获。

当然，本套教材肯定会有不足之处，恳请专家和读者批评指正。

21 世纪高职高专新概念教材编委会

2001 年 3 月

前　　言

21 世纪是科学技术高速发展的信息时代，而计算机是处理信息的主要工具，因此，人们已经认识到，计算机知识已成为人类当代文化的一个重要组成部分。

计算机科学技术以惊人的速度向前发展，它的广泛应用已从传统的数值计算领域发展到各种非数值计算领域。在非数值计算领域里，数据处理的对象已从简单的数值发展到一般的符号，进而发展到具有一定结构的数据。在这里，面临的主要问题是：针对每一种新的应用领域的处理对象，如何选择合适的数据表示（结构），如何有效地组织计算机存储，并在此基础上又如何有效地实现对象之间的“运算”关系。传统的解决数值计算的许多理论、方法和技术已不能满足解决非数值计算问题的需要，必须进行新的探索。数据结构就是研究和解决这些问题的重要基础理论。因此，“数据结构”课程已成为计算机类专业的一门重要专业基础课。

数据结构是程序设计的中级课程，主要培养学生分析数据、组织数据的能力，告诉学生如何编写效率高、结构好的程序。本书为 21 世纪高职高专新概念教材之一，在内容的选取、概念的引入、文字的叙述以及例题和习题的选择等方面，都力求遵循面向应用、逻辑结构简明合理、由浅入深、深入浅出、循序渐进、便于自学的原则，突出其实用性与应用性。全书共分十章。第一章主要讲述数据结构和算法的基本概念。第二～七章分别讲述线性表、栈和队列、串、多维数组和广义表、树和图这几种基本数据结构的特点、存储方法和基本运算，书中安排了相当的篇幅来介绍这些基本数据结构的实际应用。第八章和第九章讲述查找和排序的基本原理与方法。第十章围绕数据在外存上的组织方法介绍了文件的若干基本结构。各章中所涉及的数据结构与算法，均给予了 C 语言描述，以便于读者巩固和提高运用 C 语言进行程序设计的能力与技巧。书中所有程序都运行通过，并可从中国水利水电出版社的网站（www.waterpub.com.cn）免费下载。

本书配有电子教案，此教案用 PowerPoint 制作，可以任意修改，使用该教材的教师可以与北京万水电子信息有限公司联系，免费获取此电子教案。联系电话：010-68359168-331。

本书为高职高专计算机科学与技术专业教材，建议讲授课时为 60 学时，上机实践课时为 20 学时，各院校可根据自己的特点适当增删。本书也适合作为各校非计算机专业辅修计算机专业课程的教材，还可以供一切从事计算机软件开发的科技人员自学参考。

本书由王路群主编，邓沌华、曹静任副主编，其中第一、十章由王路群编写，第二、三、四章由侯叶舟、李梅编写，第五章由李根强编写，第六、八章由邓沌华编写，第七章由盛集明、曹静编写，第九章由官东编写，王路群、邓沌华统编全稿。参加本书编写大纲讨论的教师还有张胜利、胡长坤、赵海廷、贾文军、郑晓娟、韩秋岚、李红玲等。

由于编者水平有限，书中不妥或错误之处在所难免，殷切希望广大读者批评指正。

编 者

2001 年 12 月

目　　录

第一章 绪论

本章学习导读

本章介绍了数据结构这门学科诞生的背景、发展历史以及在计算机科学中所处的地位，重点介绍了与数据结构有关的概念和术语，读者学习本章后应能掌握数据、数据元素、逻辑结构、存储结构、数据处理、数据结构、算法设计等基本概念，并了解如何评价一个算法的好坏。

1.1 引言

众所周知，20 世纪 40 年代，电子数字计算机问世的直接原因是解决弹道学的计算问题。早期，电子计算机的应用范围，几乎只局限于科学和工程的计算，其处理的对象是纯数值性的信息，通常，人们把这类问题称为数值计算。

近 30 年来，电子计算机的发展异常迅猛，这不仅表现在计算机本身运算速度不断提高、信息存储量日益扩大、价格逐步下降，更重要的是计算机广泛地应用于情报检索、企业管理、系统工程等方面，已远远超出了数值计算的范围，而渗透到人类社会活动的一切领域。与此相应，计算机的处理对象也从简单的纯数值性信息发展到非数值性的和具有一定结构的信息。

因此，再把电子数字计算机简单地看作是进行数值计算的工具，把数据仅理解为纯数值性的信息，就显得太狭隘了。现代计算机科学的观点，是把计算机程序处理的一切数值的、非数值的信息，乃至程序统称为数据（Data），而电子计算机则是加工处理数据（信息）的工具。

处理对象的转变导致系统程序和应用程序的规模越来越大，结构也相当复杂，单凭程序设计人员的经验和技巧已难以设计出效率高、可靠性强的程序，数据的表示方法和组织形式已成为影响数据处理效率的关键。因此，就要求人们对计算机程序所加工的对象进行系统的研究，即研究数据的特性以及数据之间存在的关系——数据结构（Data Structure）。

1.2 数据结构的发展简史及其在计算机科学中所处的地位

数据结构是随着电子计算机的产生和发展而发展起来的一门较新的计算机学科。数据结构所讨论的有关问题，早先是为解决系统程序设计中的具体技术而出现在《编译程序》和《操作系统》之中。“数据结构”作为一门独立的课程在国外是从 1968 年才开始设立的。在这之前，它的某些内容曾在其他课程，如表处理语言中有所阐述。1968 年在美国一些大学的计算机系的教学计划中，虽然把“数据结构”规定为一门课程，但对课程的范围仍没有作明确规定。当时，数据结构几乎和图论，特别是和表、树的理论为同义语。随后，数据结构这个概念扩充到包括网络、集合代数论、格、关系等方面，从而变成了现在称之为“离散结构”的内容。然而，由于数据必须在计算机中进行处理，因此，不仅考虑数据本身的数学性质，而且还必须考虑数据的存储结构，这就进一步扩大了数据结构的内容。近年来，随着数据库系统的不断发展，在数据结构课程中又增加了文件管理（特别是大型文件的组织等）的内容。

1968 年美国唐·欧·克努特教授开创了数据结构的最初体系，他所著的《计算机程序设计技巧》第一卷《基本算法》是第一本较系统地阐述数据的逻辑结构和存储结构及其操作的著作，从 60 年代末到 70 年代初，出现了大型程序，软件也相对独立，结构程序设计成为程序设计方法学的主要内容，人们就越来越重视数据结构，认为程序设计的实质是对确定的问题选择一种好的结构，加上设计一种好的算法。从 70 年代中期到 80 年代初，各种版本的数据结构著作就相继出现。

目前在我国，“数据结构”也已经不仅仅是计算机专业的教学计划中的核心课程之一，而且是其他非计算机专业的主要选修课程之一。

“数据结构”在计算机科学中是一门综合性的专业基础课。数据结构的研究不仅涉及到计算机硬件（特别是编码理论、存储装置和存取方法等）的研究范围，而且和计算机软件的研究有着更密切的关系，无论是编译程序还是操作系统，都涉及到数据元素在存储器中的分配问题。在研究信息检索时也必须考虑如何组织数据，以便查找和存取数据元素更为方便。因此，可以认为数据结构是介于数学、计算机硬件和计算机软件三者之间的一门核心课程。我国从 1978 年开始，各院校先后开设了“数据结构”课。1982 年全国计算机教育学术讨论会和 1983 年全国大专类计算机专业教学工作讨论会都把“数据结构”确定为计算机类各专业的骨干课程之一。这是因为，在计算机科学中，数据结构这一门课的内容不仅是一般程序设计（特别是非数值性程序设计）的基础，而且是设计和实现编译程序、操作系统、数据库系统及其他系统程序的重要基础。

值得注意的是，数据结构的发展并未终结，一方面，面向各专门领域中特殊问题的数据结构得到研究和发展，如多维图形数据结构等；另一方面，从抽象数据类型的观点来讨论数据结构，已成为一种新的趋势，越来越被人们所重视。由此可见，数据结构技术的产生时间并不长，它正处于迅速发展阶段。同时，随着电子计算机的发展和更新，新的数据结构将会不断出现。

1.3 什么是数据结构

什么是数据结构？这是一个难于直接回答的问题。一般来说，用计算机解决一个具体问题时，大致需要经过下列几个步骤：首先要从具体问题中抽象出一个适当的数学模型，然后设计一个解此数学模型的算法（Algorithm），最后编出程序、进行测试、调整直至得到最终解答。寻求数学模型的实质是分析问题，从中提取操作的对象，并找出这些操作对象之间含有的关系，然后用数学的语言加以描述。为了说明这个问题，我们首先举一个例，然后再给出明确的含义。

假定有一个学生通讯录，记录了某校全体学生的姓名和相应的住址，现在要写一个算法，要求是，当给定任何一个学生的姓名时，该算法能够查出该学生的住址。这样一个算法的设计，将完全依赖于通讯录中的学生姓名及相应的住址是如何结构的，以及计算机是怎样存储通讯录中的信息。

如果，通讯录中的学生姓名是随意排列的，其次序没有任何规律。那么，当给定一个姓名时，则只能对通讯录从头开始逐个与给定的姓名比较，顺序查对，直至找到所给定的姓名为止。这种方法相当费时间，而且效率很低。

然而，若我们对学生通讯录进行适当的组织，按学生所在班级来排列，并且再造一个索引表，这个表用来登记每个班级学生姓名在通讯录中的起始处的位置。这样一来，情况将大为改善。这时，当要查找某学生的住址时，则可先从索引表中查到该学生所在班级的学生姓名是从何处起始，而后，就从此起始处开始查找，而不必去查看其他部分的姓名。由于采用了新的结构，于是，就可写出一个完全不相同的算法。

上述的学生通讯录就是一个数据结构问题。我们看到，计算机算法与数据的结构密切相关，算法无不依附于具体的数据结构，数据结构直接关系到算法的选择和效率。

下面，再对学生通讯录作进一步讨论。我们知道，当有新学生进校时，通讯录需要添加新学生的姓名和相应的住址；在老学生毕业离校时，应从通讯录中删除毕业学生的姓名和住址。这就要求在已安排好的结构上进行插入（Insert）和删除（Delete）。对于一种具体的结构，如何实现插入和删除？是把要添加的学生姓名和住址插入到前头，还是末尾，或是中间某个合适的位置上，插入后，对原有的数据是否有影响？有什么样的影响？删除某学生的姓名和住址后，其他的数据（学生的姓名和住址）是否要移动？若需要移动，则应如何移动？这一系列的问题说明，为适应数据的增加和减少的需要，还必须对数据结构定义一些运算。上面只涉及到两种运算，即插入和删除运算。当然，还会提出一些其他可能的运算，如学生搬家后，住址变了，为适应这种需要，就应该定义修改（Modify）运算，等等。

对于这些运算，显然是由计算机来完成，这就要设计相应的插入、删除和修改的算法。也就是说，数据结构还需要给出每种结构类型所定义的各种运算的算法。

通过以上讨论。我们可以直观地认为：数据结构是研究程序设计中计算机操作的对象以及它们之间的关系和运算的一门学科。

1.4　基本概念和术语

下面我们来认识与数据结构相关的一些重要的基本概念和术语。

1. 数据

数据是人们利用文字符号、数字符号以及其他规定的符号对现实世界的事物及其活动所做的描述。在计算机科学中，数据的含义非常广泛，我们把一切能够输入到计算机中并被计算机程序处理的信息，包括文字、表格、图像等，都称为数据。例如，一个个人书库管理程序所要处理的数据可能是一张如表 1-1 所示的表格。

2. 结点

结点也叫数据元素，它是组成数据的基本单位。在程序中通常把结点作为一个整体进行考虑和处理。例如，在表 1-1 所示的个人书库中，为了便于处理，把其中的每一行（代表一本书）作为一个基本单位来考虑，故该数据由 10 个结点构成。

一般情况下，一个结点中含有若干个字段（也叫数据项）。例如，在表 1-1 所示的表格数据中，每个结点都由登录号、书号、书名、作者、出版社和价格等六个字段构成。字段是构成数据的最小单位。

表 1-1 个人书库

登录号	书 号	书 名	作 者	出版社	价 格
000001	TP2233	Windows NT4.0 中文版教程	赵健雅	电子工业	28.00
000002	TP1844	Authorware 5.1 速成	孙 强	人民邮电	40.00
000003	TP1684	Lotus Notes 网络办公平台	赵丽萍	清华大学	16.00
000004	TP2143	Access 2000 入门与提高	张 堪	清华大学	22.00
000005	TP1110	PowerBuilder 6.5 实用教程	樊金生	科学	29.00
000006	TP1397	Delphi 数据库编程技术	刘前进	人民邮电	43.00
000007	TP2711	精通 MS SQL Server 7.0	罗会涛	电子工业	35.00
000008	TP3239	Visual C++实用教程	郑阿奇	电子工业	30.00
000009	TP1787	电子商务万事通	赵乃真	人民邮电	26.00
000010	TP42	数据结构	江 涛	中央电大	18.80

3. 逻辑结构

结点和结点之间的逻辑关系称为数据的逻辑结构。

在表 1-1 所示的表格数据中，各结点之间在逻辑上有一种线性关系，它指出了 10 个结点在表中的排列顺序。根据这种线性关系，可以看出表中第一本书是什么书，第二本书是什么书，等等。

4. 存储结构

数据在计算机中的存储表示称为数据的存储结构。

在表 1-1 所示的表格数据在计算机中可以有多种存储表示，例如，可以表示成数组，存放在内存中；也可以表示成文件，存放在磁盘上，等等。

5. 数据处理

数据处理是指对数据进行查找、插入、删除、合并、排序、统计以及简单计算等的操作过程。在早期，计算机主要用于科学和工程计算，进入 80 年代以后，计算机主要用于数据处理。据有关统计资料表明，现在计算机用于数据处理的时间比例达到 80%以上，随着时间的推移和计算机应用的进一步普及，计算机用于数据处理的时间比例必将进一步增大。

6. 数据结构（Data Structure）

数据结构是研究数据元素（Data Element）之间抽象化的相互关系和这种关系在计算机中的存储表示（即所谓数据的逻辑结构和物理结构），并对这种结构定义相适应的运算，设计出相应的算法，而且确保经过这些运算后所得到的新结构仍然是原来的结构类型。

为了叙述上的方便和避免产生混淆，通常我们把数据的逻辑结构统称为数据结构，把数据的物理结构统称为存储结构（Storage Structure）。

7. 数据类型

数据类型是指程序设计语言中各变量可取的数据种类。数据类型是高级程序设计语言中的一个基本概念，它和数据结构的概念密切相关。

一方面，在程序设计语言中，每一个数据都属于某种数据类型。类型明显或隐含地规定了数据的取值范围、存储方式以及允许进行的运算。可以认为，数据类型是在程序设计中已经实现了的数据结构。

另一方面，在程序设计过程中，当需要引入某种新的数据结构时，总是借助编程语言所提供的数据类型来描述数据的存储结构。

8. 算法

简单地说就是解决特定问题的方法（关于算法的严格定义，在此不作讨论）。特定的问题可以是数值的，也可以是非数值的。解决数值问题的算法叫做数值算法，科学和工程计算方面的算法都属于数值算法，如求解数值积分，求解线性方程组、求解代数方程、求解微分方程等。解决非数值问题的算法叫做非数值算法，数据处理方面的算法都属于非数值算法。例如各种排序算法、查找算法、插入算法、删除算法、遍历算法等。数值算法和非数值算法并没有严格的区别。一般说来，在数值算法中主要进行算术运算，而在非数值算法中主要进行比较和逻辑运算。另一方面，特定的问题可能是递归的，也可能是非递归的，因而解决它们的算法就有递归算法和非递归算法之分。当然，从理论上讲，任何递归算法都可以通过循环、堆栈等技术转化为非递归算法。

在计算机领域，一个算法实质上是针对所处理问题的需要，在数据的逻辑结构和物理结构的基础上，施加的一种运算。由于数据的逻辑结构和物理结构不是唯一的，在很大程度上可以由用户自行选择和设计，所以处理同一个问题的算法也不是唯一的。另外，即使对于具有相同的逻辑结构和物理结构而言，其算法的设计思想和技巧不同，编写出的算法也大不相同。我们学习数据结构这门课程的目的，就是要会根据数据处理问题的需要，为待处理的数据选择合适的逻辑结构和物理结构，进而设计出比较满意的算法。

1.5 算法和算法的描述

1.5.1 算法

算法是计算机科学和技术中一个十分重要的概念。从下一章起，我们在讨论各种数据结构基本运算的同时，都将给出相应的算法。算法是执行特定计算的有穷过程。这个过程应有以下五个特点：

（1）动态有穷：当执行一个算法时，不论是何种情况，在经过了有限步骤后，这个算法一定要终止。

（2）确定性：算法中的每条指令都必须是清楚的，指令无二义性。

（3）输入：具有0个或0个以上由外界提供的量。

（4）输出：产生1个或多个结果。

（5）可行性：每条指令都充分基本，原则上可由人仅用笔和纸在有限的时间内也能完成。

由此可见，算法和程序是有区别的，即程序未必能满足动态有穷。例如，操作系统是个程序，这个程序永远不会终止。在本书中，我们只讨论满足动态有穷的程序，因此“算法”和“程序”是通用的。

1.5.2 算法的描述

一个算法可以用自然语言、数字语言或约定的符号来描述，也可以用计算机高级程序语言来描述，如 Pascal 语言、C 语言或伪代码等。本书选用 C 语言作为描述算法的工具。现简单说明 C 语言的语法结构如下：

1. 预定义常量和类型

```
# define  TRUE    1;
# define  FALSE   -1;
# define  ERROR   NULL;
```

2. 函数的形式

```
[数据类型]  函数名  ([形式参数])
[形式参数说明；]
{  内部数据说明；
   执行语句组；
}  /*函数名*/〈
```

函数的定义主要由函数名和函数体组成，函数体用花括号“{”和“}”括起来。函数中用方括号括起来的部分如“[形式参数说明；]”为可选项，函数名之间的圆括号不可省略。函数的结果可由指针或别的方式传递到函数之外。执行语句可由各种类型的语句所组成，两个语句之间用“；”号分隔。可将函数中的表达式的值通过 return 语句返回给调用它的函数。最后的花括号“}”之后的/*函数名*/为注释部分，这是一种习惯写法，可依实际情况取舍。

3. 赋值语句

简单赋值：〈变量名〉=〈表达式〉，它表示将表达式的值赋给左边的变量；

〈变量〉++，它表示变量加 1 后赋值给变量；

〈变量〉--，它表示变量减 1 后赋值给变量；

串联赋值：〈变量 1〉=〈变量 2〉=〈变量 3〉=…=〈变量 k〉=〈表达式〉；

成组赋值：（〈变量 1〉，〈变量 2〉，〈变量 3〉，…〈变量 k〉）=（〈表达式 1〉，〈表达式 2〉，〈表达式 3〉，…〈表达式 k〉）；

〈数组名 1〉[下标 1…下标 2]=〈数组名 2〉[下标 1…下标 2]

条件赋值：〈变量名〉=〈条件表达式〉？〈表达式 1〉：〈表达式 2〉；

交换赋值：〈变量 1〉←→〈变量 2〉，表示变量 1 和变量 2 互换；

4. 条件选择语句

```
if   （〈表达式〉）   语句；
if   （〈表达式〉）   语句 1；
else    语句 2；
```

情况语句

```
switch  （〈表达式〉）
{  case    判断值 1；
            语句组 1；
            break；
   case    判断值 2；
            语句组 2；
            break；
            ……
   case    判断值 n；
            语句组 n；
            break；
   [default：语句组；
            break；]
}
```

switch case 语句是先计算表达式的值，然后用其值与判断值相比较，若它们相一致时，就执行相应的 case 下的语句组；若不一致，则执行 default 下的语句组；其中的方括号代表可选项。

5. 循环语句

（1）for 语句

for （〈表达式 1〉；〈表达式 2〉；〈表达式 3〉）

{循环体语句；}

首先计算表达式 1 的值，然后求表达式 2 的值，若结果非零则执行循环体语句，最后对表达式 3 运算，如此循环，直到表达式 2 的值为零时止。

（2）while 语句

while （〈条件表达式〉）

{ 循环体语句；

}

while 循环首先计算条件表达式的值，若条件表达式的值非零，则执行循环体语句，然后再次计算条件表达式，重复执行，直到条件表达式的值为假时退出循环，执行该循环之后的语句。

（3）do-while 语句

do { 循环体语句

} while（〈条件表达式〉）

该循环语句首先执行循环体语句，然后再计算条件表达式的值，若条件表达式成立，则再次执行循环体语句，再计算条件表达式的值，直到条件表达式的值为零，即条件不成立时结束循环。

6. 输入、输出语句

输入语句：用函数 scanf 实现，当数据为字符时，用 getchar 函数实现。

输出语句：用 printf 函数实现，当要输出字符数据时，用 putchar 函数实现。

7. 其他一些语句

（1）return 表达式或 return：用于函数结束。

（2）break 语句：可用在循环语句或 case 语句中结束循环过程或跳出情况语句。

（3）exit 语句：表示出现异常情况时，控制退出语句。

8. 注释形式

可用 /*字符串*/ 或者 单行注释 或 //文字序列。

9. 一些基本的函数

如： max 函数，用于求一个或几个表达式中的最大值。

min 函数，用于求一个或几个表达式中的最小值。

abs 函数，用于求表达式的绝对值。

eof 函数，用于判定文件是否结束。

eoln 函数，用于判断文本行是否结束。

例： 计算 f=1！+2！+3！+…+n！，用 C 语言描述。

```
void  factorsum (n)
     int  n;
  {
     int  i, j;
     int  f, w;
     f=0;
     for  (i=1; i <=n; i++)
     {
          w=1;
          for  (j=1; j <=i; j++)
               w=w*j;
               f=f+w;
     }
     return;
  }
```

上述算法所用到的运算有乘法、加法、赋值和比较，其基本运算为乘法操作。在上述算法的执行过程中，对外循环变量 i 的每次取值，内循环变量 j 循环 i 次。因为内循环每执行一次，内循环体语句 w=w*j 只作一次乘法操作，即当内循环变量 j 循环 i 次时，内循环体的语句 w=w*j 作 i 次乘法。所以，整个算法所作的乘法操作总数是：f（n）=1+2+3+…n=n（n-1）/2。

1.5.3　算法评价

对于数据的任何一种运算，如果数据的存储结构不同，则其算法描述一般也是不相同的，即使在存储结构相同的情况下，由于可以采用不同的求解策略，往往也可以有许多不同的算法。进行算法评价的目的，既在于解决同一问题的不同算法中选择出较为合适的一种，也在于知道如何对现有的算法进行改进，从而设计出更好的算法。评价一个算法的准则很多，例如，算法是否正确，是否易于理解、易于编码、易于测试以及算法是否节省时间和空间等。那么，如何选择一个好的算法呢？

通常设计一个好的算法应考虑以下几个方面：

1. 正确性

正确性是设计和评价一个算法的首要条件，如果一个算法不正确，其他方面就无从谈起。一个正确的算法是指在合理的数据输入下，能在有限的运行时间内得出正确的结果。通过对数据输入的所有可能的分析和上机调试可以证明算法是否正确。当然，要从理论上证明一个算法的正确性，并不是一件容易的事。

“正确”的含义在通常的用法中有很大的差别，大体可分为以下四个层次：①程序不含语法错误；②程序对于几组输入数据能够得出满足规格说明要求的结果；③程序对于精心选择的典型、苛刻而带有刁难性的几组数据能够得出满足规格说明要求的结果；④程序对一切合法的输入数据都能产生满足规格说明要求的结果。显然，达到第④层意义下的正确是极为困难的，所有不同输入数据的数量大得惊人，逐一验证的方法是不现实的。对于大型软件需要进行专业测试，而一般情况下，通常以第③层的正确作为衡量一个程序是否合格的标准。

2. 运行时间

运行时间是指一个算法在计算机上运算所花费的时间。它大致等于计算机执行一种简单操作（如赋值操作、转向操作、比较操作等等）所需要的时间与算法中进行简单操作次数的乘积。因为执行一种简单操作所需的时间随机器而异，它是由机器本身硬软件环境决定的，与算法无关，所以我们只讨论影响运行时间的另一因素——算法中进行简单操作的次数。

显然，在一个算法中，进行简单操作的次数越少，其运行时间也就相对地越少；进行简单操作的次数越多，其运行时间也就相对地越多。因此，通常把算法中包含简单操作次数的多少叫做算法的时间复杂性，它是一个算法运行时间的相对量度。

3. 占用的存储空间

一个算法在计算机存储器上所占用的存储空间，包括存储算法本身所占用的存储空间，算法的输入、输出数据所占用的存储空间和算法运行过程中临时占用的存储空间这三个方面。算法的输入、输出数据所占用的存储空间是由要解决的问题所决定的，它不随算法的不同而改变。存储算法本身所占用的存储空间与算法书写的长短成正比，要压缩这方面的存储空间，就必须编写出较短的算法。算法运行过程中临时占用的存储空间随算法的不同而异，有的算法只需要占用少量的临时工作单元，而且不随问题规模的大小而改变，我们称这种算法是“就地”进行的，是节省存储的算法；有的算法需要占用的临时工作单元数同问题的规模 n 成正比，当 n 较大时，将占用较多的存储单元，浪费存储空间。

分析一个算法所占用的存储空间要从各方面综合考虑。如对于递归算法来说，一般都比较简短，算法本身所占用的存储空间较少，但运行时需要一个附加堆栈，从而占用较多的临时工作单元；若写成非递归算法，一般可能比较长，算法本身占用的存储空间较长，但运行时将需要较少的存储单元。

算法在运行过程中所占用的存储空间的大小被定义为算法的空间复杂性。算法的空间复杂性比较容易计算，它包括局部变量（即在本算法中说明的变量）所占用的存储空间和系统为了实现递归（如果是递归算法的话）所使用的堆栈这两个部分。算法的空间复杂性一般也以数量级的形式给出。

4. 简单性

最简单和最直接的算法往往不是最有效的，但算法的简单性使得证明其正确性比较容易，同时便于编写、修改、阅读和调试，所以还是应当强调和不容忽视的。不过对于那些需要经常使用的算法来说，高效率（即尽量减少运行时间和压缩存储空间）比简单性更为重要。

上面讨论了如何从四个方面来评价一个算法的问题。这里还需要指出，除了算法的正确性之外，其余三个方面往往是相互矛盾的。如当追求较短的运行时间时，可能带来占用较多的存储空间和较繁的算法；当追求占用较少的存储空间时，可能带来较长的运行时间和较繁的算法；当追求算法的简单性时，可能带来较长的运行时间和占用较多的存储空间。所以在设计一个算法时，要从这三个方面综合考虑，还要考虑到算法的使用频率、算法的结构化和易读性以及所使用机器的硬软件环境等因素，才能设计出比较好的算法。

本章小结

本章主要介绍了如下一些基本概念：

数据结构：数据结构是研究数据元素（Data Element）之间抽象化的相互关系和这种关系在计算机中的存储表示（即所谓数据的逻辑结构和物理结构），并对这种结构定义相适应的运算，设计出相应的算法，而且确保经过这些运算后所得到的新结构仍然是原来的结构类型。

数据：数据是人们利用文字符号、数字符号以及其他规定的符号对现实世界的事物及其活动所做的描述。在计算机科学中，数据的含义非常广泛，我们把一切能够输入到计算机中并被计算机程序处理的信息，包括文字、表格、图像等，都称为数据。

结点：结点也叫数据元素，它是组成数据的基本单位。

逻辑结构：结点和结点之间的逻辑关系称为数据的逻辑结构。

存储结构：数据在计算机中的存储表示称为数据的存储结构。

数据处理：数据处理是指对数据进行查找、插入、删除、合并、排序、统计以及简单计算等的操作过程。

数据类型：数据类型是指程序设计语言中各变量可取的数据种类。数据类型是高级程序设计语言中的一个基本概念，它和数据结构的概念密切相关。

除上述基本概念以外，学生还应该了解算法是执行特定计算的有穷过程（这个过程应有五个特点），掌握算法描述的方法及如何评价一个算法。

习　题　一

1．简述下列术语：数据、结点、逻辑结构、存储结构、数据处理、数据结构和数据类型。

2．试根据以下信息：校友姓名、性别、出生年月、毕业时间、所学专业、现在工作单位、职称、职务、电话等，为校友录构造一种适当的数据结构（作图示意），并定义必要的运算和用文字叙述相应的算法思想。

3．什么是算法？算法的主要特点是什么？

4．如何评价一个算法？

第二章　线性表

本章学习导读

线性表（Linear list）是最简单且最常用的一种数据结构。这种结构具有下列特点：存在一个唯一的没有前驱的（头）数据元素；存在一个唯一的没有后继的（尾）数据元素；此外，每一个数据元素均有一个直接前驱和一个直接后继数据元素。通过本章的学习，读者应能掌握线性表的逻辑结构和存储结构，以及线性表的基本运算以及实现算法。

2.1　线性表的逻辑结构

线性表由一组具有相同属性的数据元素构成。数据元素的含义广泛，在不同的具体情况下，可以有不同的含义。例如：英文字母表（A，B，C，…，Z）是一个长度为 26 的线性表，其中每一个字母就是一个数据元素。再如，某公司 2000 年每月产值表（400，420，500，…，600，650）（单位：万元）是一个长度为 12 的线性表，其中每一个数值就是一个数据元素。上述两例中的每一个数据元素都是不可分割的，在一些复杂的线性表中，每一个数据元素又可以由若干个数据项组成，在这种情况下，通常将数据元素称为记录（record），例如，图 2-1 的某单位职工工资表就是一个线性表，表中每一个职工的工资就是一个记录，每个记录包含八个数据项：职工号、姓名、基本工资……。

职工号	姓名	基本工资	岗位工资	奖金	应发工资	扣款	实发工资
1201	张强	540	300	200	1040	20	1020
1301	周敏	500	200	200	900	20	880
1202	徐黎芬	550	300	200	1050	30	1020
1105	黄承振	530	250	200	980	20	960
⋮	⋮	⋮	⋮	⋮	⋮	⋮	⋮

图 2-1　职工工资表

矩阵也是一个线性表，但它是一个比较复杂的线性表。在矩阵中，我们可以把每行看成是一个数据元素，也可以把每列看成是一个数据元素，而其中的每一个数据元素又是一个线性表。

综上所述，一个线性表是 n≥0 个数据元素 a_0，a_1，a_2，…，a_{n-1} 的有限序列。如果 n>0，

则除 a_0 和 a_{n-1} 外，有且仅有一个直接前驱和一个直接后继数据元素，a_i（$0 \leqslant i \leqslant n-1$）为线性表的第 i 个数据元素，它在数据元素 a_{i-1} 之后，在 a_{i+1} 之前。a_0 为线性表的第一个数据元素，而 a_{n-1} 是线性表的最后一个数据元素。若 n=0，则为一个空表，表示无数据元素。因此，线性表或者是一个空表（n=0），或者可以写成：（a_0，a_1，a_2，…，a_{i-1}，a_i，a_{i+1}，…，a_{n-1}）。

抽象数据类型线性表的定义如下：

LinearList=(D,R)

其中，$D=\{ a_i | a_i \in ElemSet, i=0,1,2, \cdots, n-1 \quad n \geqslant 1\}$

$R=\{ <a_{i-1}, a_i> | a_{i-1}, a_i \in D, i=0,1,2, \cdots, n-1\}$

Elemset 为某一数据对象集；n 为线性表的长度。

线性表的主要操作有如下几种：

（1）Initiate(L)　初始化：构造一个空的线性表 L。

（2）Insert(L,i,x)　插入：在给定的线性表 L 中，在第 i 个元素之前插入数据元素 x。线性表 L 长度加 1。

（3）Delete(L,i)　删除：在给定的线性表 L 中，删除第 i 个元素。线性表 L 的长度减 1。

（4）Locate(L,x)　查找定位：对给定的值 x，若线性表 L 中存在一个元素 a_i 与之相等，则返回该元素在线性表中的位置的序号 i，否则返回 Null（空）。

（5）Length(L)　求长度：对给定的线性表 L，返回线性表 L 的数据元素的个数。

（6）Get(L,i)　存取：对给定的线性表 L，返回第 i（$0 \leqslant i \leqslant Length(L)-1$）个数据元素，否则返回 Null。

（7）Traverse(L)　遍历：对给定的线性表 L，依次输出 L 的每一个数据元素。

（8）Copy(L,C)　复制：将给定的线性表 L 复制到线性表 C 中。

（9）Merge(A,B,C)　合并：将给定的线性表 A 和 B 合并为线性表 C。

上面我们定义了线性表的逻辑结构和基本操作。在计算机内，线性表有两种基本的存储结构：顺序存储结构和链式存储结构。下面我们分别讨论这两种存储结构以及对应存储结构下实现各操作的算法。

2.2　线性表的顺序存储结构

在计算机中用一组地址连续的存储单元依次存储线性表的各个数据元素，称作线性表的顺序存储结构。

2.2.1　线性表的顺序存储结构

在线性表的顺序存储结构中，其前后两个元素在存储空间中是紧邻的，且前驱元素一定存储在后继元素的前面。由于线性表的所有数据元素属于同一数据类型，所以每个元素在存储器中占用的空间大小相同，因此，要在该线性表中查找某一个元素是很方便的。假设线性表中的第一个数据元素的存储地址为 $Loc(a_0)$，每一个数据元素占 d 字节，则线性表中第 i 个元素 a_i 在计算机存储空间中的存储地址为：

$$Loc(a_i)= Loc(a_0)+id$$

在程序设计语言中，通常利用数组来表示线性表的顺序存储结构。这是因为数组具有如下特点：①数组中的元素间的地址是连续的；②数组中所有元素的数据类型是相同的。而这与线性表的顺序存储空间结构是类似的。

以 C 语言声明数组的方式为：

Elemtype　数组名[第一维数组长度][第二维数组长度]…

其中 Elemtype 为具体的数据类型。

1. 一维数组

若定义数组 A[n]={ a_0，a_1，a_2，…，a_{n-1}}，假设每一个数组元素占用 d 个字节，则数组元素 A[0]，A[1]，A[2]，…，A[n-1]的地址分别为 Loc(A[0])，Loc(A[0])+d，Loc(A[0])+2d，…，Loc(A[0])+（n-1）*d 。其结构如图 2-2 所示。

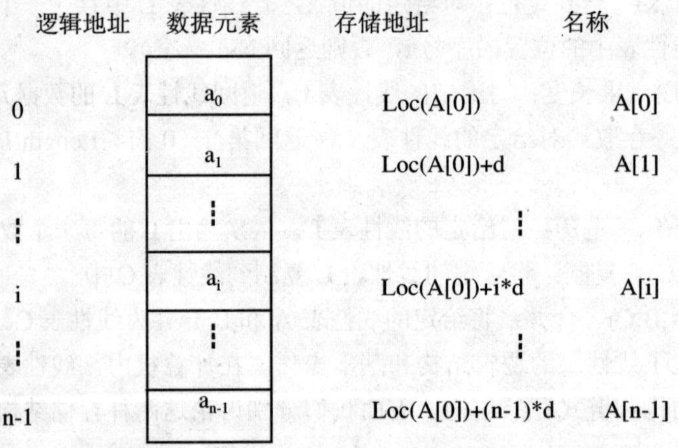

图 2-2　一维数组存储示意图

地址的计算公式如下：

$$Loc(A[i])=Loc(A[0])+i*d$$

2．二维数组

若定义数组 A[n][m]，表示此数组有 n 行 m 列，如图 2-3 所示。

	0	1	2	…	j	…	m-1
0	a_{00}	a_{01}	a_{02}	…	a_{0j}	…	$a_{0\ m-1}$
1	a_{10}	a_{11}	a_{12}	…	a_{1j}	…	$a_{1\ m-1}$
2	a_{20}	a_{21}	a_{22}	…	a_{2j}	…	$a_{2\ m-1}$
⋮	⋮	⋮	⋮		⋮		⋮
i	a_{i0}	a_{i1}	a_{i2}	…	a_{ij}	…	$a_{i\ m-1}$
⋮	⋮	⋮	⋮		⋮		⋮
n-1	$a_{n-1,0}$	$a_{n-1,1}$	$a_{n-1,2}$	…	$a_{n-1,j}$	…	$a_{n-1,m-1}$

图 2-3 二维数组

在 C 语言中，二维数组的保存是按照行方式存储的，先将第一行元素排好，接着排第二行元素，直至所有行的元素排完。如图 2-4 所示。

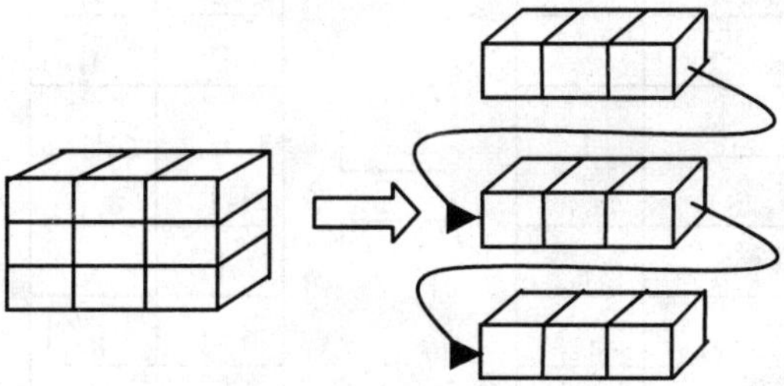

图 2-4 二维数组存储示意图

若已知数组 A[n][m]中的第一个元素的起始位置为 Loc(A[0][0])，每个元素占 d 个空间，则 A[i][j]的地址为：

$$Loc(A[i][j])= Loc(A[0][0])+imd+jd$$

例如有一含有 5×6 个元素的数组 A，其起始地址 A[0][0]是 8000，每个元素占 4 个字节，则元素 A[3][4]的地址是 Loc(A[3][4])=8000+3*6*4+4*4=8088

2.2.2 线性表在顺序存储结构下的运算

可用 C 语言描述顺序存储结构下的线性表（顺序表）如下：

```
#define TRUE 1
```

```
#define FALSE 0
#define MAXNUM <顺序表最大元素个数>
Elemtype List[MAXNUM] ;              /*定义顺序表 List*/
int num=-1;                          /*定义当前数据元素下标，并初始化*/
```

我们还可将数组和表长封装在一个结构体中：

```
struct Linear_list {
    Elemtype List[MAXNUM];           /*定义数组域*/
    int length;                      /*定义表长域*/
}
```

1. 顺序表的插入操作

在长度为 num(0≤num≤MAXNUM-2)的顺序表 List 的第 i(0≤i≤num+1)个数据元素之前插入一个新的数据元素 x 时，需将最后一个即第 num 个至第 i 个元素（共 num-i+1 个元素）依次向后移动一个位置，空出第 i 个位置，然后把 x 插入到第 i 个存储位置，插入结束后顺序表的长度增加 1，返回 TRUE 值；若 i＜0 或 i＞num+1，则无法插入，返回 FALSE。如图 2-5 所示。

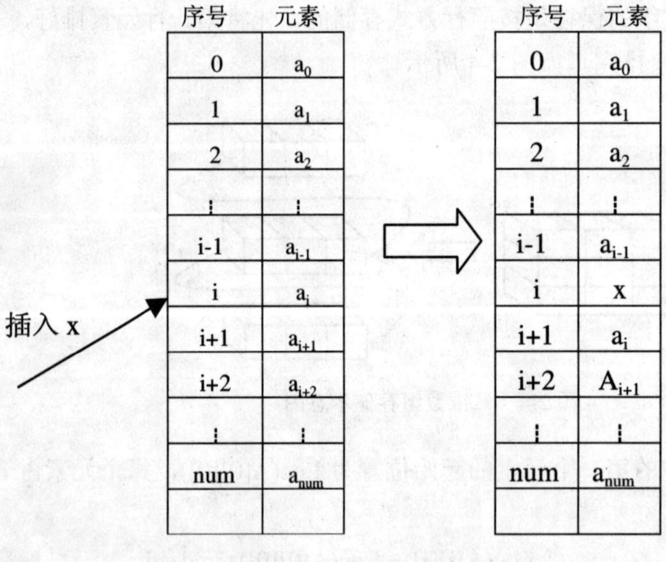

图 2-5 在数组中插入元素

其算法如下：

【算法 2.1 顺序表的插入】

```
int Insert(Elemtype List[],int *num,int i,Elemtype x)
{/*在顺序表 List[]中，*num 为表尾元素下标位置，在第 i 个元素前插入数据元素 x，若成功，返
```

```
回 TRUE，否则返回 FALSE。*/
  int j;
  if (i<0||i>*num+1)
     {printf("Error!");              /*插入位置出错*/
     return FALSE;}
  if (*num>=MAXNUM-1)
     {printf("overflow!");
     return FALSE;}                  /*表已满*/
  for (j=*num;j>=i;j--)
  List[j+1]=List[j];                 /*数据元素后移*/
  List[i]=x;                         /*插入 x*/
  (*num)++;                          /*长度加 1*/
  return TRUE;}
```

注：顺序表 List 的最大数据元素个数为 MAXNUM，num 标识为顺序表的当前表尾（num ≤MAXNUM-1）。

2．顺序表的删除操作

在长度为 num(0≤num≤MAXNUM-1)的顺序表 List，删除第 i(0≤i≤num)个数据元素，需将第 i 至第 num 个数据元素的存储位置（num-i+1）依次前移，并使顺序表的长度减 1，返回 TRUE 值，若 i<0 或 i>num，则无法删除，返回 FALSE 值，如图 2-6 所示。

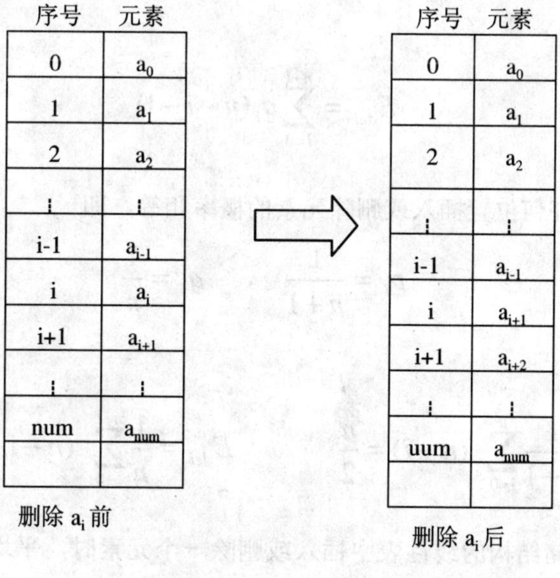

图 2-6　在数组中删除元素

其算法如下：

【算法 2.2 顺序表的删除】

```
int Delete(Elemtype List[],int *num,int i)
{/*在线性表 List[]中，*num 为表尾元素下标位置，删除第 i 个长度，线性表的长度减 1，若成功，
则返回 TRUE；否则返回 FALSE。*/
int j;
if(i<0||i>*num)
{printf("Error!");   return FALSE; }        /*删除位置出错！*/
for(j=i+1;j<=*num;j++)
List[j-1]=List[j];                         /*数据元素前移*/
    (*num)--;                              /*长度减 1*/
return   TRUE; }
```

从上述两个算法来看，很显然，在线性表的顺序存储结构中插入或删除一个数据元素时，其时间主要耗费在移动数据元素上。而移动元素的次数取决于插入或删除元素的位置。

假设 P_i 是在第 i 个元素之前插入一个元素的概率，则在长度为 n 的线性表中插入一个元素时所需移动元素次数的平均次数为：

$$E_{ins} = \sum_{i=0}^{n} p_i (n-i)$$

假设 q_i 是删除第 i 个元素的概率，则在长度为 n 的线性表中删除一个元素时所需移动元素次数的平均次数为：

$$E_{del} = \sum_{i=0}^{n-1} q_i (n-i-1)$$

如果在线性表的任何位置插入或删除元素的概率相等，即

$$p_i = \frac{1}{n+1} \quad , \quad q_i = \frac{1}{n}$$

则

$$E_{ins} = \frac{1}{n+1}\sum_{i=0}^{n} (n-i) = \frac{n}{2} \quad , \quad E_{del} = \frac{1}{n}\sum_{i=0}^{n-1} (n-i-1) = \frac{n-1}{2}$$

可见，在顺序存储结构的线性表中插入或删除一个元素时，平均要移动表中大约一半的数据元素。若表长为 n，则插入和删除算法的时间复杂度都为 O(n)。

在顺序存储结构的线性表中其他的操作也可直接实现，在此不再讲述。

例：将有序线性表 La={2,4,6,7,9}，Lb={1,5,7,8}，合并为 Lc={1,2,4,5,6,7,7,8,9}。

分析：Lc 中的数据元素或者是 La 中的数据元素，或者是 Lb 中的数据元素，则只要先将 Lc 置为空表，然后将 La 或 Lb 中的元素逐个插入到 Lc 中即可。设两个指针 i 和 j 分别指向 La 和 Lb 中的某个元素，若设 i 当前所指的元素为 a，j 当前所指的元素为 b，则当前应插入到 Lc 中的元素 c 为 $c=\begin{cases} a & 当\ a \leqslant b\ 时 \\ b & 当\ a > b\ 时 \end{cases}$，很显然，指针 i 和 j 的初值均为 1，在所指元素插入 Lc 后，i，j 在 La 或 Lb 中顺序后移。

算法如下：

```
void merge(Elemtype La[],Elemtype Lb[],Elemtype **Lc)
{  int i,j,k;
   int La_length,Lb_length;
   i=j=0;k=0;
   La_length=Length(La);Lb_length=Length(Lb);  /*取表 La,Lb 的长度*/
   Initiate(Lc);                    /*初始化表 Lc*/
   While (i<=La_length&&j<=Lb_length)
      {  a=get(La,i);b=get(Lb,j);
         if(a<b) {insert(Lc,++k,a);++ i;}
         else {insert(Lc,++k,b);++j;}
      }                             /*将 La 和 Lb 的元素插入到 Lc 中*/
while (i<=La_length) { a=get(La,i);insert(Lc,++k,a);}
while (j<=lb_length) { b=get(La,j);insert(Lc,++k,b);  }    }
```

3. 顺序表存储结构的特点

线性表的顺序存储结构中任意数据元素的存储地址可由公式直接导出，因此顺序存储结构的线性表是可以随机存取其中的任意元素。也就是说定位操作可以直接实现。高级程序设计语言提供的数组数据类型可以直接定义顺序存储结构的线性表，使其程序设计十分方便。

但是，顺序存储结构也有一些不方便之处，主要表现在：

（1）数据元素最大个数需预先确定，使得高级程序设计语言编译系统需预先分配相应的存储空间。

（2）插入与删除运算的效率很低。为了保持线性表中的数据元素的顺序，在插入操作和删除操作时需移动大量数据。这对于插入和删除操作频繁的线性表、以及每个数据元素所占字节较大的问题将导致系统的运行速度难以提高。

（3）顺序存储结构的线性表的存储空间不便于扩充。当一个线性表分配顺序存储空间后，如果线性表的存储空间已满，但还需要插入新的元素，则会发生“上溢”错误。在这种情况下，如果在原线性表的存储空间后找不到与之连续的可用空间，则会导致运算的失败或中断。

2.3 线性表的链式存储结构

从线性表的顺序存储结构的讨论中可知，对于大的线性表，特别是元素变动频繁的大线性表不宜采用顺序存储结构，而应采用本节要介绍的链式存储结构。

线性表的链式存储结构就是用一组任意的存储单元（可以是不连续的）存储线性表的数据元素。对线性表中的每一个数据元素，都需用两部分来存储：一部分用于存放数据元素值，称为数据域；另一部分用于存放直接前驱或直接后继结点的地址（指针），称为指针域，我们把这种存储单元称为结点。

在链式存储结构方式下，存储数据元素的结点空间可以不连续，各数据结点的存储顺序与数据元素之间的逻辑关系可以不一致，而数据元素之间的逻辑关系由指针域来确定。

链式存储方式可用于表示线性结构，也可用于表示非线性结构。

2.3.1 线性链表

1. 线性链表

线性链表是线性表的链式存储结构，是一种物理存储单元上非连续、非顺序的存储结构，数据元素的逻辑顺序是通过链表中的指针链接次序实现的。因此，在存储线性表中的数据元素时，一方面要存储数据元素的值，另一方面要存储各数据元素之间的逻辑顺序，为此，将每一个存储结点分为两部分：一部分用于存储数据元素的值，称为数据域；另一部分用于存放下一个数据元素的存储结点的地址，即指向后继结点，称为指针域。

此种形式的链表因只含有一个指针域，又称为单向链表，简称单链表。图 2-7(a)所示为一个空线性链表。图 2-7(b)所示为一个非空线性链表（a_0，a_1，a_2，…，a_{n-1}）。

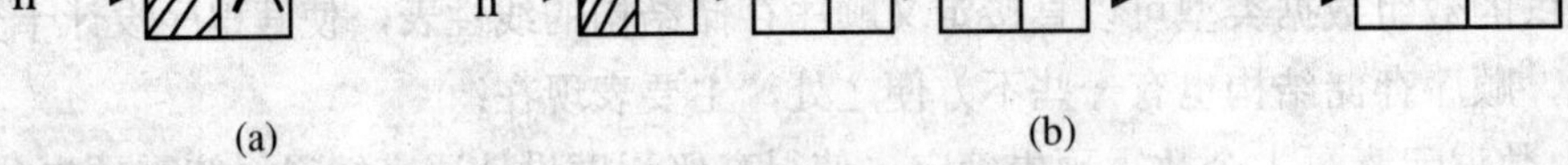

图 2-7 线性链表的存储结构

图 2-7 中，通常在线性链表的第一结点之前附设一个称为头结点的结点。头结点的数据域可以不存放任何数据，也可以存放链表的结点个数的信息。对空线性表，附加头结点的指针域为空（NULL 或 0 表示），用∧表示。头指针 head 指向链表附加头结点的存储位置。对于链表的各种操作必须从头指针开始。

在 C 语言中，定义链表结点的形式如下：

```
struct 结构体名
{ 数据成员表;
    struct 结构体名 * 指针变量名; }
```

例如：下面定义的结点类型中，数据域包含三个数据项：学号、姓名、成绩。

```
Struct student
{ char num[8];                /*数据域*/
har name[8];             /*数据域*/
  int score;                  /*数据域*/
  struct student *next; /*指针域*/
}
```

假设 h,p,q 为指针变量，可用下列语句来说明：

struct student *h,*p,*q;

在 C 语言中，用户可以利用 malloc 函数向系统申请分配链表结点的存储空间，该函数返回存储区的首地址，如：

p=(struct student *)malloc(sizeof(struct student));

指针 p 指向一个新分配的结点。

如果要把此结点归还给系统，则用函数 free(p)来实现。

2．线性链表的基本操作

下面给出的单链表的基本操作实现算法都是以图 2-7 所示的带头结点的单链表为数据结构基础。

单链表结点结构定义为：

```
Typedef struct slnode
{ Elemtype data;
   struct slnode *next;
}slnodetype;
slnodetype *p,*q,*s;
```

（1）初始化

【算法 2.3　单链表的初始化】

```
int Initiate(slnodetype * *h)
{ if((*h=(slnodetype*)malloc(sizeof(slnodetype)))==NULL) return FALSE;
   (*h)->next=NULL;
   return TRUE; }
```

注意：形参 h 定义为指针的指针类型，若定义为指针类型，将无法带回函数中建立的头指针值。

（2）单链表的插入操作

1）已知线性链表 head，在 p 指针所指向的结点后插入一个元素 x。

在一个结点后插入数据元素时，操作较为简单，不用查找便可直接插入。

操作过程如图 2-8 所示。

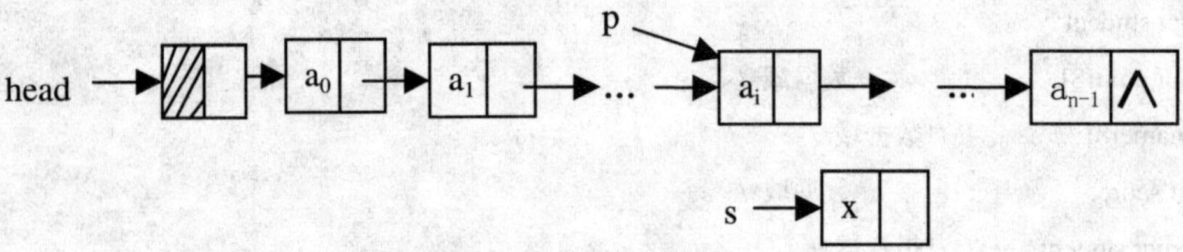

（a） 插入前

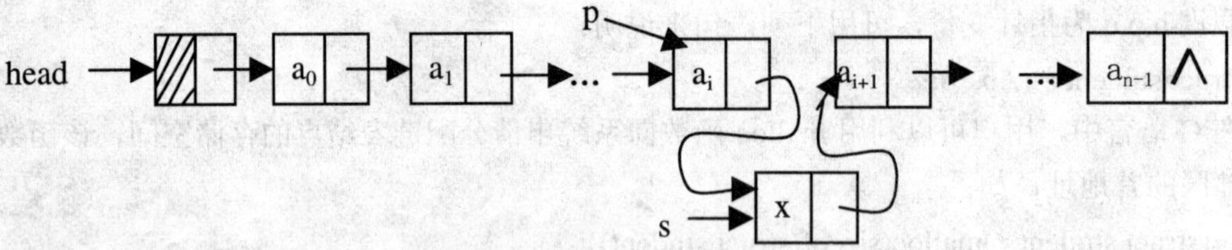

（b） 插入后

图 2-8 单链表的后插入

相关语句如下：

【算法 2.4 单链表的后插入】

```
{ s=(slnodetype*)malloc(sizeof(slnodetype));
   s->data=x;
   s->next=p->next;p->next=s;}
```

2）已知线性链表 head，在 p 指针所指向的结点前插入一个元素 x。

前插时，必须从链表的头结点开始，找到 P 指针所指向的结点的前驱。设一指针 q 从附加头结点开始向后移动进行查找，直到 p 的前驱结点为止。然后在 q 指针所指的结点和 p 指针所指的结点之间插入结点 s。

操作过程如图 2-9 所示。

相关语句如下：

【算法 2.5 单链表的结点插入】

```
{q=head;
  while(q->next!=p) q=q->next;
  s=(slnodetype*)malloc(sizeof(slnodetype));
  s->data=x;
  s->next=p;
  q->next=s;}
```

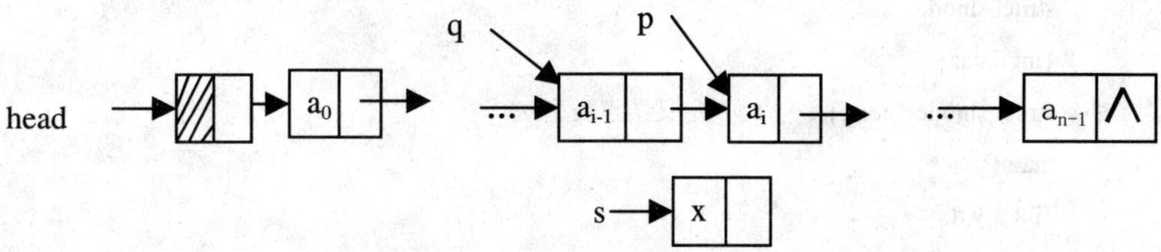

（a）插入前

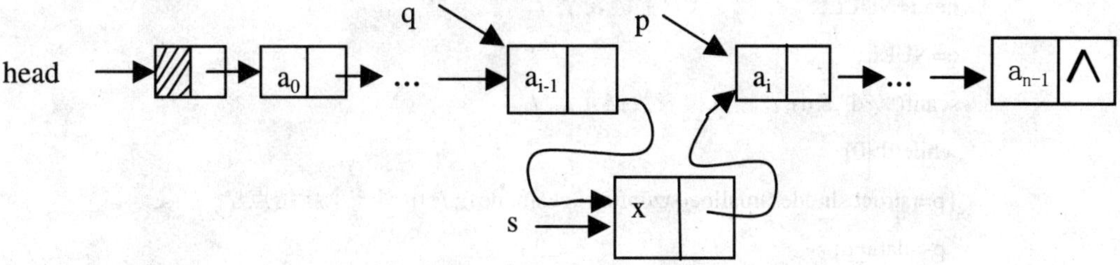

（b）插入后

图 2-9　单链表的前插入

在链表的第 i 个数据元素之前插入数据元素 x，算法描述如下：

【算法 2.6　单链表的前插入】

```
int insert(slnodetype *h,int i,Elemtype x)
{/*在链表 h 中，在第 i 个数据元素前插入一个数据元素 x */
   slnodetype *p,*q,*s;
   int j=0;
   p=h;
   while(p!=NULL&&j<i-1) { p=q->next;j++;          /*寻找第 i-1 个结点*/ }
   if ( j!=i-1) {printf("Error!");return FALSE;          /*插入位置错误*/}
   if ((s=(slnodetype*)malloc(sizeof(slnodetype)))==NULL) return FALSE;
   s->data=x;
   s->next=p->next;
   q->next=s;
   return TRUE;}
```

例：下面 C 程序中的功能是，首先建立一个线性链表 head={3，5，7，9}，其元素值依次为从键盘输入正整数（以输入一个非正整数为结束）；在线性表中值为 x 的元素前插入一个值为 y 的数据元素。若值为 x 的结点不存在，则将 y 插在表尾。

```
#include "stdlib.h"
#include "stdio.h"
```

```
struct slnode
{int data;
struct slnode *next;}          /*定义结点类型*/
main()
{int x,y,d;
struct slnode *head,*p,*q,*s;
  head=NULL;                   /*置链表空*/
  q=NULL;
  scanf("%d",&d); /*输入链表数据元素*/
  while(d>0)
  {p=(struct slnode*)malloc(sizeof(struct slnode)); /*申请一个新结点*/
   p->data=d;
   p->next=NULL;
   if(head==NULL) head=p; /*若链表为空，则将头指针指向当前结点 p*/
   else q->next=p;     /*链表不为空时，则将新结点链接在最后*/
   q=p;   /*将指针 q 指向链表的最后一个结点*/
  scanf("%d",&d);}
  scanf("%d,%d",&x,&y);
  s=(struct slnode*)malloc(sizeof(struct slnode));
  s->data=y;
  q=head;p=q->next;
  while((p!=NULL)&&(p->data!=x)) {q=p;p=p->next;} /*查找元素为 x 的指针*/
  s->next=p;q->next=s;   /*插入元素 y*/
}
```

（3）单链表的删除操作

若要删除线性链表 h 中的第 i 个结点，首先要找到第 i 个结点并使指针 p 指向其前驱第 i-1 个结点，然后删除第 i 个结点并释放被删除结点空间。操作过程如图 2-10 所示。

其算法如下：

【算法 2.7 单链表的删除】

```
int Delet(slnodetype *h,int i)
{ /*在链表 h 中删除第 i 个结点*/
  slnodetype *p,*s;
   int j;
   p=h;j=0;
  while(p->next!=NULL&&j<i-1)
```

```
{ p=p->next;j=j+1; /* 寻找第 i-1 个结点,p 指向其前驱*/}
  if(j!=i-1)
     {printf("Error!"); /*删除位置错误!*/
       return FALSE; }
  s=p->next;
  p->next=p->next->next;    /*删除第 i 个结点*/
  free(s);    /*释放被删除结点空间*/
  return TRUE;
}
```

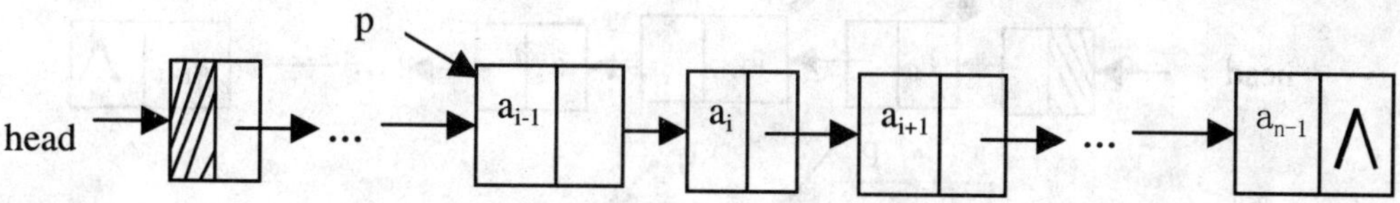

(a)　寻找第 i 个结点指向其前驱 p

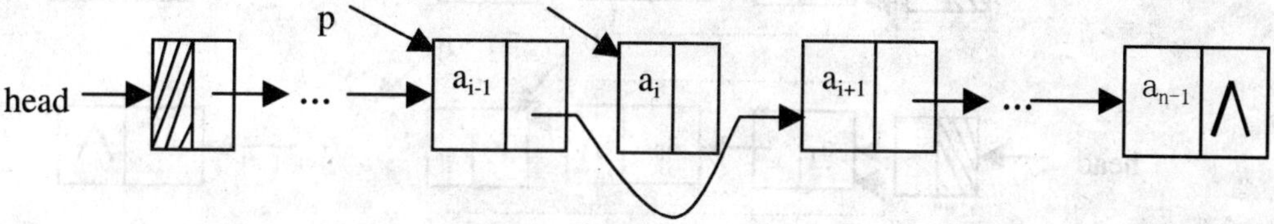

(b)删除并释放第 i 个结点

图 2-10　在线性链表中删除一个结点的过程

请读者比较插入算法与删除算法中所用的条件的不同。

(p!=NULL&&j<i-1)与(p->next!=NULL&&j<i-1)

从线性链表的插入与删除算法中，我们可以看到要取链表中某个结点，必须从链表的头结点开始一个一个地向后查找，即我们不能直接存取线性链表中的某个结点，这是因为链式存储结构不是随机存储结构。虽然在线性链表中插入或删除结点不需要移动别的数据元素，但算法寻找第 i-1 个或第 i 个结点的时间复杂度为 O(n)。

例：假设已有线性链表 La，编制算法将该链表逆置。

利用头结点和第一个存放数据元素的结点之间不断插入后继元素结点。如图 2-11 所示。算法如下：

```
void converse(slnodetype *head)
{slnodetype *p,*q;
  p=head->next;
  head->next=NULL;
```

```
    while(p!=NULL)
      { q=p->next;
        p->next=head->next;
        head->next=p;
        p=q; }
    }
```

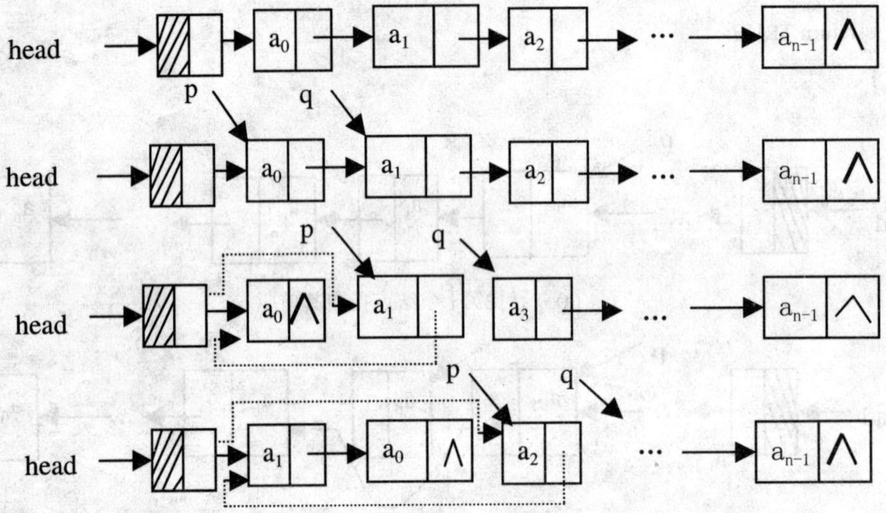

图 2-11　单链表逆置

2.3.2　循环链表

循环链表（Circular Linked List）是另一种形式的链式存储结构。是将单链表的表中最后一个结点指针指向链表的表头结点,整个链表形成一个环,这样从表中任一结点出发都可找到表中其他的结点。图 2-12（a）为带头结点的循环单链表的空表形式，图 2-12（b）为带头结点的循环单链表的一般形式。

带头结点的循环链表的操作实现算法和带头结点的单链表的操作实现算法类同，差别在于算法中的条件在单链表中为 p!=null 或 p->next!=null；而在循环链表中应改为 p!=head 或 p->next!=head。

在循环链表中，除了头指针 head 外，有时还加了一个尾指针 rear，尾指针 rear 指向最后一结点，从最后一个结点的指针又可立即找到链表的第一个结点。在实际应用中，使用尾指针代替头指针来进行某些操作，往往更简单。

(a)循环链表的空表形式

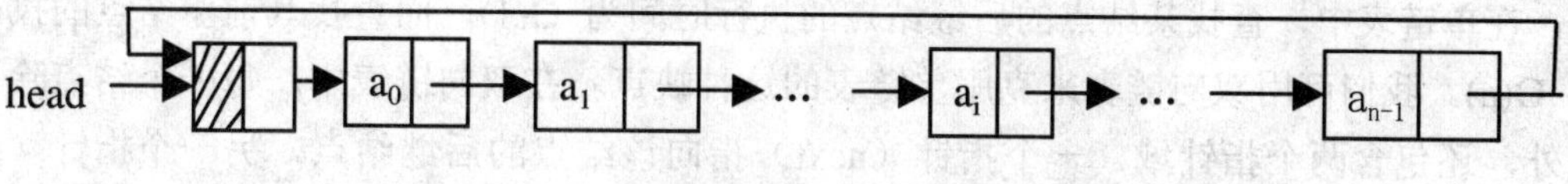

(b)循环链表的一般形式

图 2-12　循环链表

例：将两个循环链表首尾相接。La 为第一个循环链表表尾指针，Lb 为第二个循环链表表尾指针。合并后 Lb 为新链表的尾指针。

```
Void merge(slnodetype *La,slnodetype *Lb)
 { slnodetype *p;
  p=La->next;
  Lb->next= La->next;
  La->next=p->next;
  free(p);
 }
```

如图 2-13 所示，在这个算法中，时间复杂度为 O(1)。

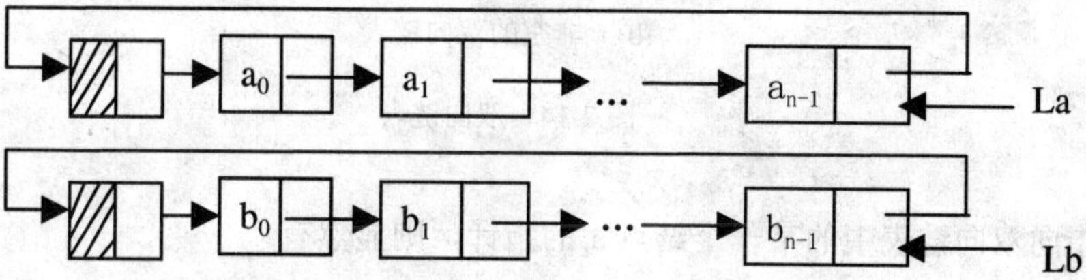

(a)

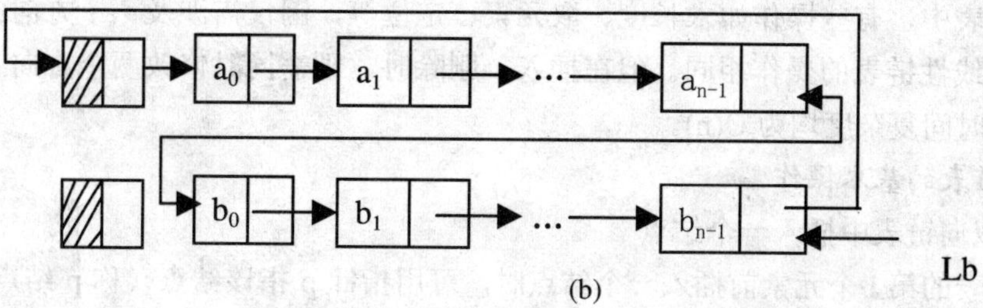

(b)

图 2-13　循环链表的合并

2.3.3 双向链表

1. 双向链表

在单链表的每个结点中只有一个指示后继的指针域，因此从任何一个结点都能通过指针域找到它的后继结点；若需找出该结点的前驱结点，则此时需从表头出发重新查找。换句话说，在单链表中，查找某结点的后继结点的执行时间为 O(1)，而查找其前驱结点的执行时间为 O(n)。我们可用双向链表来克服单链表的这种缺点。在双向链表中，每一个结点除了数据域外，还包含两个指针域，一个指针（next）指向该结点的后继结点，另一个指针（prior）指向它的前驱结点。双向链表的结构可定义如下：

```
typedef struct node
{Elemtype data;
struct node *prior,*next;} dlnodetype;
```

和单链的循环表类似，双向链表也可以有循环表。让头结点的前驱指针指向链表的最后的一个结点，让最后一个结点的后继指针指向头结点。图 2-14 为双向链表示意图，其中图(b)是一个循环双向链表。

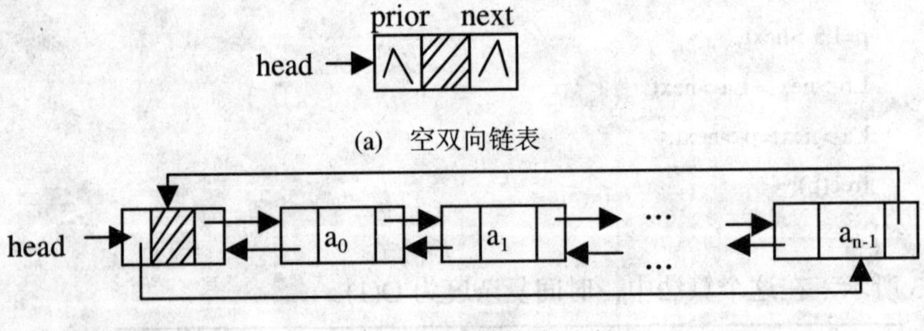

(a) 空双向链表

(b) 非空的双向链表

图 2-14 双向链表

若 p 为指向双向链表中的某一个结点 a_i 的指针，则显然有：

$$p\text{->}next\text{->}prior==p\text{->}prior\text{->}next==p$$

在双向链表中，有些操作如求长度、取元素、定位等，因仅需涉及一个方向的指针，故它们的算法与线性链表的操作相同。但在插入、删除时，则需同时修改两个方向上的指针，两者的操作的时间复杂度均为 O(n)。

2. 双向链表的基本操作

（1）在双向链表中插入一个结点

在双向链表的第 i 个元素前插入一个结点时，可用指针 p 指该结点（称 p 结点），先将新结点的 prior 指向 p 结点的前一个结点，其次将 p 结点的前一个结点的 next 指向新结点，然后将新结点的 next 指向 p 结点，最后将 p 结点的 prior 指向新结点。操作过程如图 2-15 所示。

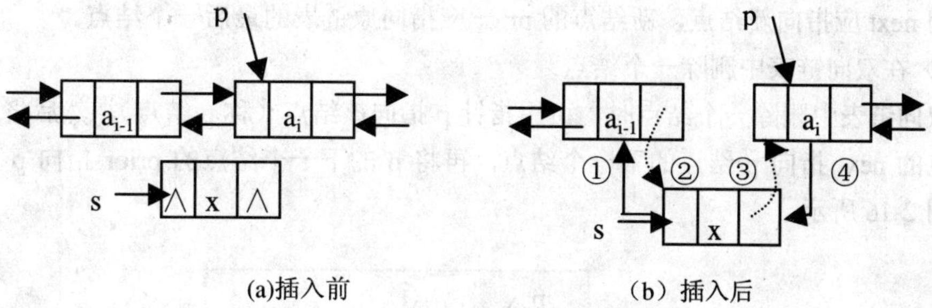

图 2-15　在双向链表中插入结点

其算法如下：

【算法 2.8　双向链表的插入】

```
int insert_dul(dlnodetype *head,int i,Elemtype x)
{/*在带头结点的双向链表中第 i 个位置之前插入元素 x*/
  dlnodetype *p,*s;
  int j;
  p=head;
  j=0;
  while (p!=NULL&&j<i)
  { p=p->next;
   j++; }
 if(j!=i||i<1)
 { printf("Error!");
   return FALSE;}
 if((s=(dlnodetype *)malloc(sizeof(dlnodetype)))==NULL) return FALSE;
 s->data=x;
 s->prior=p->prior; /*图中步骤①*/
 p->prior->next=s; /*图中步骤②*/
 s->next=p; /*图中步骤③*/
 p->prior=s; /*图中步骤④*/
 return TRUE;}
```

讨论：我们在双向链表中进行插入操作时，还需注意下面两种情况：

1）当在链表中的第一个结点前插入新结点时，新结点的 prior 应为空，原链表第一个结点的 prior 应指向新结点，新结点的 next 应指向原链表的第一个结点。

2）当在链表的最后一个结点后插入新结点时，新结点的 next 应为空，原链表的最后一个结点的 next 应指向新结点，新结点的 prior 应指向原链表的最后一个结点。

（2）在双向链表中删除一个结点

在双向链表中删除一个结点时，可用指针 p 指向该结点（称 p 结点），然后将 p 结点的前一个结点的 next 指向 p 结点的下一个结点，再将 p 的下一个结点的 prior 指向 p 的上一个结点。如图 2-16 所示，

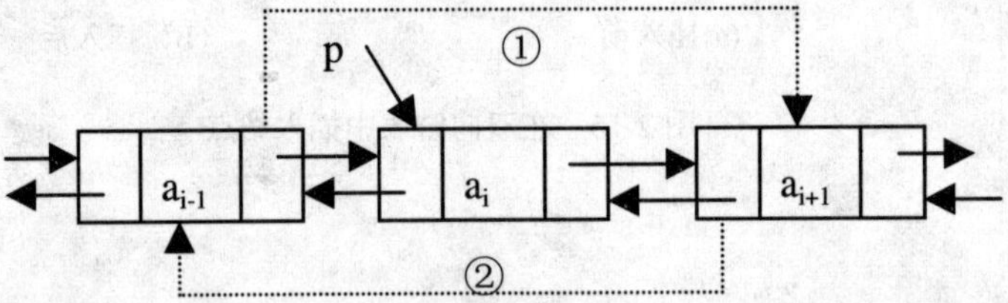

图 2-16 在双向链表中删除一个结点

算法如下：

【算法 2.9 双向链表的删除】

```
int   Delete_dl(dlnodetype *head,int i)
{ dlnodetype *p,*s;
   int j;
   p=head;
   j=0;
   while (p!=NULL&&j<i)
  { p=p->next;
    j++; }
if(j!=i||i<1)
{ printf("Error!");
   return FALSE;}
s=p;
p->prior->next=p->next;      /*图中步骤①*/
p->next->prior=p->prior;     /*图中步骤②*/
free(s);
return TRUE;}
```

讨论：我们在双向链表中进行删除操作时，还需注意下面两种情况：

1）当删除链表的第一个结点时，应将链表开始结点的指针指向链表的第二个结点，同时将链表的第二个结点的 prior 置为 NULL。

2）当删除链表的最后一个结点时，只需将链表的最后一个结点的上一个结点的 next 置

为 NULL 即可。

上面我们详细讲解了链式存储结构，链式存储结构克服了顺序存储结构的缺点：它的结点空间可以动态申请和释放；它的数据元素的逻辑次序靠结点的指针来指示，不需要移动数据元素。

但是链式存储结构也有不足之处：

（1）每个结点中的指针域需额外占用存储空间。当每个结点的数据域所占字节不多时，指针域所占存储空间的比重就显得很大。

（2）链式存储结构是一种非随机存储结构。对任一结点的操作都要从头指针依指针链查找到该结点，这增加了算法的复杂度。

2.4　一元多项式的表示及相加

符号多项式的表示及其操作是线性表处理的典型用例，在数学上，一个一元多项式 $P_n(x)$ 可以表示为 ：

$$P_n(x)=a_0+a_1x+a_2x^2+\cdots+a_nx^n \qquad \text{（最多有 n+1 项）}$$

a_ix^i 是多项式的第 i 项（$0\leqslant i\leqslant n$），其中 a_i 为系数，x 为变量，i 为指数。

它有 n+1 个系数，因此，在计算机里，它可用一个线性表 P 来表示：

$$P=（a_0,a_1,a_2,\cdots，a_n）$$

假设 $Q_n(x)$是一元 m 次多项式，同样可用线性表 Q 来示：

$$Q=（b_0,b_1,b_2,\cdots，b_m）$$

若 m<n，则两个多项式相加的结果 $R_n(x)= P_n(x)+ Q_n(x)$可用线性表 R 来表示：

$$R=（a_0+ b_0,a_1+ b_1,a_2+b_2,\ \cdots,a_m+ b_m,a_{m+1},\cdots,a_n）$$

我们可以对 P、Q 和 R 采用顺序存储结构，也可以采用链表存储结构。使用顺序存储结构可以使多项式相加的算法十分简单，但是，当多项式中存在大量的零系数时，这种表示方式就会浪费大量存储空间。为了有效而合理地利用存储空间，可以用链式存储结构来表示多项式。

采用链式存储结构表示多项式时，多项式中每一个非零系数的项构成链表中的一个结点，而对于系数为零的项则不需表示。

一般情况下，一元多项式（只表示非零系数项）可写成：

$$P_n(x)=a_mx^{e_m}+a_{m-1}x^{e_{m-1}}+\cdots+a_0x^{e_0}$$

其中 $a_k\neq0$（k=1,2,⋯m），$e_m>e_{m-1}>\cdots>e_0\geqslant0$

则采用链表表示多项式时，每个结点的数据域有两项：a_k 表示系数，e_m 表示指数（注意：表示多项式的链表应该是有序链表）

多项式链表中的每一个非零项结点结构用 C 语言描述如下：

```
struct poly
{ int exp;   /*指数为正整数*/
  double coef; /*系数为双精度型*/
  struct poly *next; /*指针域*/
}
```

假设多项式 $A_{17}(x)=8+3x+9x^{10}+5x^{17}$ 与 $B_{10}(x)=8x+14x^7-9x^{10}$ 已经用单链表表示，其头指针分别为 Ah 与 Bh，如图 2-17 所示。

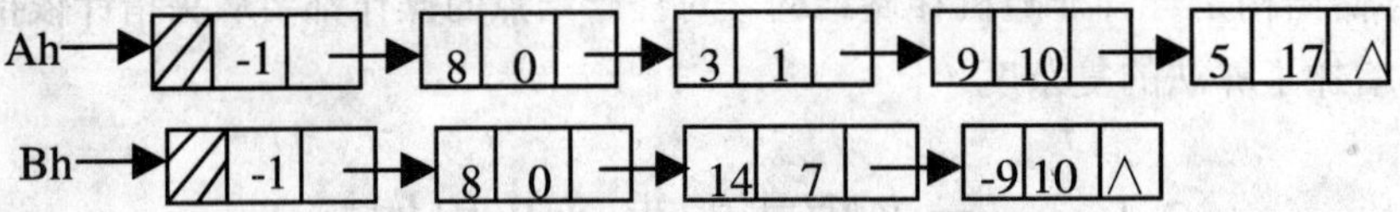

图 2-17　多项式表的单链存储结构

将两个多项式相加为 $C_{17}(x)=8+11x+14x^7+5x^{17}$，其运算规则如下：假设指针 qa 和 qb 分别指向多项式 $A_{17}(x)$和多项式 $B_{10}(x)$中当前进行比较的某个结点，则比较两个结点的数据域的指数项，有三种情况：

（1）指针 qa 所指结点的指数值＜指针 qb 所指结点的指数值时，则保留 qa 指针所指向的结点，qa 指针后移。

（2）指针 qa 所指结点的指数值＞指针 qb 所指结点的指数值时，则将 qb 指针所指向的结点插入到 qa 所指结点前，qb 指针后移。

（3）指针 qa 所指结点的指数值＝指针 qb 所指结点的指数值时，将两个结点中的系数相加,若和不为零，则修改 qa 所指结点的系数值，同时释放 qb 所指结点；反之，从多项式 $A_{17}(x)$ 的链表中删除相应结点，并释放指针 qa 和 qb 所指结点。

按以上运算规则得到的和多项式链表如图 2-18 所示。

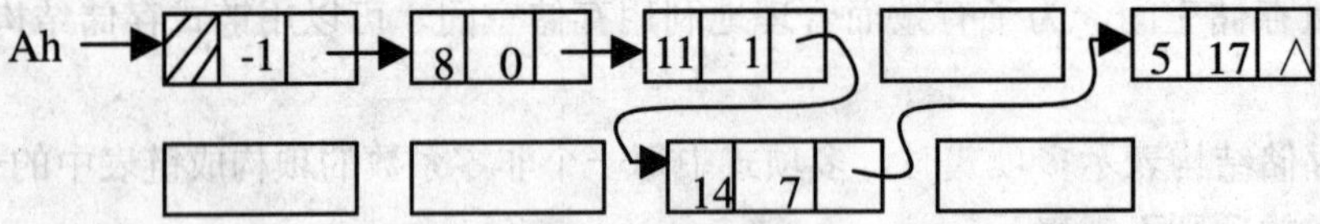

图 2-18　相加后的多项式

相应的算法如下：

【算法 2.10　多项式相加】

```
struct poly *add_poly(struct poly *Ah,struct poly *Bh)
{struct poly *qa,*qb,*s,*r,*Ch;
qa=Ah->next;qb=Bh->next;           /*qa 和 qb 分别指向两个链表的第一结点*/
r=qa;Ch=Ah;              /*将链表 Ah 作为相加后的和链表*/
```

```
while(qa!=NULL&&qb!=NULL)          /*两链表均非空*/
{ if (qa->exp==qb->exp)            /*两者指数值相等*/
      {x=qa->coef+qb->coef;
        if(x!=0)
            { qa->coef=x;r->next=qa;r=qa;
              s=qb++;free(s); qa++;
            }                              /*相加后系数不为零时*/
        else {s=qa++;free(s); s=qb++;free(s);}  /*相加后系数为零时*/
        }
  else if(qa->exp<qb->exp){ r->next=qa;r=qa;qa++;}  /*多项式 Ah 的指数值小*/
      else {r->next=qb;r=qb;qb++;}                  /*多项式 Bh 的指数值小*/
}
if(qa==NULL) r->next=qb;
else r->next=qa;                         /*链接多项式 Ah 或 Bh 中的剩余结点*/
return (Ch);
}
```

多项式除了相加外还有其他的运算，如：多项式的输出、多项式的相乘等。有兴趣的读者可以设计相关的算法。

本章小结

本章主要介绍了如下一些基本概念：

线性表：一个线性表是 $n \geqslant 0$ 个数据元素 a_0，a_1，a_2，…，a_{n-1} 的有限序列。

线性表的顺序存储结构：在计算机中用一组地址连续的存储单元依次存储线性表的各个数据元素，称作线性表的顺序存储结构。

线性表的链式存储结构：线性表的链式存储结构就是用一组任意的存储单元——结点（可以是不连续的）存储线性表的数据元素。表中每一个数据元素，都由存放数据元素值的数据域和存放直接前驱或直接后继结点的地址（指针）的指针域组成。

循环链表：循环链表（Circular Linked List）是将单链表的表中最后一个结点指针指向链表的表头结点，整个链表形成一个环，从表中任一结点出发都可找到表中其他的结点。

双向链表：双向链表中，在每一个结点除了数据域外，还包含两个指针域，一个指针（next）指向该结点的后继结点，另一个指针（prior）指向它的前驱结点。

除上述基本概念以外，学生还应该了解：线性表的基本操作（初始化、插入、删除、存取、复制、合并）、顺序存储结构的表示、线性表的链式存储结构的表示、一元多项式 Pn(x)，掌握顺序存储结构（初始化、插入操作、删除操作）、单链表（单链表的初始化、单链表的插入、单链表的删除）。

习 题 二

1．什么是顺序存储结构？什么是链式存储结构？

2．线性表的顺序存储结构和链式存储结构各有什么特点？

3．设线性表中数据元素的总数基本不变，并很少进行插入或删除工作，若要以最快的速度存取线性表中的数据元素，应选择线性表的何种存储结构？为什么？

4．线性表的主要操作有哪些？

5．简述数组与顺序存储结构线性表的区别和联系。

6．顺序表和链表在进行插入操作时，有什么不同？

7．画出下列数据结构的图示：①顺序表 ②单链表 ③双链表 ④循环链表

8．试给出求顺序表长度的算法。

9．若顺序表 A 中的数据元素按升序排列，要求将 x 插入到顺序表中的合适位置，以保证表的有序性，试给出其算法。

10．试将一个无序的线性表 A=(11,16,8,5,14,10,38,23)转换成一个按升序排列的有序线性表（用链表实现）。

11．试给出将两个无序单链表合并成一个按升序排列的有序单链表的算法（不保留原链表结点）。

12．给出删除单链表中值为 k 的结点的前驱结点的算法。

13．试给出实现删除单链表中值相同的多余结点的算法。

14．试给出依次输出单链表中所有数据元素的算法。

15．试给出求单链表长度的算法。

16．试给出有序循环链表插入操作的算法。

17．将有序（降序）单链表（入口为 head）按所给关键字 key 分成两个循环链表。其中，比 key 小的所有结点组成入口为 h1 的循环链表；比 key 大的所有结点组成入口为 h2 的循环链表。

18．若 A 和 B 是两个按结点值升序排列的有序循环链表，试给出将 A、B 按升序合并成循环链表 C 的算法。

19．若多项式 $A=a_1x+a_2x^2+\cdots+a_{n-1}x^{n-1}+a_nx^n$, $B=b_1x+b_2x^2+\cdots+b_{n-1}x^{n-1}+b_nx^n$ 以单链表存储,试给出多项式相减 A-B 的算法。

20．请生成多项式 $A=5+9x+11x^6+14x^{11}-21x^{15}+18x^{18}$ 和 $B=8x+12x^3+2x^6-14x^{11}+12x^{15}$，并输出 A+B 的结果。

第三章　栈和队列

本章学习导读

从数据结构上看，栈和队列也是线性表，不过是两种特殊的线性表。栈只允许在表的一端进行插入或删除操作，而队列只允许在表的一端进行插入操作，而在另一端进行删除操作。因而，栈和队列也可以被称作为操作受限的线性表。通过本章的学习，读者应能掌握栈和队列的逻辑结构和存储结构，以及栈和队列的基本运算以及实现算法。

3.1　栈

在各种程序设计语言中都有子程序（或称函数、过程）调用功能，而子程序也可以调用其他的子程序，甚至可以直接或间接地调用自身，这种调用关系就是递归。下面以求阶乘的递归方法为例，来分析计算机系统是如何处理这种递归调用关系的。

求 n！的递归方法的思路是：$n! = \begin{cases} 1 & (n=0,1) \\ n*(n-1)! & (n>1) \end{cases}$

相应的 C 语言函数是：

```
float fact(int n)
{float s;
 if (n= =0||n= =1)    s=1;
 else s=n*fact(n-1);
 return (s); }
```

在该函数中可以理解为求 n！用 fact(n)来表示，则求(n-1)！就用 fact(n-1)来表示。

若求 5!，则有

```
main()
{ printf("5!=%f\n",fact(5)); }
```

图 3-1 给出了递归调用执行过程。从图中可看到 fact 函数共被调用 5 次，即 fact(5)、fact(4)、fact(3)、fact(2)、fact(1)。其中，fact(5)为主函数调用，其他则为在 fact 函数内的调用。每一次递归调用并未立即得到结果，而是进一步向深度递归调用，直到 n=1 或 n=0 时，函数 fact 才有结果为 1，然后再一一返回计算，最终得到结果。

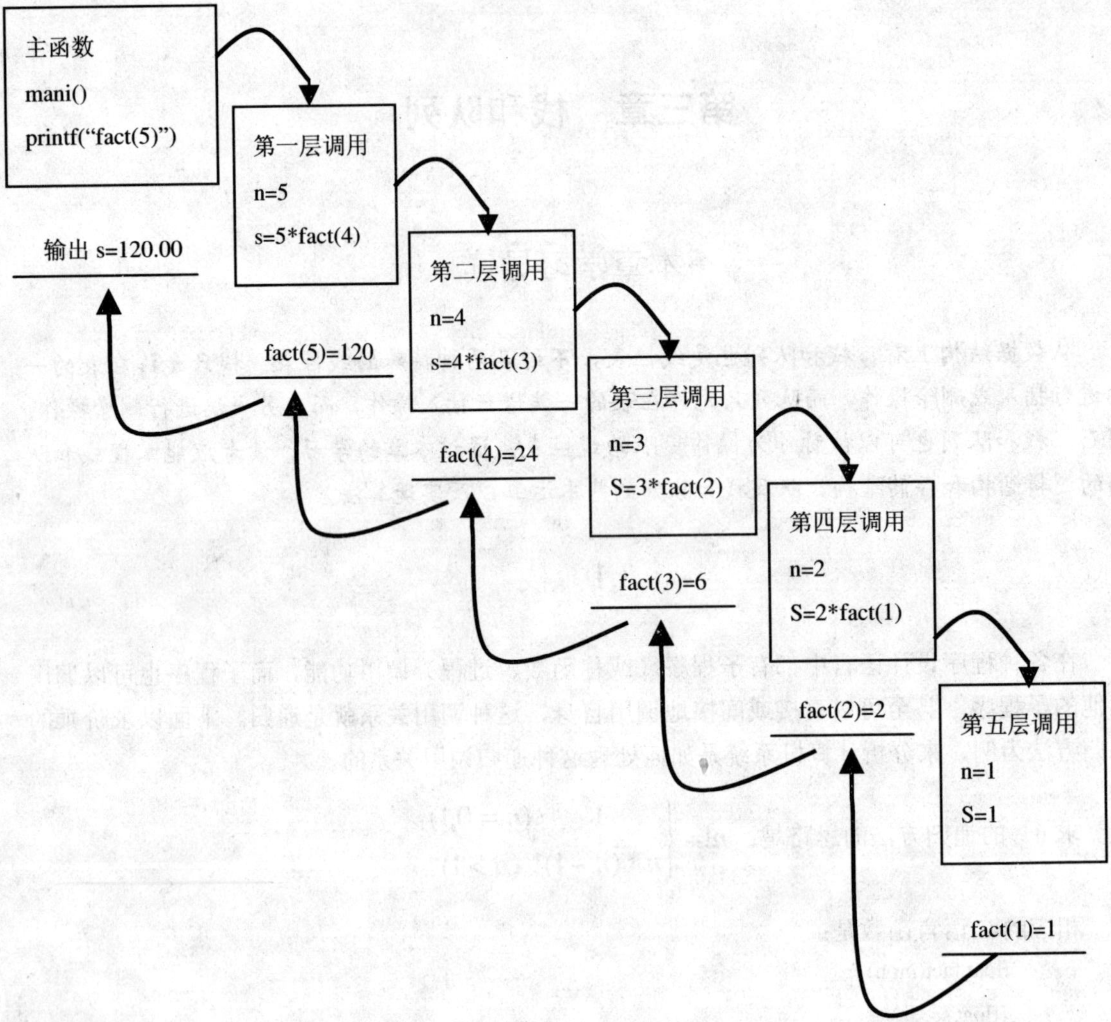

图 3-1 递归调用过程示意图

计算机系统处理上述过程时，其关键是要正确处理执行过程中的递归调用层次和返回路径，也就是要记住每一次递归调用时的返回地址。在系统中是用一个线性表动态记忆调用过程中的路径，其处理原则为：

（1）在开始执行程序前，建立一个线性表，其初始状态为空。

（2）当发生调用（递归）时，将当前的调用的返回点地址插入到线性表的末尾。

（3）当调用（递归）返回时，其返回地址从线性表的末尾取出。

根据以上的原则，可以给出线性表中的元素变化状态如图 3-2 所示（以递归调用时 n 值的变化为例）：

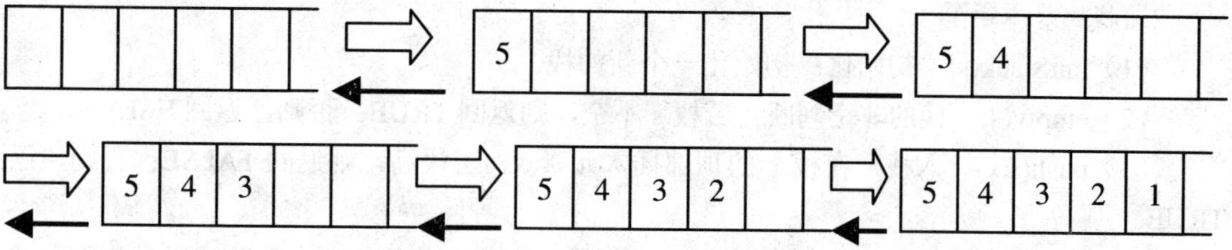

图 3-2　递归调用时线性表状态

由图 3-2 可以看出，在这种特殊的线性表中，它的插入和删除运算都只在线性表的一端进行，而另一端是封闭的，不允许进行插入与删除元素。这种线性表就称为栈。

3.1.1　栈的定义及其运算

1. 栈的定义

栈（stack）是一种只允许在一端进行插入和删除的线性表，它是一种操作受限的线性表。在表中只允许进行插入和删除的一端称为栈顶（top），另一端称为栈底（bottom）。栈的插入操作通常称为入栈或进栈（push），而栈的删除操作则称为出栈或退栈（pop）。当栈中无数据元素时，称为空栈。

根据栈的定义可知，栈顶元素总是最后入栈的，因而是最先出栈；栈底元素总是最先入栈的，因而也是最后出栈。这种表是按照后进先出（LIFO，last in first out）的原则组织数据的，因此，栈也被称为“后进先出”的线性表。

图 3-3 是一个栈的示意图，通常用指针 top 指示栈顶的位置，用指针 bottom 指向栈底。栈顶指针 top 动态反映栈的当前位置。

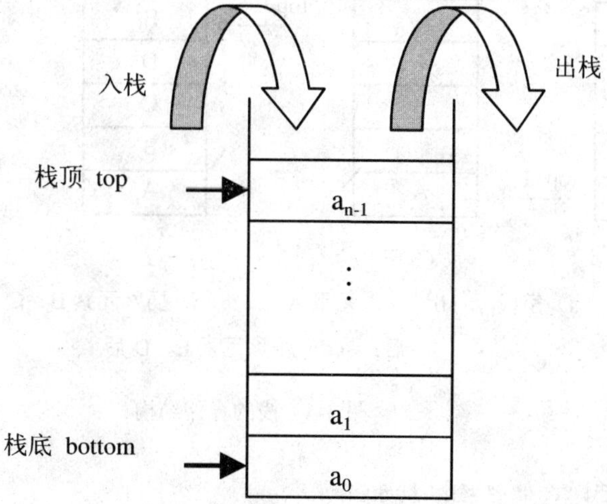

图 3-3　栈的示意图

2. 栈的基本运算

（1）initStack(s) 初始化：初始化一个新的栈。

（2）empty(s) 栈的非空判断：若栈 s 不空，则返回 TRUE；否则，返回 FALSE。

（3）push(s,x) 入栈：在栈 s 的顶部插入元素 x，若栈满，则返回 FALSE；否则，返回 TRUE。

（4）pop(s) 出栈：若栈 s 不空，则返回栈顶元素，并从栈顶中删除该元素；否则，返回空元素 NULL。

（5）getTop(s) 取栈元素：若栈 s 不空，则返回栈顶元素；否则返回空元素 NULL。

（6）setEmpty(s) 置栈空操作：置栈 s 为空栈。

栈是一种特殊的线性表，因此栈可采用顺序存储结构存储，也可以使用链式存储结构存储。

3.1.2 栈的顺序存储结构

1. 顺序栈的数组表示

与第二章讨论的一般的顺序存储结构的线性表一样，利用一组地址连续的存储单元依次存放自栈底到栈顶的数据元素，这种形式的栈也称为顺序栈。因此，我们可以使用一维数组来作为栈的顺序存储空间。设指针 top 指向栈顶元素的当前位置，以数组小下标的一端作为栈底，通常以 top=0 时为空栈，在元素进栈时指针 top 不断地加 1，当 top 等于数组的最大下标值时则栈满。

图 3-4 展示了顺序栈中数据元素与栈顶指针的变化。

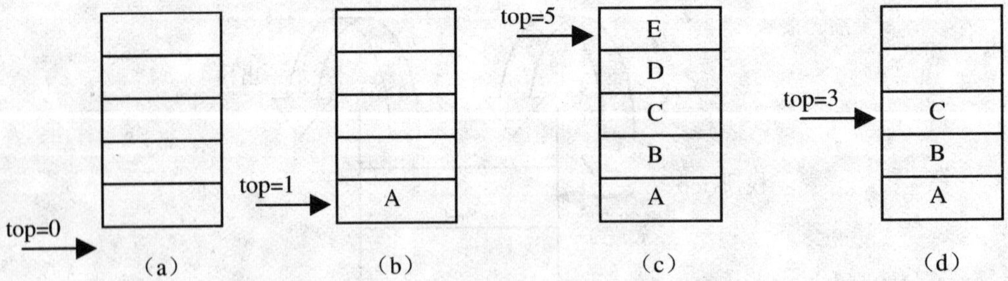

（a）空栈；（b）插入元素 A 后；（c）插入元素 B、C、D、E 后；（d）删除元素 E、D 后

图 3-4 栈的存储结构

用 C 语言定义的顺序存储结构的栈如下：

```
# define MAXNUM <最大元素数>
typedef struct {
```

```
Elemtype stack[MAXNUM];
int top; } sqstack;
```

鉴于C语言中数组的下标约定是从0开始的，因而使用C语言的一维数组作为栈时，应设栈顶指针top=-1时为空栈。

2. 顺序栈的基本运算算法

（1）初始化栈

【算法3.1　栈的初始化】

```
int initStack(sqstack *s)
{/*创建一个空栈由指针S指出*/
  if ((s=(sqstack*)malloc(sizeof(sqstack)))= =NULL) return FALSE;
  s->top= -1;
return TRUE;
}
```

（2）入栈操作

【算法3.2　入栈操作】

```
int push(sqstack *s, Elemtype x)
{/*将元素x插入到栈s中，作为s的新栈顶*/
  if(s->top>=MAXNUM-1)   return FALSE;       /*栈满*/
  s->top++;
  s->stack[s->top]=x;
return   TRUE;
}
```

（3）出栈操作

【算法3.3　出栈操作】

```
Elemtype pop(sqstack *s)
{/*若栈s不为空，则删除栈顶元素*/
Elemtype   x;
 if(s->top<0) return NULL;              /*栈空*/
x=s->stack[s->top];
s->top--;
return x;
}
```

（4）取栈顶元素操作

【算法3.4　取栈顶元素】

```
Elemtype getTop(sqstack *s)
```

```
{/*若栈 s 不为空，则返回栈顶元素*/
  if(s->top<0) return NULL;          /*栈空*/
return (s->stack[s->top]);
}
```

取栈顶元素与出栈不同之处在于出栈操作改变栈顶指针 top 的位置，而取栈顶元素操作不改变栈的栈顶指针。

（5）判栈空操作

【算法 3.5 判栈空操作】

```
int Empty(sqstack *s)
{/*栈 s 为空时，返回为 TRUE；非空时，返回为 FALSE*/
  if(s->top<0) return TRUE;
  return FALSE;
}
```

（6）置空操作

【算法 3.6 栈置空操作】

```
void setEmpty(sqstack *s)
{/*将栈 s 的栈顶指针 top，置为-1*/
s->top= -1;
}
```

注意，在栈的操作中需判断两种情况：（1）出栈时，判断栈是否为空。若为空，则称为下溢（underflow）；（2）入栈时，判断栈是否为满。若为满，则称为上溢（overflow）。

3.1.3 多栈共享邻接空间

在计算机系统软件中，各种高级语言的编译系统都离不开栈的使用。常常一个程序中要用到多个栈，为了不发生上溢错误，就必须给每个栈预先分配一个足够大的存储空间，但实际中很难准确地估计。另一方面，若每个栈都预分配过大的存储空间，势必会造成系统空间紧张。若让多个栈共用一个足够大的连续存储空间，则可利用栈的动态特性使它们的存储空间互补。这就是栈的共享邻接空间。

1. 双向栈在一维数组中的实现

栈的共享中最常见的是两栈的共享。假设两个栈共享一维数组 stack[MAXNUM]，则可以利用栈的“栈底位置不变，栈顶位置动态变化”的特性，两个栈底分别为-1 和 MAXNUM，而它们的栈顶都往中间方向延伸。因此，只要整个数组 stack[MAXNUM]未被占满，无论哪个栈的入栈都不会发生上溢。

C 语言定义的这种两栈共享邻接空间的结构如下：

```
Typedef struct {
```

```
Elemtype stack[MAXNUM];
int    lefttop;            /*左栈栈顶位置指示器*/
int    righttop;       /*右栈栈顶位置指示器*/
} dupsqstack;
```

两个栈共享邻接空间的示意图如图 3-5 所示。左栈入栈时，栈顶指针加 1，右栈入栈时，栈顶指针减 1。

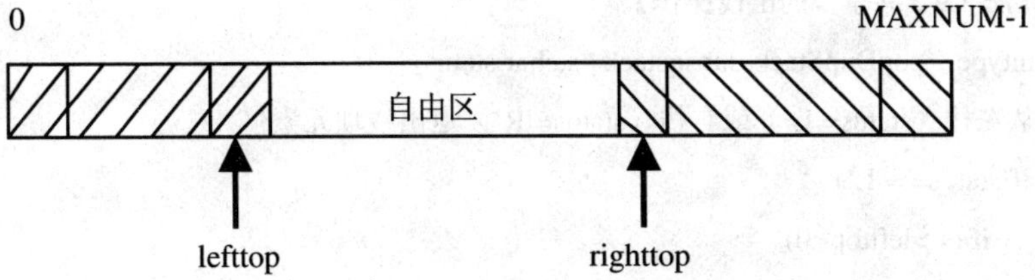

图 3-5　两个栈共享邻接空间

为了识别左右栈，必须另外设定标志：

```
char status;
status='L';            /*左栈*/
status='R';            /*右栈*/
```

在进行栈操作时，需指定栈号：status='L'为左栈，status='R'为右栈；判断栈满的条件为：

```
s->lefttop+1= =s->rigthtop;
```

2. 共享栈的基本操作

（1）初始化操作

【算法 3.7　共享栈的初始化】

```
int initDupStack(dupsqstack *s)
{/*创建两个共享邻接空间的空栈由指针 S 指出*/
 if (s=(dupsqstack*)malloc(sizeof(dupsqstack)))= =NULL) return FALSE;
 s->lefttop= -1;
s->righttop=MAXNUM;
return TRUE;
}
```

（2）入栈操作

【算法 3.8　共享栈的入栈操作】

```
int pushDupStack(dupsqstack *s,char status,Elemtype x)
{/*把数据元素 x 压入左栈（status='L'）或右栈（status='R'）*/
```

```
    if(s->lefttop+1= =s->righttop) return FALSE;            /*栈满*/
    if(status='L')   s->stack[++s->lefttop]=x;              /*左栈进栈*/
      else if(status='R')   s->stack[--s->righttop]=x;      /*右栈进栈*/
      else return FALSE;                                    /*参数错误*/
return TRUE;
}
```

（3）出栈操作

【算法 3.9 共享栈的出栈操作】

```
Elemtype   popDupStack(dupsqstack *s,char status)
{/*从左栈（status='L'）或右栈（status='R'）退出栈顶元素*/
   if(status= ='L')
    { if (s->lefttop<0)
         return NULL;                             /*左栈为空*/
else return (s->stack[s->lefttop--]);             /*左栈出栈*/
}
   else if(status= ='R')
   { if (s->righttop>MAXNUM-1)
         return NULL;                             /*右栈为空*/
else return (s->stack[s->righttop++]);            /*右栈出栈*/
}
   else   return NULL;                            /*参数错误*/
}
```

3.1.4 栈的链式存储结构

栈也可以采用链式存储结构表示，这种结构的栈简称为链栈。在一个链栈中，栈底就是链表的最后一个结点，而栈顶总是链表的第一个结点。因此，新入栈的元素即为链表新的第一个结点，只要系统还有存储空间，就不会有栈满的情况发生。一个链栈可由栈顶指针 top 唯一确定，当 top 为 NULL 时，是一个空栈。图 3-6 给出了链栈中数据元素与栈顶指针 top 的关系。

链栈的 C 语言定义为：

```
typedef struct Stacknode
{
Elemtype data;
Struct Stacknode *next;
}slStacktype;
```

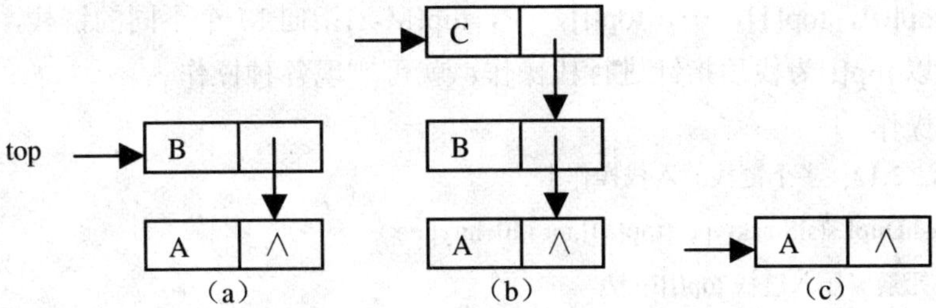

（a）含有两个元素 A、B 的栈；（b）插入元素 C 后的栈；（c）删除元素 C、B 后的栈

图 3-6　链栈的存储结构图

1. 单个链栈的基本操作

（1）入栈操作

【算法 3.10　单个链栈的入栈操作】

```
int pushLstack(slStacktype *top,Elemtype x)
{/*将元素 x 压入链栈 top 中*/
slStacktype *p;
if((p=(slStacktype *)malloc(sizeof(slStacktype)))= =NULL) return FALSE;        /*申请一个结点*/
p->data=x; p->next=top; top=p; return TRUE;
}
```

（2）出栈操作

【算法 3.11　单个链栈的出栈操作】

```
Elemtype popLstack(slStacktype *top)
{/*从链栈 top 中删除栈顶元素*/
slStacktype *p;
Elemtype x;
if (top= =NULL) return NULL;                    /*空栈*/
p=top; top=top->next;
x=p->data;free(p);return x;
}
```

2. 多个链栈的操作

在程序中同时使用两个以上的栈时，使用顺序栈共用邻接空间很不方便，但若用多个单链栈时，操作极为方便，这就涉及多个链栈的操作。我们可将多个单链栈的栈顶指针放在一个一维数组

slStacktype *top[M];

之中，让 top[0]，top[1]，…，top[i]，…，top[M-1]指向 M 个不同的链栈，操作时只需确定栈号 i，然后以 top[i]为栈顶指针进行栈操作，就可实现各种操作。

（1）入栈操作

【算法 3.12　多个链栈的入栈操作】

```
int pushDupLs(slStacktype *top[M],int i,Elemtype x)
{/*将元素 x 压入链栈 top[i]中*/
slStacktype *p;
if((p=(slStacktype *)malloc(sizeof(slStacktype)))= =NULL) return FALSE;      /*申请一个结点*/
p->data=x; p->next=top[i]; top[i]=p; return TRUE;
}
```

（2）出栈操作

【算法 3.13　多个链栈的出栈操作】

```
Elemtype popDupLs(slStacktype *top[M],int i)
{/*从链栈 top[i]中删除栈顶元素*/
slStacktype *p;
Elemtype x;
if (top[i]= =NULL) return NULL;                    /*空栈*/
p=top[i]; top[i]=top[i]->next;
x=p->data;free(p);return x;
}
```

在上面的两个算法中，当指定栈号 i(0≤i≤M-1)时，则只对第 i 个链栈操作，不会影响其他链栈。

3.2　算术表达式求值

表达式求值是程序设计语言编译中的一个最基本问题。它的实现方法是栈的一个典型的应用实例。

在计算机中，任何一个表达式都是由操作数（operand）、运算符（operator）和界限符（delimiter）组成的。其中操作数可以是常数，也可以是变量或常量的标识符；运算符可以是算术运算体符、关系运算符和逻辑符；界限符为左右括号和标识表达式结束的结束符。在本节中，仅讨论简单算术表达式的求值问题。在这种表达式中只含加、减、乘、除四则运算，所有的运算对象均为单变量。表达式的结束符为“#”。

算术四则运算的规则如下：

（1）先乘除、后加减。

（2）同级运算时先左后右。

（3）先括号内，后括号外。

计算机系统在处理表达式前，首先设置两个栈：

（1）操作数栈（OPRD）：存放处理表达式过程中的操作数。

（2）运算符栈（OPTR）：存放处理表达式过程中的运算符。开始时，在运算符栈中先在栈底压入一个表达式的结束符“#”。

表 3-1 给出了+、-、*、/、(、)、和#的算术运算符间的优先级的关系。

表 3-1　运算符间的优先级

OP_1 \ OP_2	+	-	*	/	(	)	#
+	>	>	<	<	<	>	>
-	>	>	<	<	<	>	>
*	>	>	>	>	<	>	>
/	>	>	>	>	<	>	>
(	<	<	<	<	<	=	
)	>	>	>	>		>	>
#	<	<	<	<	<		=

表中 OP_1 表示运算符栈栈顶运算符，OP_2 表示读出的运算符。“>”为运算符栈栈顶运算符的优先级大于读出的运算符，“=”为优先级相等。

计算机系统在处理表达式时，从左到右依次读出表达式中的各个符号（操作数或运算符），每读出一个符号后，根据运算规则作如下的处理：

（1）假如是操作数，则将其压入操作数栈，并依次读下一个符号。

（2）假如是运算符，则：

1）假如读出的运算符的优先级大于运算符栈栈顶运算符的优先级，则将其压入运算符栈，并依次读下一个符号。

2）假如读出的是表达式结束符“#”，且运算符栈栈顶的运算符也为“#”，则表达式处理结束，最后的表达式的计算结果在操作数栈的栈顶位置。

3）假如读出的是“(”，则将其压入运算符栈。

4）假如读出的是“)”，则：

a．若运算符栈栈顶不是“(”，则从操作数栈连续退出两个操作数，从运算符栈中退出一个运算符，然后作相应的运算，并将运算结果压入操作数栈，然后继续执行 A)。

b．若运算符栈栈顶为“(”，则从运算符栈退出“(”，依次读下一个符号。

5）假如读出的运算符的优先级不大于运算符栈栈顶运算符的优先级，则从操作数栈连续退出两个操作数，从运算符栈中退出一个运算符，然后作相应的运算，并将运算结果压入操作数栈。此时读出的运算符下次重新考虑（即不读入下一个符号）。

图 3-7 给出了表达式 5+(6-4/2)*3 的计算过程，最后的结果为 T4，置于 OPRD 的栈顶。

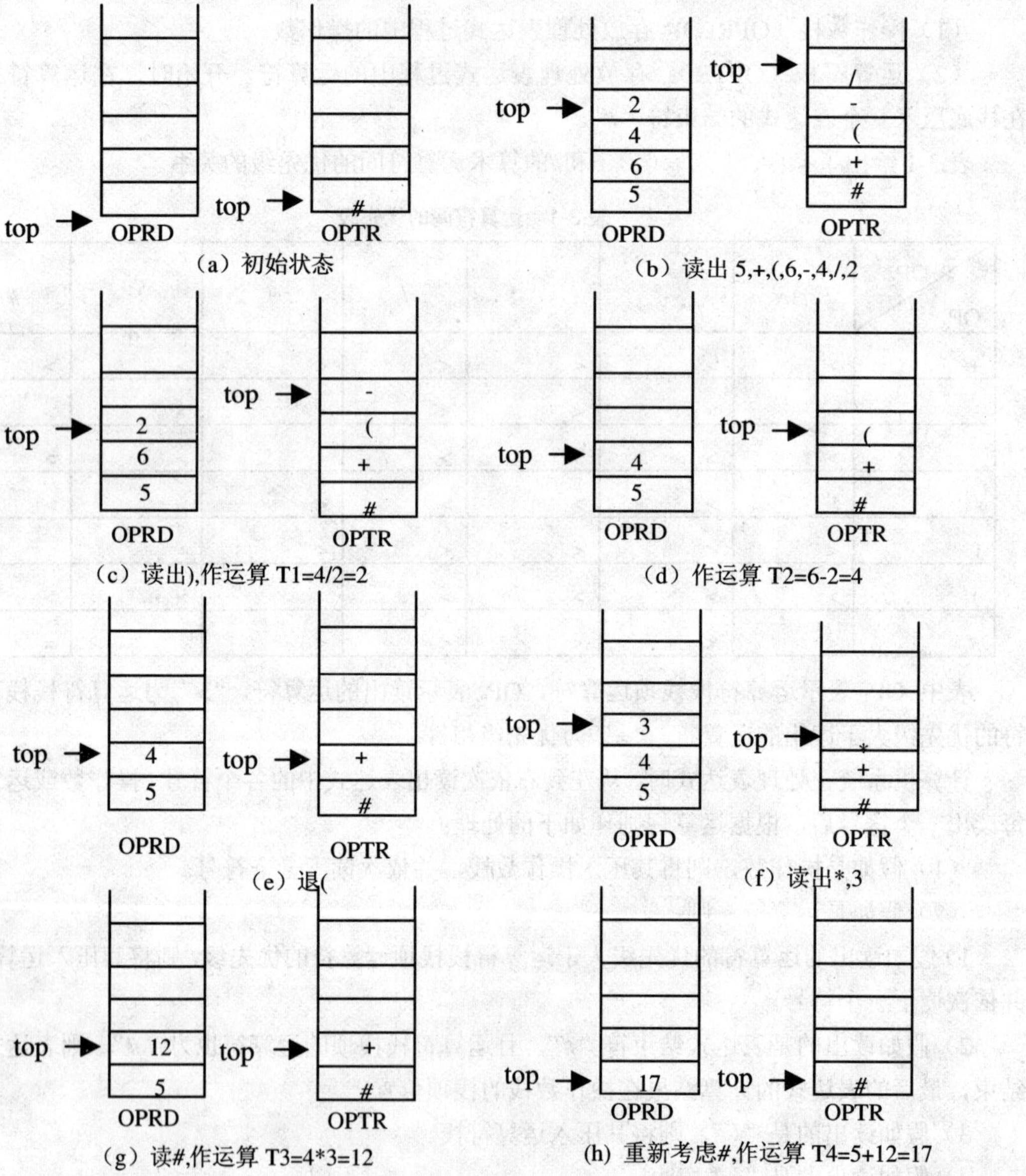

图 3-7　表达式的计算过程

以上讨论的表达式一般都是运算符在两个操作数中间（除单目运算符外），这种表达式被称为中缀表达式。中缀表达式有时必须借助括号才能将运算顺序表达清楚，处理起来比较复杂。在编译系统中，对表达式的处理采用的是另外一种方法，即将中缀表达式转变为后缀表达式，然后对后缀式表达式进行处理，后缀表达式也称为逆波兰式。

波兰表示法（也称为前缀表达式）是由波兰逻辑学家（Lukasiewicz）提出的，其特点是将运算符置于运算对象的前面，如 a+b 表示为 +ab；逆波兰式则是将运算符置于运算对象的后面，如 a+b 表示为 ab+。中缀表达式经过上述处理后，运算时按从左到右的顺序进行，不需要括号。得到后缀表达式后，我们在计算表达式时，可以设置一个栈，从左到右扫描后缀表达式，每读到一个操作数就将其压入栈中；每到一个运算符时，则从栈顶取出两个操作数进行运算，并将结果压入栈中，一直到后缀表达式读完。最后栈顶就是计算结果。

例：将中缀表达式 A*(B+C/D)-E*F 分别转换成前缀表达式和后缀表达式。

将中缀表达式变为前(后)缀表达式的方法是：①将中缀表达式根据运算的先后顺序用括弧括起来；②移动所有的运算符取代所有最近的左(右)括弧；③删除所有的右(左)括弧。

（1）转换成前缀式，过程如下：

A*(B+C/D)-E*F → ((A*(B+(C/D)))-(E*F)) →

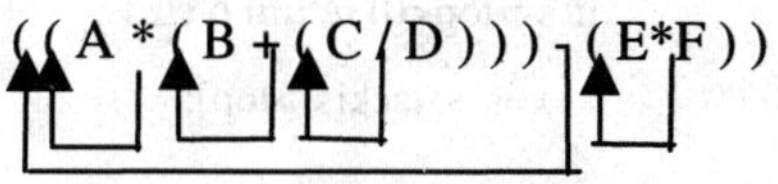

结果为：-*A+B/CD*EF

（2）转换成后缀式，过程如下：

结果为：ABCD/+*EF*-

A*(B+C/D)-E*F → ((A*(B+(C/D)))-(E*F)) →

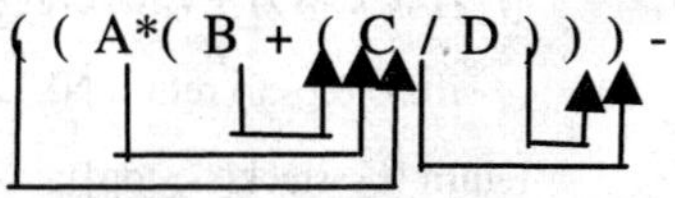

下面的程序可将中缀表达式变为后缀表达式（本程序在 Borland C++中运行通过）。

【算法 3.14　中缀表达式变为后缀表达式】

```
# define MAXNUM 40
# define FALSE 0
# define TRUE 1
#include "stdio.h"
#include "stdlib.h"
#include "string.h"
   typedef struct {
   char stack[MAXNUM];
   int top; } sqstack;
   int initStack(sqstack *s)
{/*初始化栈*/
   s->top=-1;
```

```
return TRUE;
}
int push(sqstack *s,char x)
{/*将元素 x 插入到栈 s 中，作为 s 的新栈顶*/
  if(s->top>=MAXNUM-1) return FALSE; /*栈满*/
    s->top++;
s->stack[s->top]=x;
return TRUE;
}
char pop(sqstack *s)
{/*若栈 s 不为空，则删除栈顶元素*/
char   x;
  if(s->top<0) return NULL;                /*栈空*/
    x=s->stack[s->top];
s->top--;
return x;
}
char gettop(sqstack *s)
{/*若栈 s 不为空，则返回栈顶元素*/
    if(s->top<0) return NULL;                /*栈空*/
return (s->stack[s->top]);
}
char precede(char x1,char x2)
{/*比较运算符 x1 与 x2 的优先*/
char result='<';
char sting[2];
sting[0]=x2;
sting[1]='\0';
if (((x1=='+'||x1=='-')&&( strstr("+-)#",sting)!=NULL))||
((x1=='*'||x1=='/')&& strstr("+-*/)#",sting)!=NULL)||
(x1==')'&&strstr("+-*/)#",sting)!=NULL))
    {result='>';}
else if(x1=='('&&x2==')'||x1=='#'&&x2=='#')
    {result='=';}
else if (x1==')'&&x2=='('||x1=='#'&&x2==')')
```

```
      {result=' ';}
    return result;    }
    main()
     {sqstack *optr;
       char s[80],c,y; int i=0;
       optr=(sqstack *)malloc(sizeof(sqstack));
       gets(s);
       initStack(optr); push(optr,'#');
       c=s[i];
       while(c!='#'||gettop(optr)!='#')
       {if(c!='+'&&c!='-' &&c!='*'&&c!='/'&&c!='('&&c!=')'&&c!='#')
          {printf("%c",c);c=s[++i];
          if(c=='\0') break;
          }
     else
          switch (precede(gettop(optr),c))
           {case '<':{push(optr,c);c=s[++i];break;}
            case '=':{pop(optr);c=s[++i];break; }
            case '>':{y=pop(optr);
                      printf("%c",y);
                      break;}}
          } printf("%c",'#');
    }
```

有兴趣的读者可利用上述算法，设计计算表达式值的算法。

3.3 队列

在日常生活中队列很常见，如我们经常排队购物或购票，排队是体现了“先来先服务”（即“先进先出”）的原则。

队列在计算机系统中的应用也非常广泛。例如：操作系统中的作业排队。在多道程序运行的计算机系统中，可以同时有多个作业运行，它们的运算结果都需要通过通道输出，若通道尚未完成输出，则后来的作业应排队等待，每当通道完成输出时，则从队列的队头退出作业作输出操作，而凡是申请该通道输出的作业都从队尾进入该队列。

计算机系统中输入输出缓冲区的结构也是队列的应用。在计算机系统中经常会遇到两个设备之间的数据传输，不同的设备通常处理数据的速度是不同的，当需要在它们之间连续处理一批数据时，高速设备总是要等待低速设备，这就造成计算机处理效率的大大降低。为了解决这一速度不匹配的矛盾，通常就是在这两个设备之间设置一个缓冲区。这样，高速设备就不必每次等待低速设备处理完一个数据，而是把要处理的数据依次从一端加入缓冲区，而低速设备从另一端取走要处理的数据。

3.3.1 队列的定义及其运算

1. 队列的定义

队列（queue）是一种只允许在一端进行插入，而在另一端进行删除的线性表，它是一种操作受限的线性表。在表中只允许进行插入的一端称为队尾（rear)，只允许进行删除的一端称为队头(front)。队列的插入操作通常称为入队列或进队列，而队列的删除操作则称为出队列或退队列。当队列中无数据元素时，称为空队列。

根据队列的定义可知，队头元素总是最先进队列的，也总是最先出队列；队尾元素总是最后进队列，因而也是最后出队列。这种表是按照先进先出（FIFO，first in first out ）的原则组织数据的，因此，队列也被称为“先进先出”表。

假若队列 q={a_0，a_1，a_2，…，a_{n-1}}，进队列的顺序为 a_0，a_1，a_2，…，a_{n-1}，则队头元素为 a_0，队尾元素为 a_{n-1}。

图 3-8 是一个队列的示意图，通常用指针 front 指示队头的位置，用指针 rear 指向队尾。

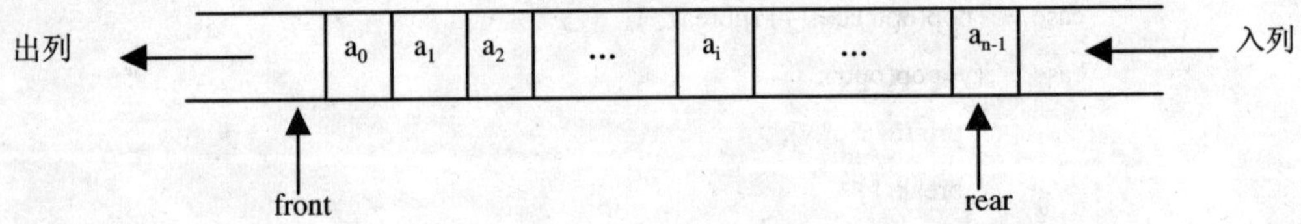

图 3-8 队列的示意图

2. 队列的基本运算

（1）initQueue(q) 初始化：初始化一个新的队列。

（2）empty(q) 队列非空判断：若队列 q 不空，则返回 TRUE；否则，返回 FALSE。

（3）append(q,x) 入队列：在队列 q 的尾部插入元素 x，使元素 x 成为新的队尾。若队列满，则返回 FALSE；否则，返回 TRUE。

（4）delete(s) 出队列：若队列 q 不空，则返回队头元素，并从队头删除该元素，队头指针指向原队头的后继元素；否则，返回空元素 NULL。

（5）getHead(q) 取队头元素：若队列 q 不空，则返回队头元素；否则返回空元素 NULL。

（6）length(q) 求队列长度：返回队列的长度。

队列是一种特殊的线性表，因此队列可采用顺序存储结构存储，也可以使用链式存储结构存储。

3.3.2　队列的顺序存储结构

1. 顺序队列的数组表示

队列的顺序存储结构可以简称为顺序队列，也就是利用一组地址连续的存储单元依次存放队列中的数据元素。一般情况下，我们使用一维数组来作为队列的顺序存储空间，另外再设立两个指示器：一个为指向队头元素位置的指示器 front，另一个为指向队尾的元素位置的指示器 rear。

C 语言中，数组的下标是从 0 开始的，因此为了算法设计的方便，在此我们约定：初始化队列时，空队列时令 front=rear=-1，当插入新的数据元素时，尾指示器 rear 加 1，而当队头元素出队列时，队头指示器 front 加 1。另外还约定，在非空队列中，头指示器 front 总是指向队列中实际队头元素的前面一个位置，而尾指示器 rear 总是指向队尾元素。

图 3-9 给出了队列中头尾指针的变化状态。

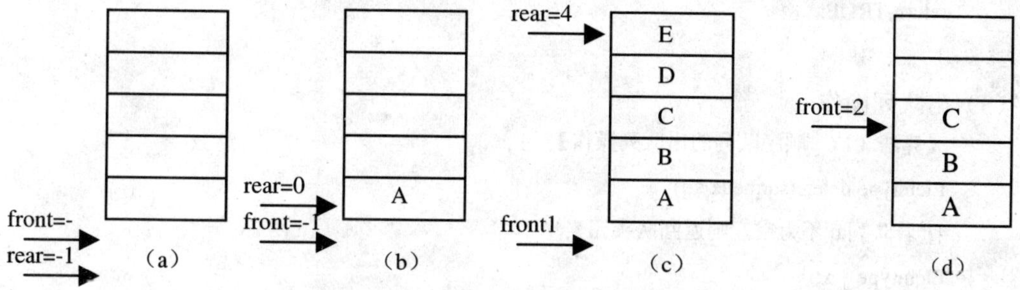

（a）空队列；（b）元素 A 入列后；（c）元素 B、C、D、E 入列后；（d）元素 E、D 出队列后

图 3-9　队列的存储结构

用 C 语言定义的顺序存储结构的队列如下：

```
# define MAXNUM <最大元素数>
typedef struct {
 Elemtype queue[MAXNUM];
 int front;   /*队头指示器*/
 int rear; /*队尾指示器*/
 } sqqueue;
```

2. 顺序队列的基本运算算法

（1）初始化队列

【算法 3.15　顺序队列的初始化】

```
int initQueue(sqqueue *q)
{/*创建一个空队列由指针 q 指出*/
```

```
    if ((q=(sqqueue*)malloc(sizeof(sqqueue)))= =NULL) return FALSE;
    q->front= -1;
    q->rear=-1;
  return TRUE;
  }
```

（2）入队列操作

【算法 3.16 顺序队列的入队列操作】

```
int append(sqqueue *q,Elemtype x)
{/*将元素 x 插入到队列 q 中，作为 q 的新队尾*/
  if(q->rear>=MAXNUM-1) return FALSE;            /*队列满*/
  q->rear++;
q->queue[q->rear]=x;
return TRUE;
}
```

（3）出队列操作

【算法 3.17 顺序队列的出队列操作】

```
Elemtype delete(sqqueue *q)
{/*若队列 q 不为空，则返回队头元素*/
Elemtype    x;
if(q->rear= =q->front) return NULL;              /*队列空*/
x=q->queue[++q->front];
return x;
}
```

（4）取队头元素操作

【算法 3.18 顺序队列的取头元素操作】

```
Elemtype getHead(sqqueue *q)
{/*若队列 q 不为空，则返回队头元素*/
  if(q->rear= =q->front) return NULL;            /*队列空*/
return (q->queue[s->front+1]);
}
```

（5）判队列非空操作

【算法 3.19 顺序队列的非空判断操作】

```
int Empty(sqqueue *q)
{/*队列 q 为空时，返回 TRUE；否则返回 FALSE*/
  if (q->rear= =q->front) return TRUE;
```

```
    return FALSE;
  }
```

（6）求队列长度操作

【算法 3.20　顺序队列的求长度操作】

```
int length(sqqueue *q)
{/*返回队列 q 的元素个数*/
  return(q->rear-q->front);
}
```

3. 循环队列

在顺序队列中，当队尾指针已经指向了队列的最后一个位置时，此时若有元素入列，就会发生“溢出”。在图 3-9（c）中队列空间已满，若再有元素入列，则为溢出；在图 3-9（d）中，虽然队尾指针已经指向最后一个位置，但事实上队列中还有 3 个空位置。也就是说，队列的存储空间并没有满，但队列却发生了溢出，我们称这种现象为假溢出。解决这个问题有两种可行的方法：

（1）采用平移元素的方法，当发生假溢出时，就把整个队列的元素平移到存储区的首部，然后再插入新元素。这种方法需移动大量的元素，因而效率是很低的。

（2）将顺序队列的存储区假想为一个环状的空间，如图 3-10 所示。我们可假想 q->queue[0] 接在 q->queue[MAXNUM-1]的后面。当发生假溢出时，将新元素插入到第一个位置上，这样做，虽然物理上队尾在队首之前，但逻辑上队首仍然在前。入列和出列仍按“先进先出”的原则进行，这就是循环队列。

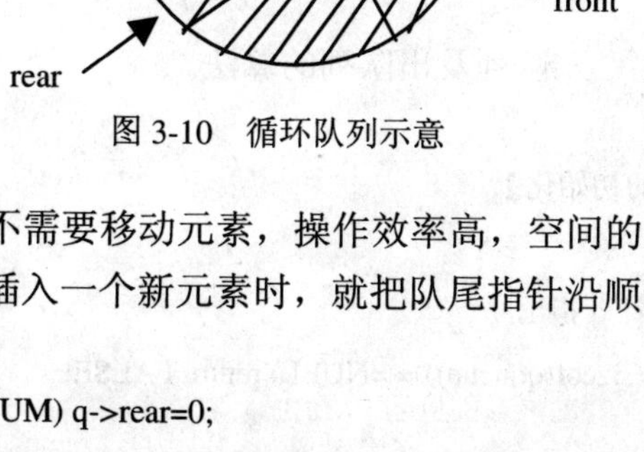

图 3-10　循环队列示意

很显然，方法二中不需要移动元素，操作效率高，空间的利用率也很高。

在循环队列中，每插入一个新元素时，就把队尾指针沿顺时针方向移动一个位置。即：

```
q->rear=q->rear+1;
if(q->rear= =MAXNUM) q->rear=0;
```

在循环队列中，每删除一个元素时，就把队头指针沿顺时针方向移动一个位置。即：

```
q->front=q->front+1;
if(q->front= =MAXNUM) q->front=0;
```

图 3-11 所示，为循环队列的三种状态，图 3-11（a）为队列空时，有 q->front= =q->rear；图 3-11（c）为队列满时，也有 q->front= =q->rear；因此仅凭 q->front= =q->rear 不能判定队列是空还是满。

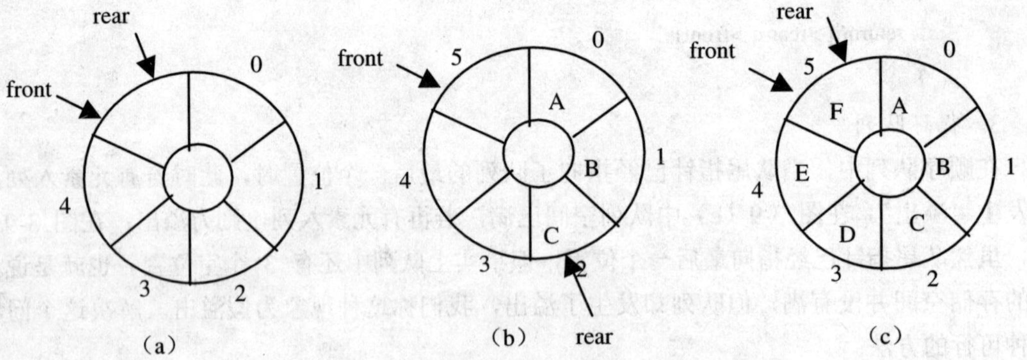

（a）队列空（b）队列非空（c）队列满

图 3-11　循环队列示意图

为了区分循环队列是空还是满，我们可以设定一个标志位 s。s= 0 时为空队列，s=1 时队列非空。

用 C 语言定义循环队列结构如下：

```
typedef struct
{Elemtype queue[MAXNUM];
int front; /*队头指示器*/
int rear; /*队尾指示器*/
int s; /*队列标志位*/
}qqueue;
```

下面给出循环队列的初始化、入队列及出队列的算法。

（1）初始化队列

【算法 3.21　循环队列的初始化】

```
int initQueue(qqueue *q)
{/*创建一个空队列由指针 q 指出*/
  if ((q=(qqueue*)malloc(sizeof(qqueue)))= =NULL) return FALSE;
  q->front= MAXNUM;
  q->rear=MAXNUM;
```

```
q->s=0;          /*置队列空*/
return TRUE;
}
```

（2）入队列操作

【算法 3.22　循环队列的入队列操作】

```
int append(qqueue *q,Elemtype x)
{/*将元素 x 插入到队列 q 中，作为 q 的新队尾*/
if (( q->s= =1)&&(q->front= =q->rear)) return FALSE;          /*队列满*/
   q->rear++;
   if (q->rear= =MAXNUM) q->rear=0;
   q->queue[q->rear]=x;
   q->s=1;                              /*置队列非空*/
return TRUE;
}
```

（3）出队列操作

【算法 3.23　循环队列的出队列操作】

```
Elemtype delete(qqueue *q)
{/*若队列 q 不为空，则返回队头元素*/
Elemtype    x;
if (q->s= =0) retrun NULL;                    /*队列为空*/
q->front++;
if (q->front= =MAXNUM) q->front=0;
x=q->queue[q->front];
if (q->front = =q->rear) q->s=0;          /*置队列空*/
return x; }
```

3.3.3　队列的链式存储结构

在 C 语言中不可能动态分配一维数据来实现循环队列。如果要使用循环队列，则必须为它分配最大长度的空间。若用户无法预计所需队列的最大空间，我们可以采用链式结构来存储队列。

1. 链队列的表示

用链表表示的队列简称为链队列。在一个链队列中需设定两个指针(头指针和尾指针)分别指向队列的头和尾。为了操作的方便，和线性链表一样，我们也给链队列添加一个头结点，并设定头指针指向头结点，因此，空队列的判定条件就成为头指针和尾指针都指向头结点。

图 3-12（a）所示为一个空队列；图 3-12（b）所示为一个非空队列。

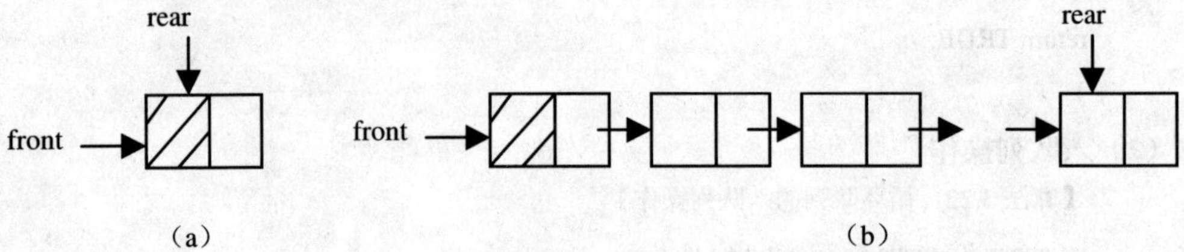

图 3-12 链队列

用 C 语言定义链队列结构如下：

```
typedef struct Qnode
{Elemtype data;
struct Qnode *next;
}Qnodetype; /*定义队列的结点*/
typedef struct
{ Qnodetype *front;/*头指针*/
Qnodetype *rear; /*尾指针*/
}Lqueue;
```

2. 链队列的主要运算算法

（1）初始化队列

【算法 3.24 链队列的初始化】

```
int initLqueue(Lqueue *q)
{/*创建一个空链队列 q*/
 if ((q->front=(Qnodetype*)malloc(sizeof(Qnodetype)))= =NULL) return FALSE;
 q->rear=q->front;
q->front->next=NULL;
 return TRUE;
}
```

（2）入队列操作

【算法 3.25 链队列的入队列操作】

```
int Lappend(Lqueue *q,Elemtype x)
{/*将元素 x 插入到链队列 q 中，作为 q 的新队尾*/
Qnodetype *p;
if ((p=(Qnodetype*)malloc(sizeof(Qnodetype)))= =NULL) return FALSE;
p->data=x;
p->next=NULL;             /*置新结点的指针为空*/
q->rear->next=p;          /*将链队列中最后一个结点的指针指向新结点*/
```

```
q->rear=p;                    /*将队尾指向新结点*/
return TRUE;
}
```

（3）出队列操作

【算法 3.26　链队列的出队列操作】

```
Elemtype Ldelete(Lqueue *q)
{/*若链队列 q 不为空，则删除队头元素，返回其元素值*/
Elemtype    x;
Qnodetype *p;
if(q->front->next= =NULL) return NULL;          /*空队列*/
P=q->front->next;                               /*取队头*/
q->front->next=p->next;                         /*删除队头结点*/
x=p->data;
free(p);
return x;
}
```

链队列的入队列操作和出队列操作实质上是单链表的插入和删除操作的特殊情况，只需要修改队尾指针或队头指针即可。

3.3.4　其他队列

除了栈和队列之外，还有一种限定性数据结构，它们是双端队列（double-ended queue）。

双端队列是限定插入和删除操作在线性表的两端进行，我们可以将它看成是栈底连在一起的两个栈，但它与两个栈共享存储空间是不同的。共享存储空间中的两个栈的栈顶指针是向两端扩展的，因而每个栈只需一个指针；而双端队列允许两端进行插入和删除元素，因而每个端点必须设立两个指针，如图 3-13 所示。

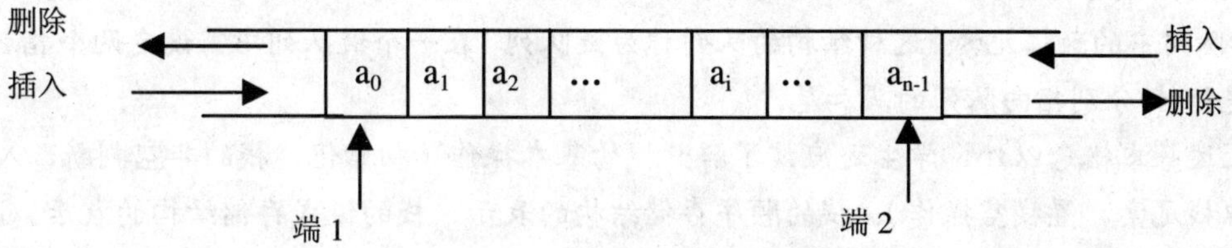

图 3-13　双端队列的示意图

在实际使用中，还有输出受限的双端队列（即一个端点允许插入和删除，另一个端点只允许插入）；输入受限的双端队列（即一个端点允许插入和删除，另一个端点只允许删除）。如果限定双端队列从某个端点插入的元素只能从该端点删除，则双端队列就蜕变为两个栈底相邻接的栈了。

尽管双端队列看起来比栈和队列更灵活，但实际中并不比栈和队列实用，故在此不再深入讨论。

本章小结

本章主要介绍了如下一些基本概念：

栈：是一种只允许在一端进行插入和删除的线性表，它是一种操作受限的线性表。在表中只允许进行插入和删除的一端称为栈顶（top），另一端称为栈底(bottom)。栈顶元素总是最后入栈的，因而是最先出栈；栈底元素总是最先入栈的，因而也是最后出栈。因此，栈也被称为“后进先出”的线性表。

栈的顺序存储结构：利用一组地址连续的存储单元依次存放自栈底到栈顶的各个数据元素，称为栈的顺序存储结构。

双向栈：使两个栈共享一维数组 stack[MAXNUM]，利用栈的“栈底位置不变，栈顶位置动态变化”的特性，将两个栈底分别设为-1 和 MAXNUM，而它们的栈顶都往中间方向延伸的栈称为双向栈。

栈的链式存储结构：栈的链式存储结构就是用一组任意的存储单元（可以是不连续的）存储栈中的数据元素，这种结构的栈简称为链栈。在一个链栈中，栈底就是链表的最后一个结点，而栈顶总是链表的第一个结点。

队列：队列（queue）是一种只允许在一端进行插入，而在另一端进行删除的线性表，它是一种操作受限的线性表。在表中只允许进行插入的一端称为队尾（rear），只允许进行删除的一端称为队头(front)。队头元素总是最先进队列的，也总是最先出队列；队尾元素总是最后进队列，因而也是最后出队列。因此，队列也被称为“先进先出”表。

队列的顺序存储结构：利用一组地址连续的存储单元依次存放队列中的数据元素，称为队列的顺序存储结构。

队列的链式存储结构：队列的链式存储结构就是用一组任意的存储单元（可以是不连续的）存储队列中的数据元素，这种结构的队列称为链队列。在一个链队列中需设定两个指针(头指针和尾指针)分别指向队列的头和尾。

除上述基本概念以外，学生还应该了解：栈的基本操作（初始化、栈的非空判断、入栈、出栈、取栈元素、置栈空操作）、栈的顺序存储结构的表示、栈的链式存储结构的表示、队列的基本操作（初始化、队列非空判断、入队列、出队列、取队头元素、求队列长度）、队列的顺序存储结构、队列的链式存储结构，掌握顺序栈（入栈操作、出栈操作）、链栈（入栈操作、出栈操作）、顺序队列（入队列操作、出队列操作）、链队列（入队列操作、出队列操作）。

习　题　三

1．简述栈和线性表的区别和联系。

2．何为栈和队列？简述两者的区别和联系。

3．若依次读入数据元素序列{a,b,c,d}进栈，进栈过程中允许出栈，试写出各种可能的出栈元素序列。

4．将下列各算术运算式表示成波兰式和逆波兰式：

(A*(B+C)+D)*E-F*G

A*(B-D)+H/(D+E)-S/N*T

(A-C)*(B+D)+(E-F)/(G+H)

5．写出算术运算式 3+4/25*8-6 的操作数栈和运算符栈的变化情况。

6．若堆栈采用链式存储结构，初始时为空，试画出 a,b,c,d 四个元素依次进栈后栈的状态，然后再画出此时的栈顶元素出栈后的状态。

7．试写出函数 Fibonacci 数列的递归算法和非递归算法。

$F_1=0$　(n=1)

$F_2=1$，　(n=2)

⋮

$F_n=F_{n-1}+F_{n-2}$　(n>2)

8．在一个类型为 staticlist 的一维数组 A[0…m-1]存储空间建立两个链接堆栈，其中前两个单元的 next 域用来存储两个栈顶指针，从第 3 个单元起作为空闲存储单元空间提供给两个栈共同使用。试编写一个算法把从键盘上输入的 n 个整型数（n<=m-2，m>2）按照下列条件进栈：

（1）若输入的数小于 100，则进第一个栈。

（2）若输入的数大于等于 100，则进第二个栈。

9．试证明：若借助栈由输入序列 1，2，3，…，n 得到输出序列 P_1，P_2，P_3，…，P_n（它是输入序列的一个排列），则在输出序列中不可能出现这样的情况：存在 $i<j<k$，使得 $P_j<P_k<P_i$。

10．对于一个具有 m 个单元的循环队列，写出求队列中元素个数的公式。

11．简述设计一个结点值为整数的循环队列的构思，并给出在队列中插入或删除一个结点的算法。

12．有一个循环队列 q(n)，进队和退队指针分别为 r 和 f；有一个有序线性表 A[M]，请编一个把循环队列中的数据逐个出队并同时插入到线性表中的算法。若线性表满则停止退队，并保证线性表的有序性。

13．设有栈 stack，栈指针 top=n-1，n>0；有一个队列 Q(m)，其中进队指针 r，试编写一个从栈 stack 中逐个出栈并同时将出栈的元素进队的算法。

第四章　串

本章学习导读

在计算机的各方面应用中，非数值处理问题的应用越来越多。如在汇编程序和编译程序中，源程序和目标程序都是作为一种字符串数据进行处理的。在事务处理系统中，用户的姓名和地址及货物的名称、规格等也是字符串数据。

字符串一般简称为串，可以将它看作是一种特殊的线性表，这种线性表的数据元素的类型总是字符型的，字符串的数据对象约束为字符集。在一般线性表的基本操作中，大多以“单个元素”作为操作对象，而在串中，则是以“串的整体”或一部分作为操作对象。因此，一般线性表和串的操作有很大的不同。本章主要讨论串的基本概念、存储结构和一些基本的串处理操作。

4.1　串的基本概念

4.1.1　串的定义

串（或字符串）（String）是由零个或多个字符组成的有限序列。一般记作

$$s=〃c_0c_1c_2\cdots c_{n-1}〃 \quad (n\geqslant 0)$$

其中：s 为串名，用双引号括起来的字符序列是串的值；$c_i(0\leqslant i\leqslant n-1)$可以是字母、数字或其他字符；双引号为串值的定界符，不是串的一部分；字符串字符的数目 n 称为串的长度。零个字符的串称为空串，通常以两个相邻的双引号来表示空串（Null string），如：s=〃〃，它的长度为零；仅由空格组成的的串称为空格串，如：s=〃␣〃；若串中含有空格，在计算串长时，空格应计入串的长度中，如：s=〃I'm a student〃的长度为 13。

请读者注意，在 C 语言中，用单引号引起来的单个字符与单个字符的串是不同的，如 s1=′a′ 与 s2=〃a〃两者是不同的，s1 表示字符，而 s2 表示字符串。

4.1.2　主串和子串

一个串的任意个连续的字符组成的子序列称为该串的子串，包含该子串的串称为主串。称一个字符在串序列中的序号为该字符在串中的位置，子串在主串中的位置是以子串的第一个字符在主串中的位置来表示的。当一个字符在串中多次出现时，以该字符第一次在主串中出现的位置为该字符在串中的位置。

例如：s1、s2、s3 为如下的三个串：s1=″I'm a student″ s3=″student″ s2=″teacher″。

则它们的长度分别为 13、7、7。串 s3 是 s1 的子串，子串 s3 在 s1 中的位置为 7，也可以说 s1 是 s3 的主串。串 s2 不是 s1 的子串，串 s2 和 s3 不相等。

4.2　串的存储结构

对串的存储方式取决于我们对串所进行的运算。如果在程序设计语言中，串的运算只是作为输入或输出的常量出现，则此时只需存储该串的字符序列，这就是串值的存储。此外，一个字符序列还可赋给一个串变量，操作运算时通过串变量名访问串值。实现串名到串值的访问，在 C 语言中可以有两种方式：一是可以将串定义为字符型数组，数组名就是串名，串的存储空间分配在编译时完成，程序运行时不能更改，这种方式为串的静态存储结构。另一种是定义字符指针变量，存储串值的首地址，通过字符指针变量名访问串值，串的存储空间分配是在程序运行时动态分配的，这种方式称为串的动态存储结构。

4.2.1　串值的存储

我们称串是一种特殊的线性表，因此串的存储结构表示也有两种方法：静态存储采用顺序存储结构，动态存储采用的是链式存储和堆存储结构。

1. 串的静态存储结构

类似于线性表的顺序存储结构，用一组地址连续的存储单元存储串值的字符序列。由于一个字符只占 1 个字节，而现在大多数计算机的存储器地址是采用的字编址，一个字（即一个存储单元）占多个字节，因此顺序存储结构方式有两种：

（1）紧缩格式：即一个字节存储一个字符。这种存储方式可以在一个存储单元中存放多个字符，充分地利用了存储空间。但在串的操作运算时，若要分离某一部分字符时，则变得非常麻烦。

图 4-1 所示是以 4 个字节为一个存储单元的存储结构，每个存储单元可以存放 4 个字符。对于给定的串 s=″data␣structure″，在 C 语言中采用字符′\0′作串值的结束符。串 s 的串值连同结束符的长度共 15，只需 4 个存储单元。

d	a	t	a
␣	S	t	r
u	c	t	u
r	e	\0	

图 4-1　串值的紧缩格式存储

（2）非紧缩格式：这种方式是以一个存储单元为单位，每个存储单元仅存放一个字符。这种存储方式的空间利用率较低，如一个存储单元有 4 个字节，则空间利用率仅为 25%。但这种存储方式中不需要分离字符，因而程序处理字符的速度高。图 4-2 即为这种结构的示意图。

d			
a			
t			
a			
⊔			
s			
t			
r			
u			
c			
t			
u			
r			
e			
0			

图 4-2　串值的非紧缩格式存储

用字符数组存放字符串时，其结构用 C 语言定义如下：

```
#define MAXNUM <允许的最大的字符数>

typedef struct {
    char str[MAXNUM];
    int length; /*串长度*/
} stringtype; /*  串类型定义*/
```

由上述讨论可知，串的顺序存储结构有两大不足之处。一是需事先预定义串的最大长度，这在程序运行前是很难估计的，二是由于定义了串的最大长度，使得串的某些操作受限，如串的联接运算等。

2. 串的动态存储结构

我们知道，串的各种运算与串的存储结构有着很大的关系，在随机取子串时，顺序存储方式操作起来比较方便，而对串进行插入、删除等操作时，就会变得很复杂。因此，有必要采用串的动态存储方式。

串的动态存储方式采用链式存储结构和堆存储结构两种形式：

（1）链式存储结构

串的链式存储结构中每个结点包含字符域和结点链接指针域，字符域用于存放字符，指针域用于存放指向下一个结点的指针，因此，串可用单链表表示。

用链表存放字符串时，其结构用 C 语言定义如下：

```
typedef struct node{
char str;
struct node    *next;
} slstrtype;
```

用单链表存放串，每个结点仅存储一个字符，如图 4-3 所示，因此，每个结点的指针域所占空间比字符域所占空间要大得多。为了提高空间的利用率，我们可以使每个结点存放多个字符，称为块链结构，如图 4-4 所示每个结点存放 4 个字符。

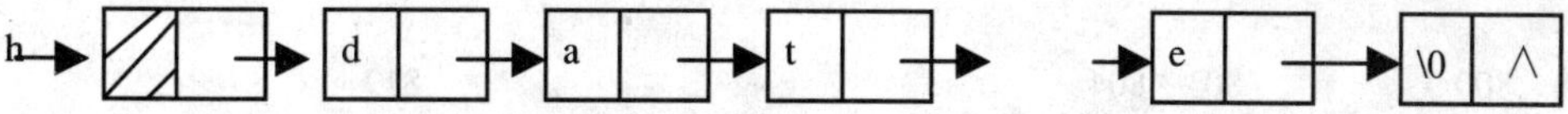

图 4-3　串的链式分配结点大小为 1 的链表

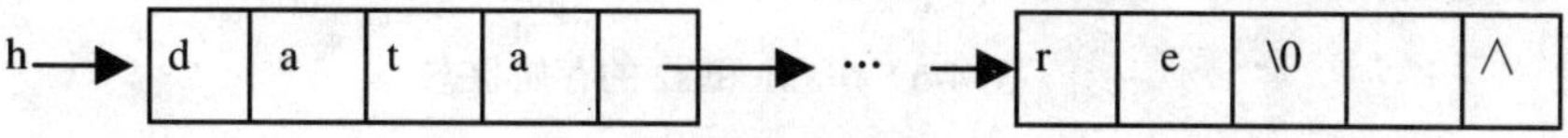

图 4-4　串的链式分配结点大小为 4

用块链存放字符串时，其结构用 C 语言定义如下：

```
typedef struct node{
char str[4];
struct node    *next;
} slstrtype;
```

（2）堆存储结构

堆存储结构的特点是仍以一组空间足够大的、地址连续的存储单元存放串值字符序列，但它们的存储空间是在程序执行过程中动态分配的。每当产生一个新串时，系统就从剩余空间的起始处为串值分配一个长度和串值长度相等的存储空间。

在 C 语言中，存在一个称为“堆”的自由空间，由动态分配函数 malloc()分配一块实际串长所需的存储空间，如果分配成功，则返回这段空间的起始地址，作为串的基址。由 free()释放串不再需要的空间。

用堆存放字符串时，其结构用 C 语言定义如下：

```
typedef struct{
char *str;
int length;
} HSstrtype;
```

4.2.2　串名的存储映像

串名的存储映像就是建立了串名和串值之间的对应关系的一个符号表。在这个表中的项目可以依据实际需要来设置，以能方便地存取串值为原则。

如：

s1=〃data〃

s2=〃structure〃

假若一个单元仅存放 1 个字符，则上面两个串的串值顺序存储如图 4-5 所示。

若符号表中每行包含有串名、串值的始地址、尾地址，则如图 4-6（a）所示，也可以不设尾地址，而设置串和长度值。则如图 4-6（b）所示。

地址	800			803	804								812					
串值	d	a	t	a	s	t	r	u	c	t	u	r	e					

图 4-5 串 s1 和 s2 的存储状态

串名	始地址	尾地址
S1	800	803
S2	804	812

（a）

串名	始地址	串长
S1	800	4
S2	804	9

（b）

表 4-6 符号表示例

对于链式存储串值的方式，如果要建立串变量的符号表，则只需要存入一个链表的表头指针即可。

4.3 串的基本运算及其实现

串的基本运算有赋值、联接、求串长、求子串、求子串在主串中出现的位置、判断两个串是否相等、删除子串等。在本节中，我们尽可能以 C 语言的库函数表示其中的一些运算，若没有库函数，则用自定义函数说明。

4.3.1 串的基本运算

（1）strcpy(str1,str2) 字符串拷贝（赋值）：把 str2 指向的字符串拷贝到 str1 中，返回 str1。库函数和形参说明如下：

```
char * strcpy(char * str1,char * str2)
```

（2）strcat(str1,str2) 字符串的联接：把字符串 str2 接到 str1 后面，str1 最后的结尾符′\0′被取消。返回 str1。库函数和形参说明如下：

```
char * strcat(char * str1,char * str2)
```

（3）strlen(str) 求字符串的长度：统计字符串 str 中字符的个数（不包括′\0′），返回字符的个数，若 str 为空串，则返回值为 0。库函数和形参说明如下：

```
unsigned int strlen(char *str)
```

（4）strstr(str1,str2) 子串的查询：找出子串 str2 在主串 str1 第一次出现的位置（不包括子串 str2 的结尾符），返回该位置的指针，若找不到，返回空指针 NULL。库函数和形参说明如下：

```
char * strstr(char * str1,char * str2)
```

（5）strcmp(str1,str2) 字符串的比较：比较两个字符串 str1、str2。若 str1＜str2，则返回负数；若 str1＞str2，则返回正数；若 str1＝str2，则返回 0。库函数和形参说明如下：

```
int   subcmp(char * str1,char * str2)
```

（6）substr(str1,str2,m,n) 求子串：在字符串 str1 中，从第 m 个字符开始，取 n 个长度的子串 str2。若 m＞strlen(str)或 n≤0，则返回空值 NULL。自定义函数和形参说明如下：

```
int   substr(char * str1,char *str2,int m,int n)
```

（7）delstr(str,m,n) 字符串的删除：在字符串 str 中，删除从第 m 个字符开始的 n 个长度的子串。自定义函数和形参说明如下：

```
Void delstr(char *str,int m,int n)
```

（8）Insstr(str1,m,str2) 字符串的插入：在字符串 str1 第 m 个位置之前开始，插入字符串 str2。返回 str1。自定义函数和形参说明如下：

```
Void insstr(char *str1,int m,char *str2)
```

对字符串的置换可以通过求串长，删除子串，字符串的联接等基本运算来实现。

4.3.2　串的基本运算及其实现

本小节中，我们将讨论串值在静态存储方式和动态存储方式下，其运算如何实现。

如前所述，串的存储可以是静态的，也可以是动态的。静态存储在程序编译时就分配了存储空间，而动态存储只能在程序执行时才分配存储空间。不论在哪种方式下，都能实现串的基本运算。本节讨论求子串运算在三种存储方式下的实现方法。

1. *在静态存储结构方式下求子串*

C 语言中用字符数组存储字符串时，结构定义如下：

```
#define MAXNUM   80
typedef struct {
   char str[MAXNUM];
   int length; /*串长度*/
} stringtype; /*  串类型定义*/
```

求主串 s1 中第 m 个字符起，长度为 n 的子串 s2，若存在子串 s2，则返回 TRUE；　若 m＞strlen(s1)或 m<1 或 n≤0，则返回 FALSE。算法如下：

【算法 4.1 在静态存储方式中求子串】

```
int substr(stringtype s1,stringtype * s2,int m,int n)
{int j,k;j=s1.length;
if(m<=0||m>j||n<0) {(*s2).str[0]='\0';(*s2).length=0;return FALSE;   }      /*参数错误*/
k=strlen(&s1.str[m-1]) ;                              /*求子串的长度*/
```

```
if (n>k) (*s2).length=k;
else (*s2).length=n;                    /*置子串的串长*/
for(j=0;j<=(*s2).length;j++,m++) (*s2). str[j]=s1.str[m-1];
(*s2).str[j]='\0';                      /*置结束标记*/
return TRUE;
}
```

上述算法中使用数组存放字符串，串长用显式方式给出。

2. 在动态存储结构方式下求子串

（1）在链式存储结构方式下

假设链表中每个结点仅存放一个字符，则单链表定义如下

```
typedet struct node{
char str;
struct node   *next;
} slstrtype;
```

求子串运算的算法如下：

【算法 4.2 在链式存储方式中求子串】

```
int substr(slstrtype s1,slstrtype *s2,int m,int n)
{slstrtype *p,*q,*v;
 int length1,j;
 p=&s1;
 for(lenght1=0;p->next!=NULL;p=p->next) length1++;          /*求主串和串长*/
 if(m<=0||m>length1||n<0) {s2=NULL;return FALSE;}          /*参数错误*/
 p=s1.next;
 for(j=0;j<m;j++) p=p->next;                                /*找到子串和起始位置*/
 s2=(slstrtype *)malloc(sizeof(slstrtype));                 /*分配子串和第一个结点*/
 v=s2;q=v;
 for(j=0;j<n&&p->next!=NULL;j++)                            /*建立子串*/
 { q->str=p->str;
 p=p->next;
 q=(slstrtype *)malloc(sizeof(slstrtype));
 v->next=q;
 v=q;
 }
 q->str='\0';q->next=NULL;                                  /*置子串和尾结点*/
 return TRUE;
```

```
}
```

上述算法中，每个结点只存放一个字符，字符串的存储空间浪费很大，我们可以使用块链结构存储串。

块链结构中求子串的算法思想和上述单链表的求子串和算法相似，有兴趣的读者可以设计该算法。

（2）在堆存储结构方式下

堆存储结构用 C 语言定义为：

```
typedet struct{
char *str;
int length;
} HSstrtype;
```

求子串操作可有两种方法实现，一种是子串与主串共享法，另一种是子串的重新赋值法。

1）共享法

主串与及子串在堆中只有一个存储映像，这样做可以节省存储空间，算法如下：

【算法 4.3 共享法求子串】

```
int substr(HSstrtype s1,HSstrtype *s2,int m,int n)
{ int j,k;
 j=s1.length;
 if(m<=0||m>j||n<0) {s2->length=0;return FALSE;}          /*参数错误*/
 k=strlen(s1.str+m);                                   /*主串第 m 个位置开始之后的串长*/
if (n>k) s2->length=k;
else s2->length=n;                                     /*置子串的串长*/
s2->str=s1.str+m;                                      /*置子串的串首地址
return TRUE;
}
```

2）重新赋值法

将子串存放在与主串不同的堆中。算法如下：

【算法 4.4 重新赋值法求子串】

```
int substr(HSstrtype s1,HSstrtype *s2,int m,int n)
{ int j,k;
 j=s1.length;
 if(m<=0||m>j||n<0) {s2->length=0;return FALSE;}     /*参数错误*/
 k=strlen(s1.str+m);                                /*主串第 m 个位置开始之后的串长*/
if (n>k) s2->length=k;
else s2->length=n;                                  /*置子串的串长*/
```

```
k=s2->length;
for(j=0;j<k;j++)
s2->str[j]=s1.str[m++];                    /*复制字符*/
s2->str[j]='\0';                           /*置结束符*/
return TRUE;
}
```

4.4 文本编辑

文本编辑是串的一个很典型的应用。它被广泛用于各种源程序的输入和修改，也被应用于信函、报刊、公文、书籍的输入、修改和排版。文本编辑的实质就是修改字符数据的形式或格式。在各种文本编辑程序中，它们把用户输入的所有文本都作为一个字符串。尽管各种文本编辑程序的功能可能有强有弱，但是它们的基本的操作都是一致的，一般包括串的输入、查找、修改、删除、输出等。

例如有下列一段源程序：

```
main()
{int a,b,c;
scanf(″%d,%d″,&a,&b);
c=a+b;
printf("%d",c);
}
```

我们把这个源程序看成是一个文本，为了编辑的方便，总是利用换行符把文本划分为若干行，还可以利用换页符将文本组成若干页，这样整个文本就是一个字符串，简称为文本串，其中的页为文本串的子串，行又是页的子串。将它们按顺序方式存入计算机内存中，如表 4-1 所示（图中↙表示回车符）。

表 4-1　文本格式示例

800

m	a	i	n	(	)	↙			{	i	n	t		a	,	b	,
c	;	↙			s	c	a	n	f	(	″	%	d	,	%	d	″
,	&	a	,	&	b	;	↙			c	=	a	+	b	;	↙	
	p	r	i	n	t	f	(	″	%	d	″	,	c	)	;	↙	
	}	↙															

在输入程序的同时，文本编辑程序先为文本串建立相应的页表和行表，即建立各子串的存储映像。串值存放在文本工作区，而将页号和该页中的起始行号存放在页表中，行号、串值的存储起始地址和串的长度记录在行表，由于使用了行表和页表，因此新的一页或一行可存放在文本工作区的任何一个自由区中，页表中的页号和行表中的行号是按递增的顺序排列的，如表 4-2 所示。设程序的行号从 110 开始。

表 4-2 行表及其信息排列

行号	起始地址	长度
110	800	7
120	809	12
130	823	21
140	846	7
150	855	16
160	873	2

下面我们就来讨论文本的编辑。

（1）插入一行时，首先在文本末尾的空闲工作区写入该行的串值，然后，在行表中建立该行的信息，插入后，必须保证行表中行号从小到大的顺序。若插入行 145，则行表中从 150 开始的各行信息必须向下平移一行。

（2）删除一行时，则只要在行表中删除该行的行号，后面的行号向前平移。若删除的行是页的起始行，则还要修改相应页的起始行号（改为下一行）。

（3）修改文本时，在文本编辑程序中设立了页指针，行指针和字符指针，分别指示当前操作的页、行和字符。若在当前行内插入或删除若干字符，则要修改行表中当前行的长度。如果该行的长度超出了分配给它的存储空间，则应为该行重新分配存储空间，同时还要修改该行的起始位置。

对页表的维护与行表类似，在此不再叙述，有兴趣的同学可设计其中的算法。

本章小结

本章主要介绍了如下一些基本概念：

串： 串（或字符串）(String）是由零个或多个字符组成的有限序列。

主串和子串： 一个串的任意个连续的字符组成的子序列称为该串的子串，包含该子串的串称为主串。

串的静态存储结构： 类似于线性表的顺序存储结构，用一组地址连续的存储单元存储串值的字符序列的存储方式称为串的顺序存储结构。

堆存储结构： 用一组空间足够大的、地址连续的存储单元存放串值字符序列，但其存储空间在程序执行过程中能动态分配的存储方式称为堆存储结构。

串的链式存储结构：类似于线性表的链式存储结构，采用链表方式存储串值字符序列的存储方式称为串的顺序存储结构。

串名的存储映像：串名的存储映像就是建立串名和串值之间的对应关系的一个符号表。

除上述基本概念以外，学生还应该了解串的基本运算、字符串拷贝（赋值、字符串的联接、求字符串的长度、子串的查询、字符串的比较）、串的静态存储结构的表示、串的链式存储结构的表示、串的堆存储结构的表示，能在各种存储结构方式中求字符串的长度、能在各种存储结构方式中利用 C 语言提供的串函数进行操作。

习 题 四

1．简述空串与空格串、串变量与串常量、主串与子串、串名与串值每对术语的区别？

2．两个字符串相等的充分条件是什么？

3．串有哪几种存储结构？

4．已知两个串：s1="fg cdb cabcadr", s2="abc", 试求两个串的长度，判断串 s2 是否是串 s1 的子串，并指出串 s2 在串 s1 中的位置。

5．已知：s1=〃I'm a student〃，s2=〃student〃，s3=〃teacher〃，试求下列各运算的结果：

strstr(s1,s2);

strlen(s1);

strcat(s2,s3);

delstr(s1,4,10);

insstr(str1,7,s3)。

6．设 s1=“AB”，s2=“ABCD”，s3=“EFGHIJK”，试画出堆存储结构下的存储映像图。

7．试写出将字符串 s2 中的全部字符拷贝到字符串 s1 中的算法，不允许利用库函数 strcpy()。

8．设 s1 和 s2 是用结点大小为 1 的单链表表示的串，试写出找出 s2 中第一个不在 s1 中出现的字符的算法。

9．设字符串采用块链存储结构，块链中每个结点存放 m（m=4）个字符，试写出实现字符串删除的算法。

第五章　多维数组和广义表

本章学习导读

本章主要介绍多维数组的概念及其在计算机中的存放，特殊矩阵的压缩存储及相应运算，广义表的概念和存储结构及其相关运算的实现。通过本章学习，要求掌握的内容主要有：多维数组的定义及在计算机中的存储表示；对称矩阵、三角矩阵、对角矩阵等特殊矩阵在计算机中的压缩存储表示及地址计算公式；稀疏矩阵的三元组表示及转置算法实现；稀疏矩阵的十字链表表示及相加算法实现；广义表存储结构表示及基本运算。

5.1　多维数组

5.1.1　多维数组的概念

数组是大家都已经很熟悉的一种数据类型，几乎所有高级语言程序设计中都设定了数组类型。在此，我们仅简单地讨论数组的逻辑结构及在计算机内的存储方式。

1. 一维数组

一维数组可以看成是一个线性表或一个向量（第二章已介绍），它在计算机内是存放在一块连续的存储单元中，适合于随机查找。这在第二章的线性表的顺序存储结构中已经介绍。

2. 二维数组

二维数组可以看成是向量的推广。例如，设 A 是一个有 m 行 n 列的二维数组，则 A 可以表示为：

$$A=\begin{bmatrix} a_{00} & a_{01} & \cdots\cdots & a_{0n-1} \\ a_{10} & a_{11} & \cdots\cdots & a_{1n-1} \\ \cdots & \cdots & \cdots & \cdots \\ a_{m-1\,0} & a_{m-1\,1} & \cdots\cdots & a_{m-1\,n-1} \end{bmatrix}$$

在此，可以将二维数组 A 看成是由 m 个行向量$[X_0, X_1, \ldots, X_{m-1}]^T$组成，其中，$X_i=(a_{i0}, a_{i1}, \ldots, a_{in-1})$，$0 \leqslant i \leqslant m-1$；也可以将二维数组 A 看成是由 n 个列向量$[y_0, y_1, \ldots\ldots, y_{n-1}]$组成，其中 $y_i=(a_{0i}, a_{1i}, \ldots, a_{m-1i})$，$0 \leqslant i \leqslant n-1$。由此可知二维数组中的每一个元素最多可有两个直接前驱和两个直接后继（边界除外），故是一种典型的非线性结构。

3. *多维数组*

同理，三维数组最多可有三个直接前驱和三个直接后继，三维以上数组可以作类似分析。因此，可以把三维以上的数组称为多维数组，多维数组可有多个直接前驱和多个直接后继，故多维数组是一种非线性结构。

5.1.2 多维数组在计算机内的存放

怎样将多维数组中元素存入到计算机内存中呢？由于计算机内存结构是一维的（线性的），因此，用一维内存存放多维数组就必须按某种次序将数组元素排成一个线性序列，然后将这个线性序列顺序存放在存储器中，具体实现方法在下一节介绍。

5.2 多维数组的存储结构

由于数组一般不作插入或删除操作，也就是说，一旦建立了数组，则结构中的数组元素个数和元素之间的关系就不再发生变动，即它们的逻辑结构就固定下来了，不再发生变化。因此，采用顺序存储结构表示数组是顺理成章的事了。本章中，仅重点讨论二维数组的存储，三维及三维以上的数组可以作类似分析。

多维数组的顺序存储有两种形式。

5.2.1 行优先顺序

1. *存放规则*

行优先顺序也称为低下标优先或左边下标优先于右边下标。具体实现时，按行号从小到大的顺序，先将第一行中元素全部存放好，再存放第二行元素，第三行元素，依次类推……

在 BASIC 语言、PASCAL 语言、C/C++语言等高级语言程序设计中，都是按行优先顺序存放的。例如，对刚才的 $A_{m\times n}$ 二维数组，可用如下形式存放到内存：a_{00}，a_{01}，…a_{0n-1}，a_{10}，a_{11}，...，$a_{1\ n-1}$，…，$a_{m-1\ 0}$，$a_{m-1\ 1}$，…，$a_{m-1\ n-1}$。即二维数组按行优先存放到内存后，变成了一个线性序列（线性表）。

因此，可以得出多维数组按行优先存放到内存的规律：最左边下标变化最慢，最右边下标变化最快，右边下标变化一遍，与之相邻的左边下标才变化一次。因此，在算法中，最左边下标可以看成是外循环，最右边下标可以看成是最内循环。

2. *地址计算*

由于多维数组在内存中排列成一个线性序列，因此，若知道第一个元素的内存地址，如何求得其他元素的内存地址？我们可以将它们的地址排列看成是一个等差数列，假设每个元素占 1 个字节，元素 a_{ij} 的存储地址应为第一个元素的地址加上排在 a_{ij} 前面的元素所占用的单元数，而 a_{ij} 的前面有 i 行(0~i-1)共 $i\times n$ 个元素，而本行前面又有 j 个元素，故 a_{ij} 的前面一共有 $i\times n+j$ 个元素，设 a_{00} 的内存地址为 $LOC(a_{00})$，则 a_{ij} 的内存地址按等差数列计算为

$LOC(a_{ij})=LOC(a_{00})+(i\times n+j)\times l$。同理，三维数组 $A_{m\times n\times p}$ 按行优先存放的地址计算公式为：$LOC(a_{ijk})=LOC(a_{000})+(i\times n\times p+j\times p+k)\times l$。

5.2.2　列优先顺序

1. 存放规则

列优先顺序也称为高下标优先或右边下标优先于左边下标。具体实现时，按列号从小到大的顺序，先将第一列中元素全部存放好，再存放第二列元素，第三列元素，依次类推……

在 FORTRAN 语言程序设计中，数组是按列优先顺序存放的。例如，对前面提到的 $A_{m\times n}$ 二维数组，可以按如下的形式存放到内存：a_{00}， $a_{10}\ldots$， a_{m-10}， a_{01}，a_{11}， …， $a_{m-1\,1}$，…， $a_{0\,n-1}$， a_{n-1}， …， $a_{m-1\,n-1}$。即二维数组按列优先存放到内存后，也变成了一个线性序列（线性表）。

因此，可以得出多维数组按列优先存放到内存的规律：最右边下标变化最慢，最左边下标变化最快，左边下标变化一遍，与之相邻的右边下标才变化一次。因此，在算法中，最右边下标可以看成是外循环，最左边下标可以看成是最内循环。

2. 地址计算

同样与行优先存放类似，若知道第一个元素的内存地址，则同样可以求得按列优先存放的某一元素 a_{ij} 的地址。

对二维数组有：$LOC(a_{ij})=LOC(a_{00})+(j\times m+i)\times l$

对三维数组有：$LOC(a_{ijk})=LOC(a_{000})+(k\times m\times n+j\times m+i)\times l$

5.3　特殊矩阵及其压缩存储

矩阵是一个二维数组，它是很多科学与工程计算问题中研究的数学对象。矩阵可以用行优先或列优先方法顺序存放到内存中，但是，当矩阵的阶数很大时将会占较多存储单元。而当里面的元素分布呈现某种规律时，这时，从节约存储单元出发，可考虑若干元素共用一个存储单元，即进行压缩存储。所谓压缩存储是指为多个值相同的元素只分配一个存储空间，而值为零的元素不分配空间，从而节约了存储单元，但怎样在压缩后找到某元素呢？这就必须给出压缩前的下标和压缩后下标之间变换公式，才能使压缩存储变得有意义。

5.3.1　特殊矩阵

1. 对称矩阵

若一个 n 阶矩阵 A 中元素满足下列条件：

$a_{ij}=a_{ji}$　　其中　$0\leqslant i,j\leqslant n-1$　，则称 A 为对称矩阵。

例如，图 5-1 是一个 3*3 的对称矩阵。

$$A=\begin{bmatrix} 1 & 2 & 3 \\ 2 & 5 & 4 \\ 3 & 4 & 6 \end{bmatrix}$$

图 5-1 一个对称矩阵

2. 三角矩阵

（1）上三角矩阵

即矩阵上三角部分元素是随机的，而下三角部分元素全部相同（为某常数 C）或全为 0，具体形式见图 5-2（a）。

（2）下三角矩阵

即矩阵的下三角部分元素是随机的，而上三角部分元素全部相同（为某常数 C）或全为 0，具体形式见图 5-2（b）。

$$\begin{bmatrix} a_{00} & a_{01} & \cdots & a_{0\,n-1} \\ c & a_{11} & \cdots & a_{1\,n-1} \\ \cdots & \cdots & \cdots & \cdots \\ c & c & c & a_{n-1\,n-1} \end{bmatrix} \qquad \begin{bmatrix} a_{00} & c & \cdots & c \\ a_{10} & a_{11} & \cdots & c \\ \cdots & \cdots & \cdots & \cdots \\ a_{n-1\,0} & a_{n-1\,1} & \cdots & a_{n-1\,n-1} \end{bmatrix}$$

（a）上三角矩阵　　　　（b）下三角矩阵

图 5-2 三角矩阵

3. 对角矩阵

若矩阵中所有非零元素都集中在以主对角线为中心的带状区域中，区域外的值全为 0，则称为对角矩阵。常见的有三对角矩阵、五对角矩阵、七对角矩阵等。

例如，图 5-3 为 7×7 的三对角矩阵（即有三条对角线上元素非 0）。

$$\begin{bmatrix} a_{00} & a_{01} & 0 & 0 & 0 & 0 & 0 \\ a_{10} & a_{11} & a_{12} & 0 & 0 & 0 & 0 \\ 0 & a_{21} & a_{22} & a_{23} & 0 & 0 & 0 \\ 0 & 0 & a_{32} & a_{33} & a_{34} & 0 & 0 \\ 0 & 0 & 0 & a_{43} & a_{44} & a_{45} & 0 \\ 0 & 0 & 0 & 0 & a_{54} & a_{55} & a_{56} \\ 0 & 0 & 0 & 0 & 0 & a_{65} & a_{66} \end{bmatrix}$$

图 5-3 一个 7×7 的三对角矩阵

5.3.2　压缩存储

1．对称矩阵

若矩阵 $A_{n\times n}$ 是对称的，对称的两个元素可以共用一个存储单元，这样，原来 n 阶方阵需 n^2 个存储单元，若采用压缩存储，仅需 n(n+1)/2 个存储单元，将近节约一半存储单元，这就是实现压缩的好处。但是，将 n 阶对称方阵存放到一个向量空间 s[0]到 s[$\frac{n(n+1)}{2}$-1]中，我们怎样找到 s[k]与 a[i][j]的一一对称应关系呢？使我们在 s[k]中直接找到 a[i][j]。

我们仅以行优先存放分两种方式讨论：

（1）只存放下三角部分

由于对称矩阵关于主对角线对称，故我们只需存放主对角线及主对角线以下的元素。这时，a[0][0]存入 s[0]，a[1][0] 存入 s[1]，a[1][1]存入 s[2]，…，具体参见图 5-4。这时 s[k]与 a[i][j]的对应关系为：

$$k=\begin{cases} i(i+1)/2+j & \text{当 } i\geqslant j \\ \\ j(j+1)/2+i & \text{当 } i<j \end{cases}$$

上面的对应关系读者很容易推出：当 i≥j 时，a_{ij} 在下三角部分中，a_{ij} 前面有 i 行，共有 1+2+3+…+i 个元素，而 a_{ij} 是第 i 行的第 j 个元素，即有 k=1+2+3+…+i+j=i(i+1)/2+j；当 i<j 时，a_{ij} 在上三角部分中，但与 a_{ji} 对称，故只需在下三角部分中找 a_{ij} 即可，故只需将 i 与 j 交换即可，即 k=j(j+1)/2+i。

$$\begin{bmatrix} a_{00} \\ a_{10} & a_{11} \\ a_{20} & a_{21} & a_{22} \\ \cdots & \cdots & \cdots & \cdots & \cdots \\ a_{n-10} & a_{n-11} & a_{n-12} & \cdots & a_{n-1n-1} \end{bmatrix}$$

（a）一个下三角矩阵

0	1	2	3	4	5	6	7	……	$\frac{n(n+1)}{2}$-3	$\frac{n(n+1)}{2}$-2	$\frac{n(n+1)}{2}$-1
a_{00}	a_{10}	a_{11}	a_{20}	a_{21}	a_{22}	a_{30}	a_{31}	……	a_{n-1n-3}	a_{n-1n-2}	a_{n-1n-1}

（b）下三角矩阵的压缩存储形式

图 5-4　对称矩阵及用下三角形式压缩存储

（2）只存放上三角部分

对于对称阵，除了用下三角形式存放外，还可以用上三角形式存放，这时 a[0][0]存入 s[0],a[0][1]存入 s[1]，a[0][2]存入 s[2]，…，具体参见图 5-5。这时 s[k]与 a[i][j]的对应关系可以按下面方法推出：

当 i≤j 时，a_{ij} 在上三角部分中，前面共有 i 行，共有 $n+n-1+\cdots+n-(i-1)=i*n-\frac{i(i-1)}{2}$ 个元素，而 a_{ij} 是本行第 j-i 个元素，故 $k=i*n-\frac{i(i-1)}{2}+j-i$，当 i>j 时，交换 i 与 j 即可。故 s[k]与 a[i][j]的对应关系为：

$$k=\begin{cases} i*n-\frac{i(i-1)}{2}+j-i & \text{当 } i\leqslant j \\ j*n-\frac{j(j-1)}{2}+i-j & \text{当 } i>j \end{cases}$$

$$\begin{bmatrix} a_{00} & a_{01} & a_{02} & \cdots & a_{0n-1} \\ & a_{11} & a_{12} & \cdots & a_{1n-1} \\ & & a_{22} & \cdots & a_{2n-1} \\ \cdots & \cdots & \cdots & \cdots & \cdots \\ & & & & a_{n-1n-1} \end{bmatrix}$$

（a）一个上三角矩阵

0	1	2	3	4	5	6	7	……	$\frac{n(n+1)}{2}-3$	$\frac{n(n+1)}{2}-2$	$\frac{n(n+1)}{2}-1$
a_{00}	a_{01}	a_{02}	a_{03}	a_{04}	a_{05}	a_{06}	a_{07}	……	a_{n-2n-2}	a_{n-2n-1}	a_{n-1n-1}

（b）上三角矩阵的压缩存储形式

图 5-5　对称矩阵及用上三角形式压缩存储

2. 三角矩阵

（1）下三角矩阵

下三角矩阵的压缩存放与对称矩阵用下三角形式存放类似，但必须多一个存储单元存放上三角部分元素，使用的存储单元数目为 n(n+1)/2+1。故可以将 n×n 的下三角矩阵压缩存放到只有 n(n+1)/2+1 个存储单元的向量中，假设仍按行优先存放，这时 s[k]与 a[i][j]的对应关系为：

$$k=\begin{cases} i(i+1)/2+j & i\geqslant j \\ n(n+1)/2 & i<j \end{cases}$$

（2）上三角矩阵

和下三角矩阵的存储类似，共需 $\frac{n(n+1)}{2}+1$ 个存储单元，假设仍按行优先顺序存放，这时 s[k]与 a[i][j]的对应关系为：

$$k=\begin{cases} i*n-\frac{i(i-1)}{2}+j-i & 当\ i\leqslant j \\ n(n+1)/2 & i>j \end{cases}$$

3. 对角矩阵

我们仅讨论三对角矩阵的压缩存储，五对角矩阵，七对角矩阵等读者可以作类似分析。

在一个 n×n 的三对角矩阵中，只有 n+n-1+n-1 个非零元素，故只需 3n-2 个存储单元即可，零元已不占用存储单元。

故可将 n×n 三对角矩阵 A 压缩存放到只有 3n-2 个存储单元的 s 向量中，假设仍按行优先顺序存放，则：

s[k]与 a[i][j]的对应关系为：

$$k=\begin{cases} 3i-1\ 或\ 3j+2 & 当\ i=j+1 \\ 3i\ 或\ 3j & 当\ i=j \\ 3i+1\ 或\ 3j-2 & 当\ i=j-1 \end{cases}$$

5.4　稀疏矩阵

在上节提到的特殊矩阵中，元素的分布呈现某种规律，故一定能找到一种合适的方法，将它们进行压缩存放。但是，在实际应用中，我们还经常会遇到一类矩阵：其矩阵阶数很大，非零元个数较少，零元很多，但非零元的排列没有一定规律，我们称这一类矩阵为稀疏矩阵。

按照压缩存储的概念，要存放稀疏矩阵的元素，由于没有某种规律，除存放非零元的值外，还必须存储适当的辅助信息，才能迅速确定一个非零元是矩阵中的哪一个位置上的元素。下面将介绍稀疏矩阵的几种存储方法及一些算法的实现。

5.4.1　稀疏矩阵的存储

1. 三元组表

在压缩存放稀疏矩阵的非零元同时，若还存放此非零元所在的行号和列号，则称为三元组表法，即称稀疏矩阵可用三元组表进行压缩存储，但它是一种顺序存储（按行优先顺序存放）。一个非零元有行号、列号、值，为一个三元组，整个稀疏矩阵中非零元的三元组合起来称为三元组表。

此时，数据类型可描述如下：

```
#define  maxsize  100          /*定义非零元的最大数目*/
```

```
struct    node                          /*定义一个三元组*/
 {
int         i , j;                      /*非零元行、列号*/
int         v;                              /*非零元值*/
};
struct     sparmatrix                       /*定义稀疏矩阵*/
{
int rows,cols ;                             /*稀疏矩阵行、列数*/
int    terms;                               /*稀疏矩阵非零元个数*/
node data [maxsize];                        /*三元组表*/
};
```

图 5-6 和图 5-7 给出了两个稀疏矩阵。

$$
\begin{bmatrix}
0 & 12 & 9 & 0 & 0 & 0 & 0 \\
0 & 0 & 0 & 0 & 0 & 0 & 0 \\
-3 & 0 & 0 & 0 & 14 & 0 & 0 \\
0 & 0 & 24 & 0 & 0 & 0 & 0 \\
0 & 18 & 0 & 0 & 0 & 0 & 0 \\
15 & 0 & 0 & 0 & 0 & -7 & 0
\end{bmatrix}
$$

图 5-6 稀疏矩阵 M

$$
\begin{bmatrix}
0 & 0 & -3 & 0 & 15 & 0 \\
12 & 0 & 0 & 0 & 18 & 0 \\
9 & 0 & 0 & 24 & 0 & 0 \\
0 & 0 & 0 & 0 & -7 & 0 \\
0 & 0 & 0 & 0 & 0 & 0 \\
0 & 0 & 14 & 0 & 0 & 0 \\
0 & 0 & 0 & 0 & 0 & 0
\end{bmatrix}
$$

图 5-7 稀疏矩阵 N（M 的转置）

稀疏矩阵 M 和 N 的三元组表见图 5-8(请注意,行和列的下标从 0 开始!!!)。

M 的三元组表

i	j	v
0	1	12
0	2	9
2	0	–3
2	5	14
3	2	24
4	1	18
5	0	15
5	3	–7

N 的三元组表

i	j	v
0	2	-3
0	5	15
1	0	12
1	4	18
2	0	9
2	3	24
3	5	-7
5	2	14

图 5-8 稀疏矩阵 M 和 N 的三元组表

2. 带行指针的链表

把具有相同行号的非零元用一个单链表连接起来，稀疏矩阵中的若干行组成若干个单链表，合起来称为带行指针的链表。例如，图 5-6 的稀疏矩阵 M 的带行指针的链表描述形式如图 5-9 所示。

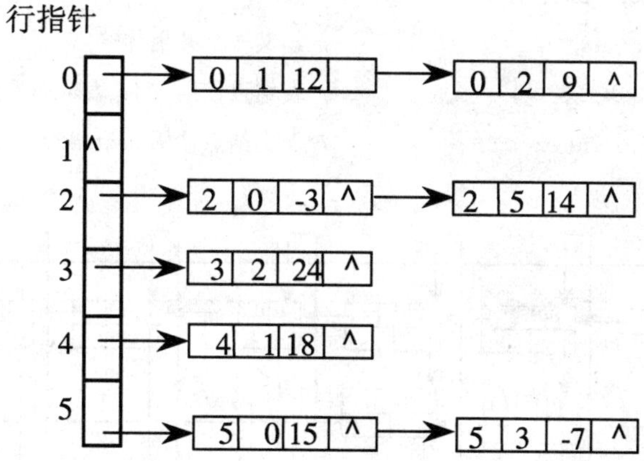

图 5-9　带行指针的链表

3. 十字链表

当稀疏矩阵中非零元的位置或个数经常变动时，三元组就不适合于作稀疏矩阵的存储结构，此时，采用链表作为存储结构更为恰当。

十字链表为稀疏矩阵中的链接存储中的一种较好的存储方法。在该方法中，每一个非零元用一个结点表示，结点中除了表示非零元所在的行、列和值的三元组（i,j,v）外，还需增加两个链域：行指针域（rptr），用来指向本行中下一个非零元素；列指针域（cptr），用来指向本列中下一个非零元素。稀疏矩阵中同一行的非零元通过向右的 rptr 指针链接成一个带表头结点的循环链表。同一列的非零元也通过 cptr 指针链接成一个带表头结点的循环链表。因此，每个非零元既是第 i 行循环链表中的一个结点，又是第 j 列循环链表中的一个结点，相当于处在一个十字交叉路口，故称链表为十字链表。

另外，为了运算方便，我们规定行、列循环链表的表头结点和表示非零元的结点一样，也定为五个域，且规定行、列、域值为 0(因此，为了使表头结点和表示非零元的表结点不发生混淆，三元组中，输入行和列的下标不能从 0 开始!!!而必须从 1 开始)，并且将所有的行、列链表和头结点一起链成一个循环链表。

在行（列）表头结点中，行、列域的值都为 0，故两组表头结点可以共用，即第 i 行链表和第 i 列链表共用一个表头结点，这些表头结点本身又可以通过 V 域（非零元值域，但在表头结点中为 next，指向下一个表头结点）相链接。另外，再增加一个附加结点（由指针 hm 指示，行、列域分别为稀疏矩阵的行、列数目），附加结点指向第一个表头结点，则整个十字链表可由 hm 指针唯一确定。

例如，图 5-6 的稀疏矩阵 M 的十字链表描述形式见图 5-10。

十字链表的数据类型描述如下：

```
struct  linknode
    { int     i, j;
    struct  linknode   *cptr, *rptr;
    union   vnext                              /*定义一个共用体*/
    {   int     v;                             /*表结点使用 V 域,表示非零元值*/
    struct  linknode    next;                  /*表头结点使用 next 域*/
    }   k; }
```

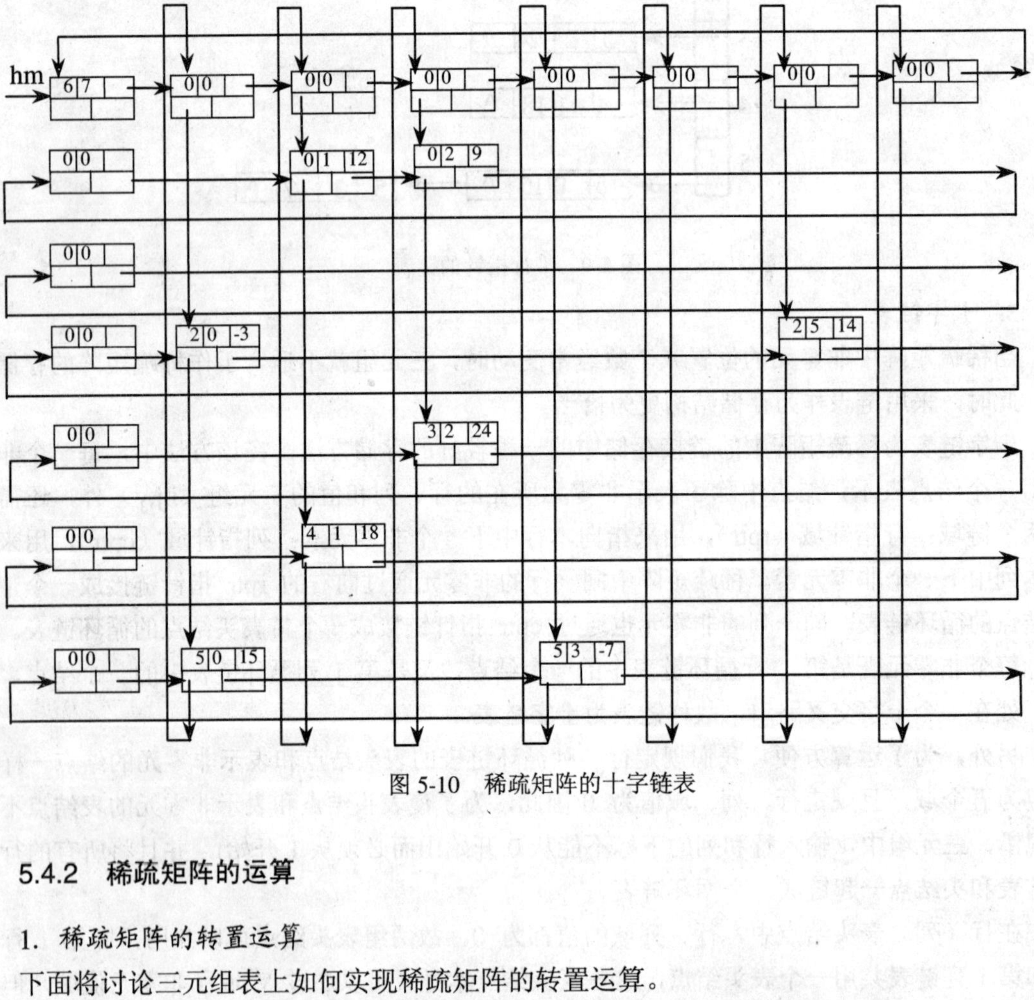

图 5-10 稀疏矩阵的十字链表

5.4.2 稀疏矩阵的运算

1. 稀疏矩阵的转置运算

下面将讨论三元组表上如何实现稀疏矩阵的转置运算。

转置是矩阵中最简单的一种运算。对于一个 m×n 的矩阵 A，它的转置矩阵 B 是一个 n×m 的，且 B[i][j]=A[j][i]，0≤i<n,0≤j<m。例如，图 5-6 给出的 M 矩阵和图 5-7 给出的 N 矩阵互为转置矩阵。

在三元组表表示的稀疏矩阵中，怎样求得它的转置呢?从转置的性质知道，将 A 转置为 B，就是将 A 的三元组表 a.data 变为 B 的三元组表 b.data，这时可以将 a.data 中 i 和 j 的值互换，则得到的 b.data 是一个按列优先顺序排列的三元组表，再将它的顺序适当调整，变成行优先排列，即得到转置矩阵 B。下面将用两种方法处理：

（1）按照 A 的列序进行转置

由于 A 的列即为 B 的行，在 a.data 中按列扫描，则得到的 b.data 必按行优先存放。但为了找到 A 的每一列中所有的非零的元素，每次都必须从头到尾扫描 A 的三元组表（有多少列，则扫描多少遍），这时算法描述如下：

```
#define maxsize 100
struct node
{
 int i,j;                                 /*定义三元组的行、列号*/
 int v;                                   /*三元组的值*/
 };
 struct sparmatrix
 {
    int rows,cols;                        /*稀疏矩阵的行、列数*/
    int terms;                            /*稀疏矩阵的非零元个数*/
    struct node data[maxsize];            /*存放稀疏矩阵的三元组表*/
    };
void    transpose(struct sparmatrix a)
{
struct sparmatrix b;                      /*b 为 a 的转置*/
int ano,bno=0,col,i;
b.rows=a.cols;    b.cols=a.rows;
b.terms=a.terms;
if   (b.terms>0)
{
for ( col=0;   col<a.cols; col++)         /*按列号扫描*/
 for( ano=0;ano<a.terms;ano++)            /*对三元组扫描*/
if   (a.data[ano].j==col)                 /*进行转置*/
{   b.data[bno].j=a.data[ano].i;
b.data[bno].i=a.data[ano].j;
b.data[bno].v=a.data[ano].v;
bno++;
}
}
```

```
    for( i=0;i<a.terms;i++)                          /*输出转置后的三元组结果*/
        printf("%5d%5d%5d\n",b.data[i].i,b.data[i].j,b.data[i].v);
    }
void main()
{
int i;
struct sparmatrix a;
 scanf("%d%d%d",&a.rows,&a.cols,&a.terms);    /*输入稀疏矩阵的行、列数及非零元的个数*/
 for(    i=0;i<a.terms;i++)
    scanf("%d%d%d",&a.data[i].i,&a.data[i].j,&a.data[i].v);   /*输入转置前的稀疏矩阵的三元组*/
 for(i=0;i<a.terms;i++)
 printf("%5d%5d%5d\n",a.data[i].i,a.data[i].j,a.data[i].v);    /*输出转置前的三元组结果*/
 transpose( a);                                            /*调用转置算法*/
}
```

分析这个算法，主要工作在 col 和 ano 二重循环上，故算法时间复杂度为 O(a.cols*a.terms)。而通常的 m×n 阶矩阵转置算法可描述为：

```
for(col=0; col<n; col++)
for (row=0;row<m;row++)
b[col][row]=a[row][col];
```

它的时间复杂度为 O(m×n)。而一般的稀疏矩阵中非零元个数 a.terms 远大于行数 m，故压缩存储时，进行转置运算，虽然节省了存储单元，但增大了时间复杂度，故此算法仅适应于 a.terns<<a.rows× a.cols 的情形。

（2）按照 A 的行序进行转置

即按 a.data 中三元组的次序进行转置，并将转置后的三元组放入 b 中恰当的位置。若能在转置前求出矩阵 A 的每一列 col（即 B 中每一行）的第一个非零元转置后在 b.data 中的正确位置 pot[col]（0≤col<a.cols），那么在对 a.data 的三元组依次作转置时，只要将三元组按列号 col 放置到 b.data[pot[col]]中，之后将 pot[col]内容加 1，以指示第 col 列的下一个非零元的正确位置。为了求得位置向量 pot，只要先求出 A 的每一列中非零元个数 num[col]，然后利用下面公式：

$$
\begin{cases}
pot[0]=0 \\
pot[col]=pot[col-1]+num[col-1] & \text{当 } 1\leqslant col<a.cols
\end{cases}
$$

为了节省存储单元，记录每一列非零元个数的向量 num 可直接放入 pot 中，即上面的式子可以改为：pot[col]=pot[col-1]+pot[col]，其中 1≤col<acols 。

于是可用上面公式进行迭代，依次求出其他列的第一个非零元素转置后在 b.data 中的位置 pot[col]。例如，对前面图 5-6 给出的稀疏矩阵 M，有：

每一列的非零元个数为：

pot[1]=2　第 0 列非零元个数
pot[2]=2　第 1 列非零元个数
pot[3]=2　第 2 列非零元个数
pot[4]=1　第 3 列非零元个数
pot[5]=0　第 4 列非零元个数
pot[6]=1　第 5 列非零元个数
pot[7]=0　第 6 列非零元个数

每一列的第一个非零元的位置为：

pot[0]=0　第 0 列第一个非零元位置
pot[1]=pot[0]+pot[1]=2　第 1 列第一个非零元位置
pot[2]=pot[1]+pot[2]=4　第 2 列第一个非零元位置
pot[3]=pot[2]+pot[3]=6　第 3 列第一个非零元位置
pot[4]=pot[3]+pot[4]=7　第 4 列第一个非零元位置
pot[5]=pot[4]+pot[5]=7　第 5 列第一个非零元位置
pot[6]=pot[5]+pot[6]=8　第 6 列第一个非零元位置

则 M 稀疏矩阵的转置矩阵 N 的三元组表很容易写出（见图 5-8），算法描述如下：

```
#define maxsize 100
struct node
{
 int i,j;
 int v;
 };
 struct sparmatrix
 {
     int rows,cols;
     int terms;
     struct node data[maxsize];
     };

void    fastrans(struct sparmatrix a)
{
struct sparmatrix b;
 int pot[maxsize],col,ano,bno,t,i;
```

```
b.rows=a.cols;   b.cols=a.rows;
b.terms=a.terms;
if(b.terms>0)
{
 for(col=0;col<=a.cols;col++)
                pot[col]=0;
  for( t=0;t<a.terms;t++)                    /*求出每一列的非零元个数*/
{
  col=a.data[t].j;
     pot[col+1]=pot[col+1]+1;
 }
 pot[0]=0;
  for(col=1;col<a.cols;col++)                /*求出每一列的第一个非零元在转置后的位置*/
        pot[col]=pot[col-1]+pot[col];
  for( ano=0;ano<a.terms;ano++)              /*转置*/
  { col=a.data[ano].j;
     bno=pot[col];
   b.data[bno].j=a.data[ano].i;
b.data[bno].i=a.data[ano].j;
b.data[bno].v=a.data[ano].v;
pot[col]=pot[col]+1;
}
}
 for( i=0;i<a.terms;i++)
  printf("%d\t%d\t%d\n",b.data[i].i,b.data[i].j,b.data[i].v);     /*输出转置后的三元组*/
  }
void main()
{ struct sparmatrix a;
  int i;
 scanf("%d%d%d",&a.rows,&a.cols,&a.terms);    /*输入稀疏矩阵的行、列数及非零元的个数*/
       for(   i=0;i<a.terms;i++)
       scanf("%d%d%d",&a.data[i].i,&a.data[i].j,&a.data[i].v);        /*输入转置前的三元组*/
       for(i=0;i<a.terms;i++)
       printf("%d\t%d\t%d\n",a.data[i].i,a.data[i].j,a.data[i].v);    /*输出转置前的三元组*/
       fastrans(a);                                                    /*调用快速转置算法*/
```

}

该算法比按列转置多用了辅助向量空间 pot，但它的时间为四个单循环，故总的时间复杂度为 O(a.cols+a.terms)，比按列转置算法效率要高。

2. 稀疏矩阵的相加运算

当稀疏矩阵用三元组表进行相加时，有可能出现非零元素的位置变动，这时候，不宜采用三元组表作存储结构，而应该采用十字链表较方便。

（1）十字链表的建立

下面分两步讨论十字链表的建立算法。

第一步，建立表头的循环链表。

依次输入矩阵的行、列数和非零元素个数：m,n 和 t。由于行、列链表共享一组表头结点，因此，表头结点的个数应该是矩阵中行、列数中较大的一个。假设用 s 表示个数，即 s=max（m，n）。依次建立总表头结点（由 hm 指针指向）和 s 个行、列表头结点，并使用 next 域使 s+1 个头结点组成一个循环链表，总表头结点的行、列域分别为稀疏矩阵的行、列数目，s 个表头结点的行列域分别为 0。并且开始时，每一个行、列链表均是一个空的循环链表，即 s 个行、列表头结点中的行、列指针域 rptr 和 cptr 均指向头结点本身。

第二步，生成表中结点。

依次输入 t 个非零元素的三元组（i,j,v），生成一个结点，并将它插入到第 i 行链表和第 j 列链表中的正确位置上，使第 i 个行链表和第 j 个列链表变成一个非空的循环链表。

算法描述如下：

```
#include<stdio.h>
#define maxsize 100
struct linknode
{
 int i,j;
 struct linknode *cptr,*rptr;
union vnext
{ int v;
 struct linknode *next;} k;
};


struct linknode    *creatlindmat( )                    /*建立十字链表*/
{     int     x,   m, n, t, s, i, j, k;
struct linknode      *p , *q, *cp[maxsize],*hm;
printf("请输入稀疏矩阵的行、列数及非零元个数\n");
scanf("%d%d%d",&m,&n,&t);
```

```
if (m>n)    s=m;    else    s=n;
hm=(struct linknode*)malloc(sizeof(struct linknode)) ;
hm->i=m; hm->j=n;
cp[0]=hm;
for (i=1; i<=s;i++)
{    p=(struct linknode*)malloc(sizeof(struct linknode)) ;
     p->i=0;    p->j=0;
p->rptr=p;    p->cptr=p;
cp[i]=p;
cp[i-1]->k.next=p;
}
cp[s]->k.next=hm;
for( x=1;x<=t;x++)
{       printf("请输入一个三元组(i,j,v)\n");
     scanf("%d%d%d",&i,&j,&k);                       /*输入一个非零元的三元组*/
p=(struct linknode*)malloc(sizeof(struct linknode));    /*生成一个三元组的结点*/
p->i=i; p->j=j;    p->k.v=k;
/*以下是将 p 插入到第 i 行链表中 */
q=cp[i];
while ((q->rptr!=cp[i]) &&( q->rptr->j<j))
q=q->rptr;
p->rptr=q->rptr;
q->rptr=p;
/*以下是将 P 插入到第 j 列链表中*/
q=cp[j];
while((q->cptr!=cp[j]) &&( q->cptr->i<i))
q=q->cptr;
p->cptr=q->cptr;
q->cptr=p;
}
return hm;
}
void main()
{       struct linknode *p,*q;
     struct linknode    *hm;
```

```
    hm=creatlindmat( );                        /*生成十字链表*/
    p=hm->k.next;
    while(p->k.next!=hm)                       /*输出十字链表*/
    { q=p->rptr;
      while(q->rptr!=p)
        { printf("%3d%3d%3d\t",q->i,q->j,q->k.v);
          q=q->rptr;
        }
    if(p!=q)
     printf("%3d%3d%3d",q->i,q->j,q->k.v);
      printf("\n");
      p=p->k.next;
    }
     q=p->rptr;
      while(q->rptr!=p)
      { printf("%3d%3d%3d\t",q->i,q->j,q->k.v);
         q=q->rptr;
          }
      if(p!=q)
      printf("%3d%3d%3d",q->i,q->j,q->k.v);
       printf("\n");
    }
```

在十字链表的建立算法中建表头结点，时间复杂度为 O(s)，插入 t 个非零元结点到相应的行、列链表的时间复杂度为 O（t*s），故算法的总的时间复杂度为 O(t*s)。

（2）用十字链表实现稀疏矩阵相加运算

假设原来有两个稀疏矩阵 A 和 B，如何实现运算 A=A+B 呢？假设原来 A 和 B 都用十字链表作存储结构，现要求将 B 中结点合并到 A 中，合并后的结果有三种可能：1）结果为 $a_{ij}+b_{ij}$；2）a_{ij}（$b_{ij}=0$）；3）b_{ij}（$a_{ij}=0$）。由此可知当将 B 加到 A 中去时，对 A 矩阵的十字链表来说，或者是改变结点的 v 域值（$a_{ij}+b_{ij}\neq0$），或者不变（$b_{ij}=0$），或者插入一个新结点（$a_{ij}=0$），还可能是删除一个结点（$a_{ij}+b_{ij}=0$）。

于是整个运算过程可以从矩阵的第一行起逐行进行。对每一行都从行表头出发分别找到 A 和 B 在该行中的第一个非零元结点后开始比较，然后按上述四种不同情况分别处理之。若 pa 和 pb 分别指向 A 和 B 的十字链表中行值相同的两个结点，则 4 种情况描述为：

1）pa->j=pb->j 且 pa->k.v+pb->k.v≠0，则只要将 aij+bij 的值送到 pa 所指结点的值域中即可，其他所有域的值都不变化。

2）pa->j=pb->j 且 pa->k.v+pb->k.v=0,则需要在 A 矩阵的链表中删除 pa 所指的结点。这时，需改变同一行中前一结点的 rptr 域值，以及同一列中前一结点的 cptr 域值。

3）pa->j<pb->j 且 pa->j≠0，则只要将 pa 指针往右推进一步，并重新加以比较即可。

4）pa->j>pb->j 或 pa->j=0，则需在 A 矩阵的链表中插入 pb 所指结点。

另外，为了插入和删除结点时方便，还需设立一些辅助指针。其一是，在 A 的行链表上设 qa 以指示 pa 所指结点的直接前驱；其二是，在 A 的每一列的列链表上设一个指针 hl[j]，它的初值是指向每一列的列链表的表头结点 cp[j]。

下面将对矩阵 B 加到矩阵 A 上面的操作过程大致描述如下：

设 ha 和 hb 分别为表示矩阵 A 和 B 的十字链表的总表头；ca 和 cb 分别为指向 A 和 B 的行链表的表头结点，其初始状态为：

ca=ha->k.next ;　　　　cb=hb->k.next;

pa 和 pb 分别为指向 A 和 B 的链表中结点的指针。开始时，pa=ca->rptr;　pb=cb->rptr; 然后按下列步骤执行：

①当 ca->i=0 时，重复执行②、③、④步，否则，算法结束。

②当 pb->j≠0 时，重复执行③步，否则转第④步。

③比较两个结点的列序号，分三种情形：

a．若 pa->j<pb->j 且 pa->j≠0，则令 pa 指向本行下一结点，即 qa=pa; pa=pa->rptr；转②步。

b．若 pa->j>pb->j 或 pa->j=0，则需在 A 中插入一个结点。假设新结点的地址为 P，则 A 的行表中指针变化为：

qa->rptr=p;p->rptr=pa;

同样，A 的列表中指针也应作相应改变，用 hl[j]指向本列中上一个结点，则 A 的列表中指针变化为：

p->cptr=hl[j]->cptr;　hl[j]->cptr=p; 转第②步。

c．若 pa->j=pb->j，则将 B 的值加上去，即 pa->k.v=pa->k.v+bp->k.v，此时若 pa->k.v≠0，则指针不变，否则，删除 A 中该结点，于是行表中指针变为：qa->rptr=pa->rptr; 同时，为了改变列表中的指针，需要先找同列中上一个结点，用 hl[j]表示，然后令 hl[j]->cptr=pa->cptr，转第②步。

④一行中元素处理完毕后，接着处理下一行，指针变化为：

ca=ca->k.next;　cb=cb->k.next;转第①步。

稀疏矩阵十字链表相加算法如下：

```
/*假设 ha 为 A 稀疏矩阵十字链表的头指针，hb 为 B 稀疏矩阵十字链表的头指针*/
    #include<stdio.h>
    #define maxsize 100
    struct linknode
```

```
{ int i,j;
 struct linknode *cptr,*rptr;
union vnext
{ int v;
 struct linknode *next;} k;
};

struct linknode    creatlindmat( )                    /*建立十字链表*/
{      int      x,    m, n, t, s, i, j, k;
struct linknode       *p , *q, *cp[maxsize],*hm;
printf("请输入稀疏矩阵的行、列数及非零元个数\n");
scanf("%d%d%d",&m,&n,&t);
if (m>n)    s=m;    else    s=n;
hm=(struct linknode*)malloc(sizeof(struct linknode)) ;
hm->i=m; hm->j=n;
cp[0]=hm;
for (i=1; i<=s;i++)
{    p=(struct linknode*)malloc(sizeof(struct linknode)) ;
     p->i=0;    p->j=0;
p->rptr=p;    p->cptr=p;
cp[i]=p;
cp[i-1]->k.next=p;
}
cp[s]->k.next=hm;
for( x=1;x<=t;x++)
{       printf("请输入一个三元组(i,j,v)\n");
     scanf("%d%d%d",&i,&j,&k);
p=(struct linknode*)malloc(sizeof(struct linknode));
p->i=i; p->j=j;    p->k.v=k;
/*以下是将 p 插入到第 i 行链表中 */
q=cp[i];
while ((q->rptr!=cp[i]) &&( q->rptr->j<j))
q=q->rptr;
p->rptr=q->rptr;
q->rptr=p;
```

```
/*以下是将 P 插入到第 j 列链表中*/
q=cp[j];
while((q->cptr!=cp[j]) &&( q->cptr->i<i))
q=q->cptr;
p->cptr=q->cptr;
q->cptr=p;
}
return hm;
}
/*  ha 和 hb 表示的两个稀疏矩阵相加，相加的结果放入 ha 中*/
struct linknode *matadd(struct linknode *ha, struct linknode *hb)
{   struct linknode    *pa, *pb, *qa, *ca,*cb,*p,*q;
   struct linknode    *hl[maxsize];
int       i , j, n;
if((ha->i!=hb->i)||(ha->j!=hb->j))
printf("矩阵不匹配,不能相加\n");
else
{    p=ha->k.next; n=ha->j;
for (i=1;i<=n; i++)
{   hl[i]=p;
p=p->k.next;
}
ca=ha->k.next; cb=hb->k.next;
while(ca->i==0)
{pa=ca->rptr;   pb=cb->rptr;
qa=ca;
while(pb->j!=0)
{    if((pa->j<pb->j)&&(pa->j!=0))
{      qa=pa;   pa=pa->rptr;}
else if ((pa->j>pb->j)||(pa->j==0))                               /*插入一个结点*/
{   p=(struct linknode*)malloc(sizeof(struct linknode));
p->i=pb->i;   p->j=pb->j;
p->k.v=pb->k.v;
qa->rptr=p;   p->rptr=pa;
qa=p; pb=pb->rptr;
```

```
j=p->j; q=hl[j]->cptr;
while((q->i<p->i)&&(q->i!=0))
{   hl[j]=q;   q=hl[j]->cptr;}
hl[j]->cptr=p;   p->cptr=q;
hl[j]=p;
}
else
{pa->k.v=pa->k.v+pb->k.v;
if(pa->k.v==0)                                    /*删除一个结点*/
{ qa->rptr=pa->rptr;
j=pa->j;   q=hl[j]->cptr;
while (q->i<pa->i)
{hl[j]=q;   q=hl[j]->cptr;}
hl[j]->cptr=q->cptr;
pa=pa->rptr;     pb=pb->rptr;
free(q);
}
else
{   qa=pa; pa=pa->rptr;
pb=pb->rptr;
}
}
}
ca=ca->k.next;   cb=cb->k.next;
}
}
return ha;
}
void print(struct linknode *ha)                   /*输出十字链表*/
{ struct linknode *p,*q;
      p=ha->k.next;
while(p->k.next!=ha)
{ q=p->rptr;
    while(q->rptr!=p)
     { printf("%3d%3d%3d\t",q->i,q->j,q->k.v);
```

```
            q=q->rptr;
      }
      if(p!=q)
      printf("%3d%3d%3d",q->i,q->j,q->k.v);
      printf("\n");
      p=p->k.next;
}
q=p->rptr;
      while(q->rptr!=p)
       { printf("%3d%3d%3d\t",q->i,q->j,q->k.v);
            q=q->rptr;
         }
      if(p!=q)
      printf("%3d%3d%3d",q->i,q->j,q->k.v);
      printf("\n");
}

void main()
{
struct linknode   *ha=NULL,*hb=NULL,*hc=NULL;
ha=creatlindmat( );                    /*生成一个十字链表 ha*/
hb=creatlindmat( );                    /*生成另一个十字链表 hb*/
printf("A:\n");                        /*输出十字链表 ha*/
  print(ha);printf("\n");
printf("B:\n");                        /*输出十字链表 hb*/
print(hb);printf("\n");
hc=matadd(ha,hb);                      /*十字链表相加*/
printf("A+B:\n");                      /*输出相加后的结果*/
print(hc);printf("\n");
}
```

通过算法分析可知，进行比较、修改指针所需的时间是一个常数，整个运算过程在于对 A 和 B 的十字链表逐行扫描，其循环次数主要取决于 A 和 B 的矩阵中非零元个数 na 和 nb，故算法的时间复杂度为 O(na+nb)。

5.5　广义表

5.5.1　基本概念

广义表是第 2 章提到的线性表的推广。线性表中的元素仅限于原子项，即不可以再分，而广义表中的元素既可以是原子项，也可以是子表（另一个线性表）。

1. 广义表的定义

广义表是 n≥0 个元素 a_1，a_2，…，a_n 的有限序列，其中每一个 a_i 或者是原子，或者是一个子表。广义表通常记为 $LS=(a_1,a_2,\ldots,a_n)$，其中 LS 为广义表的名字，n 为广义表的长度， 每一个 a_i 为广义表的元素。但在习惯中，一般用大写字母表示广义表，小写字母表示原子。

下面我们将给出广义表的一些例子及表示方法。

2. 广义表举例

（1）A=(　)，A 为空表，长度为 0。

（2）B=(a,（b,c）)，B 是长度为 2 的广义表，第一项为原子，第二项为子表。

（3）C=(x,y,z)，C 是长度为 3 的广义表，每一项都是原子。

（4）D=(B,C)，D 是长度为 2 的广义表，每一项都是上面提到的子表。

（5）E=(a,E)，是长度为 2 的广义表，第一项为原子，第二项为它本身。

3. 广义表的表示方法

（1）用 $LS=(a_1，a_2，…，a_n)$形式，其中每一个 a_i 为原子或广义表。

例如：A=(b,c)

　　　B=(a,A)

　　　E=(a,E)

都是广义表。

（2）将广义表中所有子表写到原子形式，并利用圆括号嵌套。

例如，上面提到的广义表 A、B、E 可以描述为：

A(b,c)

B(a,A(b,c))

E(a,E(a,E（…）))

（3）将广义表用树和图来描述

上面提到的广义表 A、B、E 的描述见图 5-11。

4. 广义表的深度

一个广义表的深度是指该广义表展开后所含括号的层数。

例如，A=(b,c)的深度为 1，B=(A,d)的深度为 2，C=(f,B,h)的深度为 3。

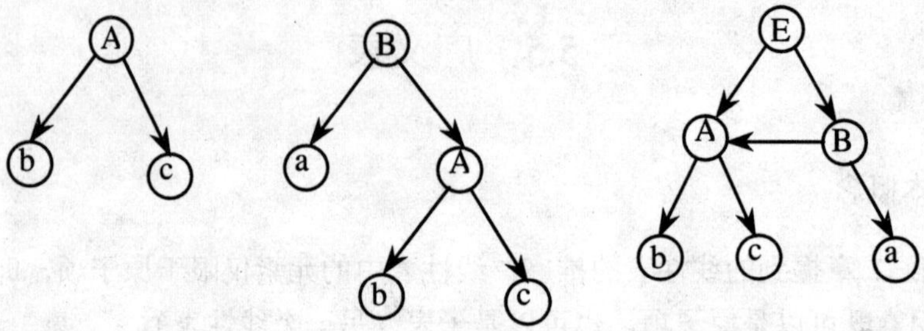

（a）A=(b,c)　　（b）B=(a,A)　　（c）E=(A,B)

图 5-11　广义表用树或图来表示

5. 广义表的分类

（1）线性表：元素全部是原子的广义表。

（2）纯表：与树对应的广义表，见图 5-11 的(a)和(b)。

（3）再入表：与图对应的广义表(允许结点共享)，见图 5-11 的(c)。

（4）递归表：允许有递归关系的广义表，例如 E=(a,E)。

这四种表的关系满足：

递归表⊃再入表⊃ 纯表 ⊃ 线性表

5.5.2　存储结构

由于广义表的元素类型不一定相同，因此，难以用顺序结构存储表中元素，通常采用链接存储方法来存储广义表中元素，并称之为广义链表。常见的表示方法有：

1. 单链表表示法

即模仿线性表的单链表结构，每个原子结点只有一个链域 link，结点结构如下：

atom	data/slink	link

其中 atom 是标志域，若为 0，则表示为子表，若为 1，则表示为原子，data/slink 域用来存放原子值或子表的指针， link 存放下一个元素的地址。

数据类型描述如下：

```
#define elemtype char
struct   node1
{  int atom;
   struct node1   *link;
union
  {
  struct node1   *slink;
```

```
        elemtype   data;
    }   ds;
}
```

例如，设 L=(a,b)

A=(x,L)=(x,(a,b))

B=(A,y)=((x,(a,b)),y)

C=(A,B)=((x,(a,b)),((x,(a,b)),y))

可用如图 5-12 的结构描述广义表 C，设头指针为 hc。

用此方法存储有两个缺点：其一，在某一个表(或子表)中开始处插入或删除一个结点，修改的指针较多，耗费大量时间；其二，删除一个子表后，它的空间不能很好地回收。

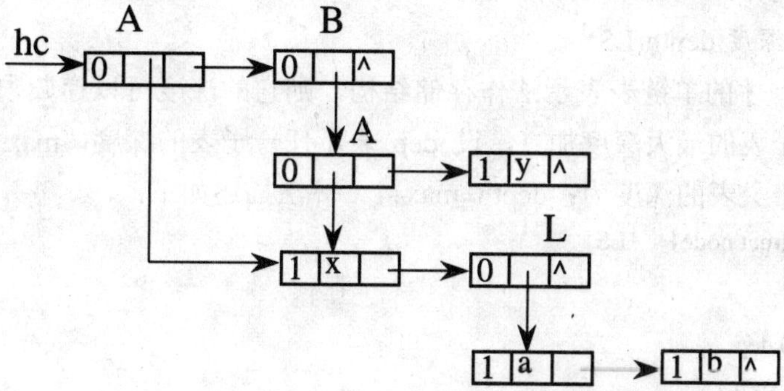

图 5-12　广义表的单链表表示法

2. 双链表表示法

每个结点含有两个指针及一个数据域，每个结点的结构如下：

link1	data	link2

其中，link1 指向该结点子表，link2 指向该结点后继。

数据类型描述如下：

```
struct node2
{    elemtype data;
     struct node2   *link1,*link2;
}
```

例如，对图 5-12 用单链表表示的广义表 C，可用如图 5-13 所示的双链表方法表示。

广义表的双链表表示法较单链表表示法方便。

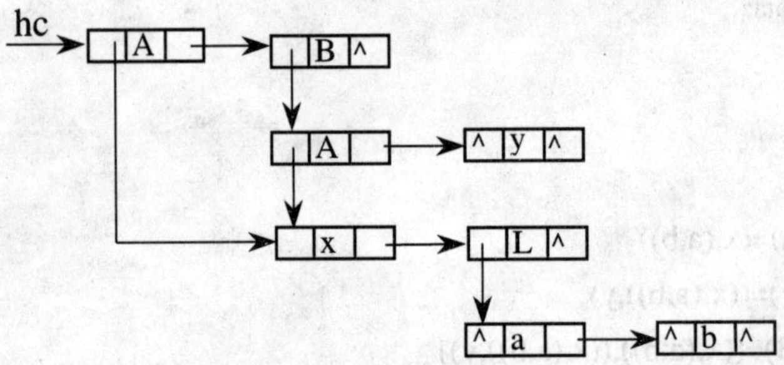

图 5-13 广义表的双链表表示法

5.5.3 基本运算

广义表有许多运算，现仅介绍如下几种：

1. *求广义表的深度* depth(LS)

假设广义表以刚才的单链表表示法作存储结构，则它的深度可以递归求出。即广义表的深度等于它的所有子表的最大深度加 1，设 dep 表示任一子表的深度，max 表示所有子表中表的最大深度，则广义表的深度为：depth=max+1，算法描述如下：

```
int depth(struct node1    *LS)
{
 int max=0,dep;
while(LS!=NULL)
{ if(LS->atom==0)    //有子表
     { dep=depth(LS->ds.slink);
        if(dep>max)    max=dep;
        }
        LS=LS->link;
}
return max+1;
}
```

该算法的时间复杂度为 O(n)。

2. *广义表的建立* creat(LS)

假设广义表以单链表的形式存储，广义表的元素类型 elemtype 为字符型 char，广义表由键盘输入，假定全部为字母，输入格式为：元素之间用逗号分隔，表元素的起止符号分别为左、右圆括号，空表在其圆括号内使用一个“#”字符表示，最后使用一个分号作为整个广义表的结束。

例如，给定一个广义表如下：LS=(a,( ),b,c (d,(e)))，则从键盘输入的数据为：

(a,(#),b,c(d,(e)))；↙，其中↙表示回车换行。具体算法描述如下：

```
void creat(struct node1 *LS)
{
        char ch;
        scanf("%c",&ch);
        if(ch=='#')
        LS=NULL;
        else if(ch=='(')
        {LS=(struct node*)malloc(sizeof(struct node));
         LS->atom=0;
        creat(LS->ds.slink);
        }
       else
        { LS=(struct node*)malloc(sizeof(struct node));
            LS->atom=1;
          LS->ds.data=ch;
        }
        scanf("%c",&ch);
        if(LS==NULL);
        else if(ch==',')
                  creat(LS->link);
        else if((ch==')')||(ch==';'))
                  LS->link=NULL;
}
```

该算法的时间复杂度为 O(n)。

3. 输出广义表 print(LS)

```
void print(struct node1 *LS)
{
      if(LS->atom==0)
      {
          printf("(");
        if(LS->ds.slink==NULL)
                printf("#");
        else
                  print(LS->ds.slink);
```

```
        }
      else
                  printf("%c ",LS->ds.data);
    if(LS->atom==0)
                  printf(")");
    if(LS->link!=NULL)
      {
                  printf(";");
                  print(LS->link);
      }
  }
```

该算法的时间复杂度为 O(n)。

整个完整程序如下：

```
#include<stdio.h>
#define elemtype char
struct node1
{ int atom;
struct node1    *link;
union
 {
 struct node1    *slink;
elemtype    data;
}   ds;
};

void creat(struct node1 LS)                   /*建立广义表的单链表*/
{
          char ch;
          scanf("%c",&ch);
          if(ch=='#')
          LS=NULL;
          else if(ch=='(')
     {LS=(struct node1*)malloc(sizeof(struct node1));
           LS->atom=0;
     creat(LS->ds.slink);
```

```
        }
        else
    { LS=(struct node1*)malloc(sizeof(struct node1));
            LS->atom=1;
      LS->ds.data=ch;
        }
        scanf("%c",&ch);
        if(LS==NULL);
        else if(ch==',')
                    creat(LS->link);
        else if((ch==')')||(ch==';'))
                    LS->link=NULL;
}
void print(struct node1 LS)              /*输出广义单链表*/
{
    if(LS->atom==0)
    {
        printf("(");
      if(LS->ds.slink==NULL)
              printf("#");
      else
            print(LS->ds.slink);
     }
    else
            printf("%c",LS->ds.data);
   if(LS->atom==0)
                printf(")");
   if(LS->link!=NULL)
    {
                printf(";");
                print(LS->link);
    }
}
int depth(struct node1 LS)               /*求广义表的深度*/
{
```

```
    int max=0;
    while(LS!=NULL)
    { if(LS->atom==0)
        { int dep=depth(LS->ds.slink);
          if(dep>max)    max=dep;
          }
          LS=LS->link;
    }
    return max+1;
    }
    main()
    { int dep;
      struct node1 *p=NULL;
      creat(p);                        /*建立广义表的单链表*/
      print(p);                            /*输出广义单链表*/
      dep=depth(p);                    /*求广义表的深度*/
      printf("%d\n",dep);
      }
```

4. 取表头运算 head

若广义表 LS=(a_1，a_2，…，a_n)，则 head(LS)=a_1。

取表头运算得到的结果可以是原子，也可以是一个子表。

例如，head((a_1,a_2,a_3,a_4))=a_1，head(((a_1,a_2),(a_3,a_4),a_5))=(a_1,a_2)。

5. 取表尾运算 tail

若广义表 LS=(a_1，a_2，…，a_n)，则 tail(LS)=(a_2，a_3，…，a_n)。

即取表尾运算得到的结果是除表头以外的所有元素，取表尾运算得到的结果一定是一个子表。

例如，tail((a_1,a_2,a_3,a_4))=(a_2,a_3,a_4)，tail(((a_1,a_2),(a_3,a_4),a_5))=((a_3,a_4),a_5)。

值得注意的是广义表( )和(())是不同的，前者为空表，长度为 0，后者的长度为 1，可得到表头、表尾均为空表，即 head((( )))=( )，tail((( )))=( )。

本章小结

本章主要介绍的内容简述如下：

多维数组在计算机中有两种存放形式：行优先和列优先。

行优先规则是左边下标变化最慢，右边下标变化最快，右边下标变化一遍，与之相邻的左边下标才变化一次；列优先规则是右边下标变化最慢，左边下标变化最快，左边下标变化一遍，与之相邻的右边下标才变化一次。

对称矩阵关于主对角线对称。为节省存储单元，可以进行压缩存储，对角线以上的元素和对角线以下的元素可以共用存储单元，故 n×n 的对称矩阵只需 $\frac{n(n+1)}{2}$ 个存储单元即可。

三角矩阵有上三角矩阵和下三角矩阵之分，为节省内存单元，可以采用压缩存储，n×n 的三角矩阵进行压缩存储时，只需 $\frac{n(n+1)}{2}+1$ 个存储单元即可。

稀疏矩阵的非零元素排列无任何规律，为节省内存单元，进行压缩存储时，可以采用三元组表示方法，即存储非零元素的行号、列号和值。若干个非零元素有若干个三元组，若干个三元组称为三元组表。

广义表为线性表的推广，里面的元素可以为原子，也可以为子表，故广义表的存储采用动态链表较方便。

习　题　五

1．按行优先存储方式，写出三维数组 A[3][2][4]在内存中的排列顺序及地址计算公式（假设每个数组元素占用 L 个字节的内存单元，a[0][0][0]的内存地址为 Loc(a[0][0][0])。

2．按列优先存储方式，写出三维数组 A[3][2][4]在内存中的排列顺序及地址计算公式（假设每个数组元素占用 L 个字节的内存单元，a[0][0][0]的内存地址为 Loc(a[0][0][0])。

3．设有上三角矩阵 $A_{n \times n}$，它的下三角部分全为 0，将其上三角元素按行优先存储方式存入数组 B[m]中(m 足够大)，使得 B[k]=a[i][j]，且有 k=f1(i)+f2(j)+c。试推出函数 f1、f2 及常数 c（要求 f1 和 f2 中不含常数项）。

4．若矩阵 $A_{m \times n}$ 中的某个元素 A[i][j]是第 i 行中的最小值，同时又是第 j 列中的最大值，则称此元素为该矩阵中的一个马鞍点。假设以二维数组存储矩阵 $A_{m \times n}$，试编写求出矩阵中所有马鞍点的算法，并分析你的算法在最坏情况下的时间复杂度。

5．试写一个算法，查找十字链表中某一非零元素 x。

6．给定矩阵 A 如下，写出它的三元组表和十字链表。

$$A=\begin{bmatrix} 1&0&0&0&0 \\ 0&0&2&3&0 \\ 0&4&0&0&5 \\ 0&0&0&0&0 \\ 0&0&0&0&6 \end{bmatrix}$$

7．对上题的矩阵，画出它的带行指针的链表，并给出算法来建立它。

8．试编写一个以三元组形式输出用十字链表表示的稀疏矩阵中非零元素及其下标的算法。

9．给定一个稀疏矩阵如下：

$$\begin{bmatrix} 11 & 0 & 0 & 0 & 0 & -9 & 0 \\ 0 & 23 & 0 & 0 & 7 & 0 & 0 \\ 0 & 0 & 5 & 8 & 0 & 0 & 2 \\ 0 & 0 & 0 & 0 & 0 & 0 & 0 \\ 1 & 6 & 0 & 33 & 88 & 0 & 0 \\ 0 & 0 & 4 & 0 & 0 & 0 & 0 \\ 0 & 0 & 0 & 0 & 0 & 0 & 99 \\ 65 & 0 & 78 & 0 & 0 & 86 & 0 \end{bmatrix}$$

用快速转置实现该稀疏矩阵的转置，写出转置前后的三元组表及开始的每一列第一个非零元的位置 pot[col]的值。

10．广义表是线性结构还是非线性结构?为什么?

11．求下列广义表的运算的结果。

（1）head((p,h,w))

（2）tail ((b,k,p,h))

（3）head(((a,b),(c,d)))

（4）tail (((b),(c,d)))

（5）head (tail(((a,b),(c,d))))

（6）tail (head (((a,b),(c,d))))

（7）head (tail (head(((a,d),(c,d)))))

（8）tail (head (tail (((a,b),(c,d)))))

12．画出下列广义表的图形表示。

（1）A(b,(A,a,C(A)),C(A))

（2）D(A( ),B(e),C(a,L(b,c,d)))

13．画出第 12 题的广义表的单链表表示法和双链表表示法。

第六章　树

本章学习导读

树（Tree）形结构是一类很重要的非线性数据结构，它和线性结构的最大区别在于，在这类结构中，除去根结点外每个结点最多只能和上层的一个结点相关，但除叶子结点外每个结点都可以和下层的多个结点相关，结点间存在着明显的分支和层次关系。树结构在客观世界中广泛存在，例如人类家族关系中的家谱，各种社会组织机构都可以形象的用树结构表示。在计算机科学中树结构也有广泛的应用，例如操作系统中的多级文件目录结构，编译程序中用树来表示源程序的语法结构等。本章讨论了树形结构的相关内容，读者应重点掌握树的概念及相关操作，二叉树的概念、存储结构和遍历运算，以及二叉排序树、哈夫曼树等典型树型结构的应用。

6.1　树的结构定义与基本操作

6.1.1　树的定义及相关术语

树（Tree）是 n(n≥0)个结点的有限集。在任意一棵非空树中：有且仅有一个特定的称为根（Root）的结点，该结点没有前驱。当 n>1 时，其余结点可分为 m（m>0）互不相交的有限集 $T_1,T_2,\ldots, T_m$,其中每一个集合本身又是一棵树，并且称为根的子树（Subtree）。这是一个递归的定义，即在定义树时又用到了树这个术语。

根据上述定义，如图 6-1 所示，这是一棵含有 13 个结点的树，其中 A 是根，其余的结点分成 3 个互不相交的子集：T_1={B，E，F，K}，T_2={C，G，L，M}，T_3={D，H，I，J}；T_1 、T_2 和 T_3 都是 A 的子树，且本身又是一棵树。以 T_1 为例，其根为 B，其余结点又分为两个互不相交的子集：T_{11}={E，K}，T_{12}={F}。T_{11} 和 T_{12} 又都是 B 的子树。

与树有关的一些常用术语：

结点（node）：树中的元素，包含数据项及若干指向其子树的分支。

结点的度（degree）：结点拥有的子树数。在图 6-1 中，结点 A 的度为 3，B 的度为 2，C 的度为 1。

树的度：树内各结点度的最大值。图 6-1 中树的度即为 3。

叶子（leaf）：度为 0 的结点，又称终端结点。图 6-1 中的结点 K、F、L、M、H、I、J 都是树的叶子。

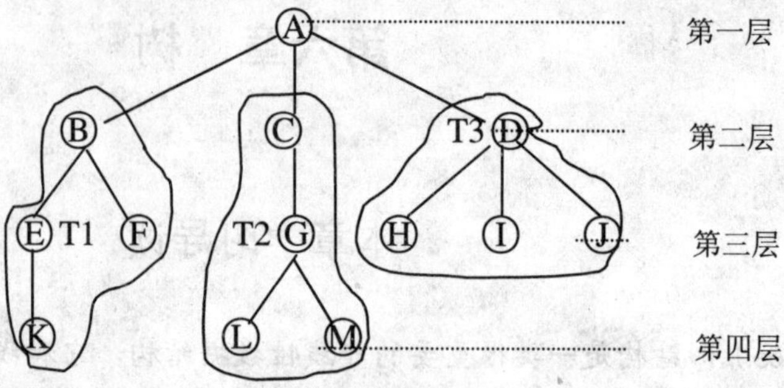

图 6-1 一棵含有 13 个结点的树

分支结点：树中度不为 0 的结点，又称非终端结点。

孩子（child）：结点的子树的根称为该结点的孩子。

双亲（parents）：对应上述称为孩子结点的上层结点即为这些结点的双亲。例如图 6-1 中，B 是 A 的孩子，A 是 B、C、D 的双亲。

兄弟（sibling）：同一双亲的孩子之间互为兄弟。图 6-1 中 B、C、D 之间互为兄弟。

堂兄弟：其双亲在同一层的结点互为堂兄弟。图 6-1 中 G 和 E、F、H、I、J 互为堂兄弟。

结点的祖先：从根到该结点所经分支上的所有结点。图 6-1 中，L 的祖先为 A、C、G。

结点的子孙：以某结点为根的子树中的任一结点都称为该结点的子孙。图 6-1 中，C 的子孙为 G、L、M。

结点的层次（level）：从根开始定义，根为第一层，根的孩子为第二层；若某结点在 l 层，则该结点的子树的根在 l+1 层。如图 6-1 所示，该树被分为 4 层。

深度（depth）：树中结点的最大层次数。图 6-1 中树的深度即为 4。

森林（forest）：是 m（m>0）棵互不相交的树的集合。对树中每个结点而言，其子树的集合即为森林。

有序树和无序树：如果各子树依次从左到右排列，不可对换，则称该子树为有序树，且把各子树分别称为第一子树，第二子树……；反之，称为无序树。

6.1.2 树的存储结构

树的存储结构可以有多种形式，但由于树是多分支非线性结构，在计算机中通常采用多重链表存储，即每个结点有多个指针域，其中每一个指针指向一棵子树的根结点。由于树中各结点的度数不同，所需的指针域个数也不同，因此结点一般有两种形式：定长结点型和不定长结点型。

所谓定长结点型即每个结点的指针域个数均为树的度数，如图 6-2 所示。这种形式运算处理方便，但由于树中很多结点的度数都小于树的度数，使链表中有很多空指针域，造成空间浪费。

所谓不定长结点型即每个结点的指针域个数为该结点的度数，如图 6-3 所示。由于各结点的度数不同，则各结点的长度不同，为处理方便，结点中除数据域和指针域之外一般还增加一个称为“度（degree）”的域，用于存储该结点的度。这种形式虽能节省存储空间，但运算不便。

Data	Link1	Link2	……	Linkm

图 6-2　定长结点型

Data	D(degree)	Link1	Link2	……	Linkd

图 6-3　不定长结点型

如果把一般树转换成二叉树，然后用二叉树的方式存储，可以克服上述存储结构的缺陷。关于二叉树，我们会在后面的章节作详细介绍。

6.1.3　树的基本操作

（1）InitTree(&T)：初始化操作，置 T 为空树。

（2）Root(T)：求根函数。若树 T 存在，则返回该树的根；若树 T 不存在，则函数值为“空”。

（3）Parent(T,x)：求双亲函数。若 x 为树 T 中的某个结点，则返回它的双亲，否则函数值为“空”。

（4）Child(T,x,i)：求孩子结点函数。求树 T 中结点 x 的第 i 个孩子结点，若 x 不是树 T 的叶子或无第 i 个孩子，则函数值为“空”。

（5）Right_Sibling(T,x)：求右兄弟函数。若树 T 中结点 x 有右兄弟，则返回它的右兄弟，否则函数值为“空”。

（6）TreeDepth(T)：求深度函数。若树 T 存在，则返回它的深度，否则函数值为“空”。

（7）Value(T,x)：求结点值函数。若 x 为树 T 中的某个结点，则返回该结点的值，否则函数值为“空”。

（8）Assign(T,x,value)：结点赋值函数。若 x 为树 T 中的某个结点，则将该结点赋值为 value。

（9）InsertChild(y,i,x)：插入子树操作。置以结点 x 为根的树为结点 y 的第 i 棵子树。若原数中无结点 y 或结点 y 的子树棵树小于 i-1,则空操作。

（10）DeleteChild(x,i)：删除子树操作。删除结点 x 的第 i 棵子树。若无结点 x 或 x 的子树棵数小于 i,则空操作。

（11）TraverseTree(T)：遍历操作。按某个次序依次访问树中各个结点，并使每个结点只被访问一次。

（12）ClearTree（&T）：清除结构操作。将树 T 置为空树。

树的应用广泛，在不同的软件系统中树的基本操作集不尽相同。

6.2 二叉树

二叉树（Binary Tree）又称二分树或二元树，是一种重要的树形结构，在下面的章节中我们将重点讨论。

6.2.1 二叉树的定义与基本操作

二叉树是一种度≤2 的有序树，它的特点是每个结点至多只有二棵子树（即二叉树中不存在度大于 2 的结点），并且二叉树的子树有左右之分，其次序不能任意颠倒。

我们也可以以递归的形式将之定义为：二叉树是 n（n≥0）个结点的有限集，它或为空树（n=0），或由一个根结点和两棵分别称为左子树和右子树的互不相交的二叉树所构成。

二叉树可以有五种基本形态，如图 6-4 所示。请注意，二叉树的左、右子树是严格区分，不能颠倒的，图 6-4 中（c）和(d)就是两棵不同的二叉树。

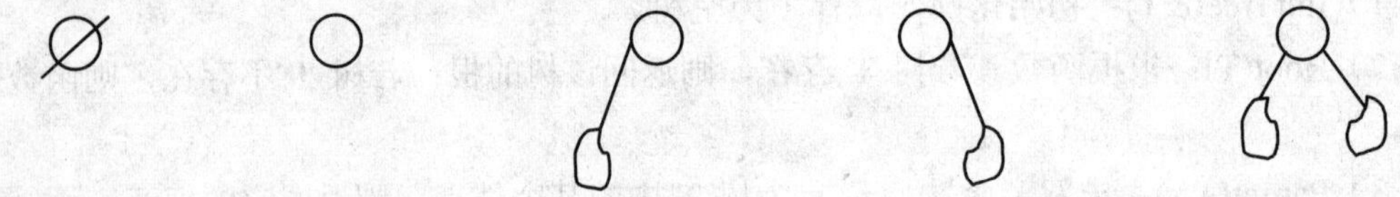

(a)空二叉树　(b)只有根结点的二叉树　(c)右子树为空的二叉树　(d)左子树为空的二叉树　(e)左、右子树均非空的二叉树

图 6-4　二叉树的基本形态

前面引入的有关树的术语也都适用于二叉树。

与树的基本操作相似，二叉树也有如下一些基本操作：

（1）InitBiTree(&BT)：初始化操作，置 BT 为空树。

（2）Root(BT)：求根函数。若二叉树 BT 存在，则返回该树的根，若不存在，则函数值为“空”。

（3）Parent(BT,x)：求双亲函数。若 x 为二叉树 BT 中的非根结点，则返回它的双亲，否则函数值为“空”。

（4）LeftChild(BT,x)和 RightChild(BT,x)：求孩子结点函数。分别求二叉树 BT 中结点 x 的左孩子和右孩子结点。若无左孩子或右孩子，则返回“空”。

（5）LeftSibling(BT,x)和 RightSibling(BT,x)：求兄弟函数。分别求二叉树 BT 中结点 x 的左兄弟和右兄弟结点。若 x 是 BT 的左孩子或右孩子，或者 x 无左兄弟或右兄弟，则返回“空”。

（6）BiTreeDepth(BT)：求深度函数。若二叉树 BT 存在，则返回它的深度，否则函数值为“空”。

（7）Value(BT,x)：求结点值函数。若 x 为二叉树 BT 中的某个结点，则返回该结点的值，否则函数值为“空”。

（8）Assign(BT,x,value)：结点赋值函数。若 x 为二叉树 BT 中的某个结点，则将该结点赋值为 value。

（9）InsertChild(BT,p,LR,c)：插入子树操作。若二叉树 BT 存在，p 指向 BT 中某个结点，LR 为 0 或 1，非空二叉树 c 与 BT 不相交且右子树为空，则根据 LR 为 0 或 1 插入 c 为 BT 中 p 所指向的结点的左子树或右子树。P 所指向结点原有左子树或右子树则成为 c 的右子树。

（10）DeleteChild(BT,p,LR)：删除子树操作。若二叉树 BT 存在，p 指向 BT 中某个结点，LR 为 0 或 1，则根据 LR 为 0 或 1 删除 BT 中 p 所指向结点的左子树或右子树。

（11）PreOrderTraverse(BT,Visit())：先序遍历操作。若二叉树 BT 存在，Visit 是对结点操作的应用函数，则先序遍历 BT，对每个结点调用函数 Visit 一次且仅一次，一旦 Visit()失败，则操作失败。

（12）InOrderTraverse(BT,Visit())：中序遍历操作。若二叉树 BT 存在，Visit 是对结点操作的应用函数，则中序遍历 BT，对每个结点调用函数 Visit 一次且仅一次，一旦 Visit()失败，则操作失败。

（13）PostOrderTraverse(BT,Visit())：后序遍历操作。若二叉树 BT 存在，Visit 是对结点操作的应用函数，则后序遍历 BT，对每个结点调用函数 Visit 一次且仅一次，一旦 Visit()失败，则操作失败。

（14）LevelOrderTraverse(BT,Visit())：层序遍历操作。若二叉树 BT 存在，Visit 是对结点操作的应用函数，则层序遍历 BT，对每个结点调用函数 Visit 一次且仅一次，一旦 Visit()失败，则操作失败。

（15）ClearBiTree（&BT）：清除结构操作。将二叉树树 BT 置为空树。

读者也可以自己定义二叉树的基本操作集。

下面介绍两种特殊形式的二叉树。

（1）满二叉树

深度为 h 且含有 2^h-1 个结点的二叉树称为满二叉树。如图 6-5 所示为一棵深度为 4 的满二叉树。结点的编号为自上而下，自左而右。

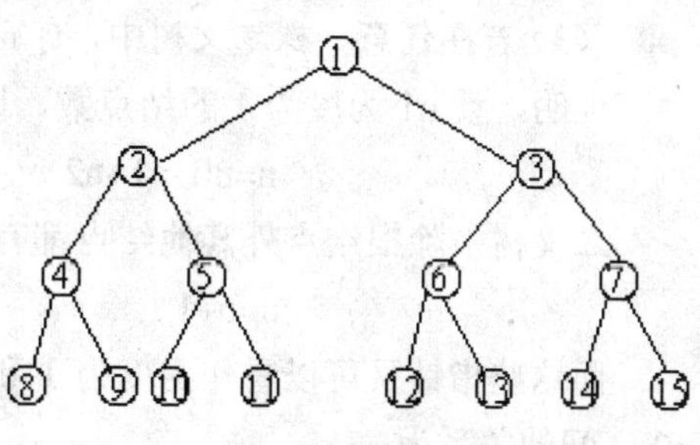

图 6-5 深度为 4 的满二叉树

（2）完全二叉树

如果一棵有 n 个结点的二叉树按满二叉树方式自上而下，自左而右对它进行编号，若树中所有结点和满二叉树 1~ n 编号完全一致，则称该树为完全二叉树。如图 6-6 所示，（a）为完全二叉树，而 (b) 则不是完全二叉树。

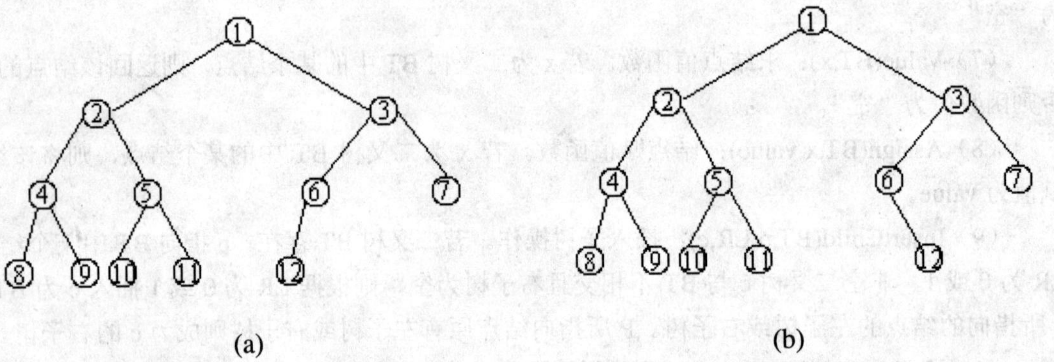

图 6-6　二叉树

6.2.2　二叉树的性质

（1）二叉树的第 i 层上至多有 2^{i-1} （i≥1）个结点。

证明：用归纳法。

i=1，则结点数为 $2^{i-1}=2^0=1$ 为根结点。

若已知 i-1 层上结点数至多有 $2^{(i-1)-1}=2^{i-2}$ 个，由于二叉树每个结点度数最大为 2，因此第 i 层上结点数至多为第 i-1 层上结点数的 2 倍。

即 $$2*2^{i-2}=2^{i-1}$$

证毕。

（2）深度为 h 的二叉树中至多含有 2^h-1 个结点。

证明：利用性质（1）的结论可得，在深度为 h 的二叉树中至多含有结点数为

$$\sum_{i=1}^{h}(\text{i层上结点最大数})=\sum_{i=1}^{h}2^{i-1}=2^h-1$$

证毕。

（3）若在任意一棵二叉树中，有 n0 个叶子结点，有 n2 个度为 2 的结点，则必有 n0=n2+1

证明：设 n1 为度为 1 的结点数，则总结点数 n 为：

$$n=n0+n1+n2 \qquad (1)$$

二叉树中除根结点外其他结点都有一个指针与其双亲相连，若指针数为 b，满足：

$$n=b+1 \qquad (2)$$

而这些指针又可以看作由度为 1 和度为 2 的结点与它们孩子之间的联系，于是 b 和 n1、n2 之间的关系为：

$$b=n1+2*n2 \qquad (3)$$

由（2）、（3）可得：

$$n=n1+2*n2+1 \qquad (4)$$

比较（1）、（4）式可得：

n0=n2+1

证毕。

（4）具有 n 个结点的完全二叉树深为「$\log_2 n$」+1(其中「x」表示不大于 x 的最大整数)。

（5）若对有 n 个结点的完全二叉树进行顺序编号（1≤i≤n），那么，对于编号为 i（i≥1）的结点：

当 i=1 时，该结点为根，它无双亲结点。

当 i>1 时，该结点的双亲结点的编号为「i/2」。

若 2i≤n，则有编号为 2i 的左孩子，否则没有左孩子。

若 2i+1≤n，则有编号为 2i+1 的右孩子，否则没有右孩子。

（证明略）

6.2.3　二叉树的存储结构

树形结构是非线性结构，采用顺序存储有一定困难。通常用具有两个指针域的链表作为二叉树的存储结构，其中每个结点由数据域 data、左指针域 Lchild 和右指针域 Rchild 组成。两个指针域分别指向该结点的左、右孩子。若某结点没有左孩子或右孩子，则对应的指针域为空。当然，还需要一个链表的头指针指向根结点。二叉树的链接存储结构也叫二叉链表，如图 6-7 所示。

Lchild	Data	Rchild

图 6-7　二叉链表

二叉链表的结点类型定义如下：

```
typedef struct btnode
  { anytype data;
    struct btnode *Lch,*Rch;
  }tnodetype;
```

图 6-8 是二叉树的图形表示及其二叉链表表示。

从二叉链表中，可以很方便的得到某结点的孩子结点的信息，却不能得到该结点的双亲信息，因此，也可用三叉链表的形式存储二叉树。三叉链表的结点比二叉链表多了一个指向结点双亲的指针，结点描述为：

```
typedef struct btnode3
  { anytype data;
    struct btnode *Lch,*Rch, *Parent ;
  }tnodetype3;
```

图 6-8 中的 (b) 所示即为该树的三叉链表表示。

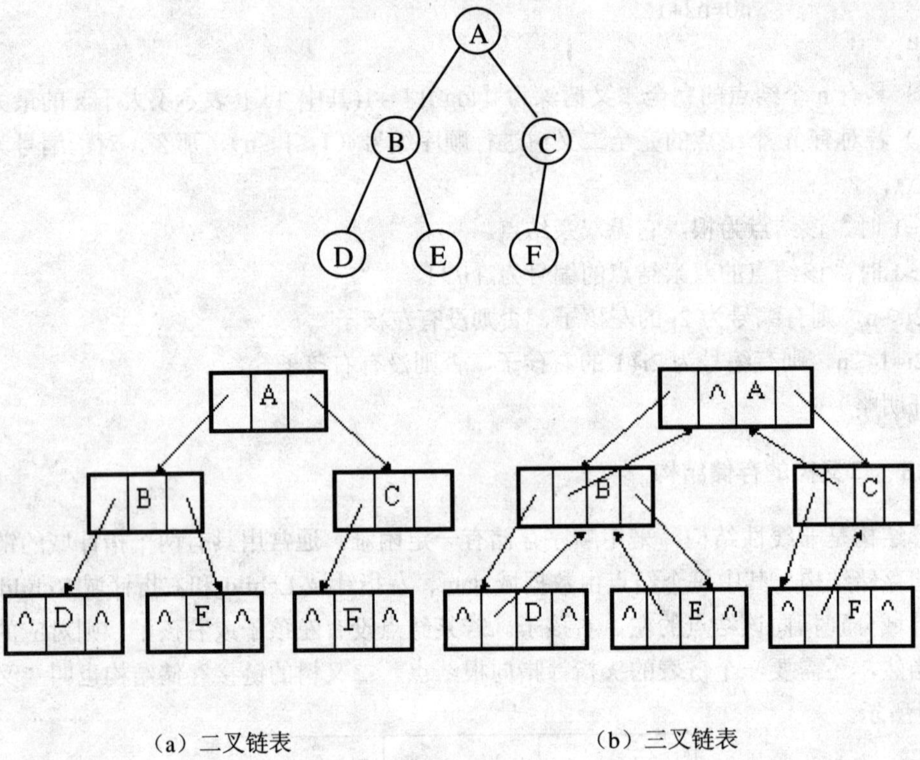

图 6-8 二叉树的存储结构

6.2.4 树与二叉树的相互转换

由于二叉树可以用二叉链表来表示，为了使一般树也用二叉链表表示，必须找出树与二叉树之间的对应关系，这样，给定一棵树，就可以找到唯一的一棵二叉树与之对应。这里，我们将先介绍树转换成二叉树的一般方法：

第一步 加线：在各兄弟结点之间加一条虚连线。

第二步 抹线：对每个结点，除了其最左的一个孩子外，抹掉该结点原先与其余孩子之间的连线。

第三步 旋转：新加上的虚线改为实线从水平方向向下旋转 45 度，成右斜向下方向，原有的连线均向左斜。

图 6-9 (a)所示为一般树转换为二叉树的三个步骤。

这样转换成的二叉树有两个特点：

（1）根结点没有右子树。

（2）转换生成的二叉树中各结点的右孩子是原来树中该结点的兄弟，而该结点的左孩子还是原来树中该结点的孩子。

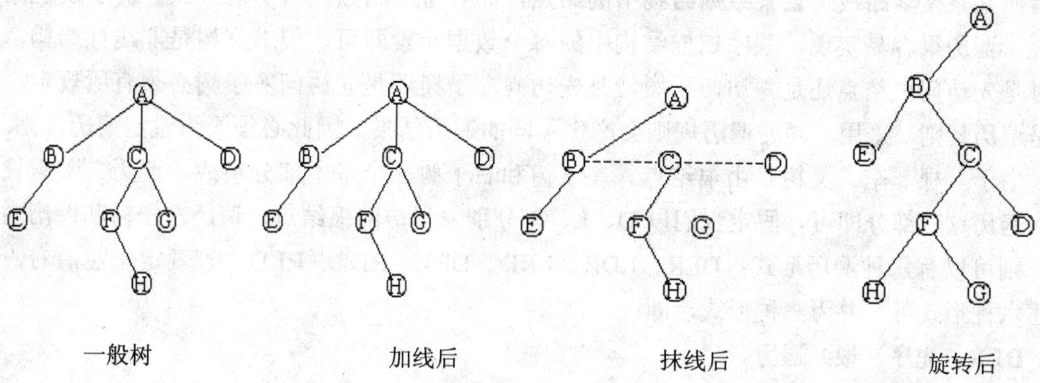

（a）一般树转换为二叉树

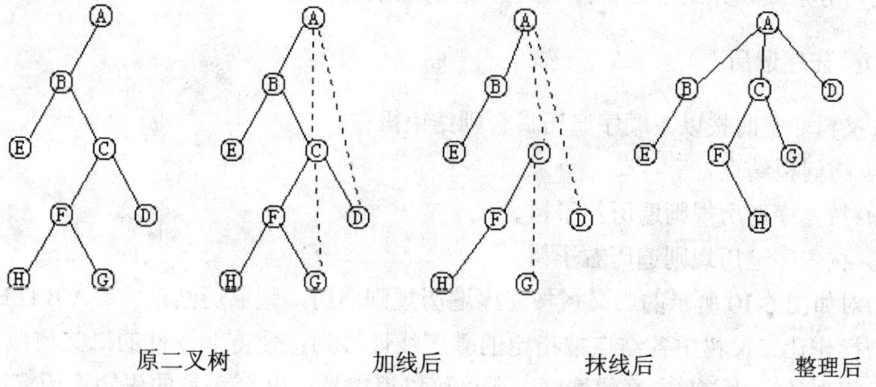

（b）二叉树还原为一般数

图 6-9　树与二叉树的相互转换

如何将二叉树还原成一般的数呢？并非所有的二叉树都能还原成一般的树，必须是由某树经过转换而得到的没有右子树的二叉树。还原的过程也分为三步：

第一步　加线：若某结点 i 是其双亲结点的左孩子，则将该结点 i 的右孩子以及当且仅当连续的沿着右孩子的右链不断搜索到的所有右孩子，都分别与结点 i 的双亲结点用虚线连接。

第二步　抹线：将原二叉树中所有双亲结点与其右孩子的连线抹去。

第三步　整理：把虚线改为实线，将结点按层次排列。

二叉树还原成一般数的过程如图 6-9（b）所示。

6.3　遍历二叉树

在二叉树的应用中，常常需要在树中搜索具有某种特征的结点，或是对树中全部的结点逐一进行处理，这就涉及到一个遍历二叉树（Traversing binary tree）的问题。**遍历**（Traversing）

是指循某条搜索路线巡查某数据结构中的结点，而且每个结点只被访问一次。对于线性结构来说，遍历很容易实现，顺序扫描结构中的每个数据元素即可。但二叉树是非线性结构，遍历时是先访问根结点还是先访问子树，是先访问左子树还是先访问右子树必须有所规定，这就是遍历规则。采用不同的遍历规则会产生不同的遍历结果，因此必须人为设定遍历规则。

由于一棵非空二叉树是由根结点、左子树和右子树三个基本部分组成，遍历二叉树只要依次遍历这三部分即可。假定我们以 D、L、R 分别表示访问根结点、遍历左子树和遍历右子树，则可以有六种遍历形式：DLR、LDR、LRD、DRL、RDL、RLD，若规定先左后右，则上述六种形式可归并为三种形式，即：

DLR：先序（根）遍历。

LDR：中序（根）遍历。

LRD：后序（根）遍历。

下面将分别具体介绍这样三种形式的遍历规则。

6.3.1 先序遍历

当二叉树非空时按以下顺序遍历，否则结束操作：

（1）访问根结点。

（2）按先序遍历规则遍历左子树。

（3）按先序遍历规则遍历右子树。

例如对如图 6-10 所示的二叉树按先序遍历规则遍历，则遍历结果为：A B D E C F G。

遍历操作让二叉树中各结点按指定的顺序线性排列，使得非线性的二叉树线性化。由于先序遍历规则是一种递归定义的规则，所以可以很容易写出 C 语言的先序遍历算法：

```
void preorder (tnodetype *t)
/*先序遍历二叉树算法，t 为指向根结点的指针*/
{   if (t!=NULL)
        {printf("%d ",t->data);
        preorder(t->lch);
        preorder(t->rch);
        }
}
```

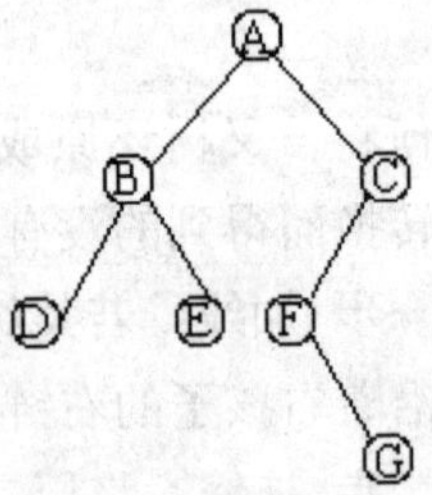

图 6-10 二叉树

6.3.2 中序遍历

当二叉树非空时按以下顺序遍历，否则结束操作：

（1）按中序遍历规则遍历左子树。

（2）访问根结点。

（3）按中序遍历规则遍历右子树。

例如对如图 6-10 所示的二叉树按中序遍历规则遍历，则遍历结果为：

D、B、E、A、F、G、C.

中序遍历的 C 语言算法可描述如下：

```
void inorder(tnodetype *t)
/*中序遍历二叉树算法，t 为指向根结点的指针*/
{
  if(t!=NULL)
  {inorder(t->lch);
   printf("%d ",t->data);
   inorder(t->rch);
  }
}
```

6.3.3 后序遍历

当二叉树非空时按以下顺序遍历，否则结束操作：

（1）按后序遍历规则遍历左子树。

（2）按后序遍历规则遍历右子树。

（3）访问根结点。

例如对如图 6-10 所示的二叉树按后序遍历规则遍历，则遍历结果为：

D、E、B、G、F、C、A.

后序遍历的 C 语言算法可描述如下：

```
void postorder(tnodetype *t)
/*后序遍历二叉树算法，t 为指向根结点的指针*/
{
  if(t!=NULL)
   { postorder(t->lch);
     postorder(t->rch);
     printf("%d ",t->data);
   }
}
```

以上我们给出了三种不同的遍历二叉树的方法。我们再看一个例子。

对于如图 6-11 所示的二叉树，采用先序遍历，得到的结果为：

-+a*b-cd/ef　　（1）

采用中序遍历得到的结果为：

a+b*c-d-e/f　　（2）

采用后序遍历得到的结果为：

abcd-*+ef/- （3）

以上三个结果（1）、（2）和（3）恰好为表达式的前缀表达式（波兰式）、中缀表达式和后缀表达式（逆波兰式）。

6.3.4 层次遍历

其实我们也可按二叉树的层次对其进行遍历。例如对图 6-10 所示的二叉树按层次遍历的结果为：A，B，C，D，E，F，G。如果引入队列作为辅助存储工具，按层次遍历二叉树的算法可描述如下：

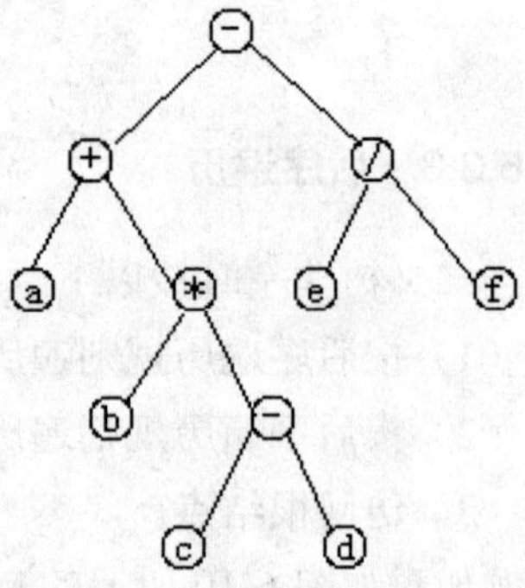

图 6-11 二叉树

```
void levelorder(tnodetype *t)
/*按层次遍历二叉树算法，t 为指向根结点的指针*/
{tnodetype q[20];                    /*辅助队列*/
 front=0;
 rear=0;                             /*置空队列*/
 if (t!=NULL)
    { rear++;
      q[rear]=t;                     /*根结点入队*/
    }
 while (front!=rear)
    { front++;
      t=q [front];
      printf (“%c\n”,t->data);
      if (t->lch!=NULL)                      /*t 的左孩子不空，则入队*/
        { rear++;
          q [rear]=t->lch;
        }
      if (t->rch!=NULL)              /*t 的右孩子不空，则入队*/
        { rear++;
          q [rear]=t->rch;
        }
    }
}
```

6.3.5 遍历算法的应用

利用二叉树的遍历算法的思路，可以解决其他一些关于二叉树的实际问题。

1. 统计二叉树中的结点个数和叶子结点个数

前面所介绍的遍历二叉树，即以一定的次序访问二叉树中的每个结点，并且每个结点只能被访问一次，这为我们统计二叉树中的结点个数和叶子结点个数提供了方便。我们可分别设置计数器 countnode 和 countleaf 分别记录结点和叶子结点的个数。按一定的次序每访问一个结点便将 countnode 加 1，同时判断该结点是否为叶子结点，若是，则将 countleaf 也加 1。下面我们以中序遍历的方法统计二叉树中的结点数和叶子结点数，算法描述为：

```
void inordercount (tnodetype *t)
/*中序遍历二叉树，统计树中的结点数和叶子结点数*/
{ if (t!=NULL)
    { inordercount (t->lch);                    /*中序遍历左子树*/
     printf ("%c\n",t->data);                   /*访问根结点*/
     countnode++;                               /*结点计数*/
     if ((t->lch==NULL)&&(t->rch==NULL))
       countleaf++;                             /*叶子结点计数*/
     inordercount (t->rch);                     /*中序遍历右子树*/
     }
}
```

同样我们也可采用先序或后序遍历的方法统计二叉树的结点个数和叶子结点个数。

2. 计算二叉树的深度

我们可按如下方法计算一棵二叉树的深度：

```
void preorderdeep (tnodetype *t,int j)
/*先序遍历二叉树，并计算二叉树的深度*/
{ if (t!=NULL)
    { printf ("%c\n",t->data);                  /*访问根结点*/
       j++;
       if (k<j)  k=j;
       preorderdeep (t->lch,j);                 /*先序遍历左子树*/
       preorderdeep (t->rch,j);                 /*先序遍历右子树*/
       }
  }
```

此算法便是利用先序遍历的思路统计二叉树的深度的。

事实上还有别的统计二叉树的深度的方法，读者不妨一试。

6.4 线索二叉树

从上节关于二叉树的遍历的讨论我们可以看出，遍历二叉树是以一定的规则将二叉树中的结点排列成一个线性序列，这实质是对一个非线性结构进行的线性化操作，使每个结点（除第一个和最后一个外）在这个线性序列中有且仅有一个直接前驱和直接后继。换句话说，二叉树的结点之间隐含着一个线性关系，不过这个关系要通过遍历才能显示出来。例如对于图 6-12 所示的二叉树进行中序遍历，可得到中序序列 a+b*c-d/e，其中“b”的直接前驱为“+”，直接后继为“*”。

但是当我们以二叉链表作为二叉树的存储结构时，要找到结点的线性前驱或后继就不方便了。能否在不增加存储空间的前提下保留结点的线性前驱和后继信息呢？为此，我们引入线索二叉树。

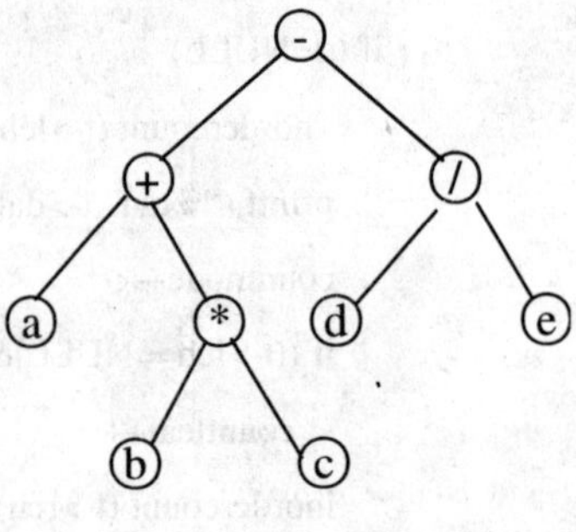

图 6-12　二叉树

我们发现，含有 n 个结点的二叉树中有 n-1 条边指向其左、右孩子，这意味着在二叉链表中的 2n 个孩子指针域中只用到了 n-1 个域，另外还有 n+1 个指针域是空的。我们可充分利用这些空指针来存放结点的线性前驱和后继信息。

试作如下规定：若结点有左子树，则其 lchild 域指示其左孩子，否则令 lchild 域指示其直接前驱；若结点有右子树，则其 rchild 域指示其右孩子，否则令 rchild 域指示其直接后继。但是，在计算机存储中如何区分结点的指针是指向其孩子还是指向其线性关系的前驱和后继呢？为此，结点中还需要增加两个标志域，用于标识结点指针的性质。因为标志域长度很小，增加的存储开销不大。修改后的二叉链表结点结构如下：

Lchild	Ltag	Data	Rtag	Rchild

其中：

ltag=0 时表示 lchild 指示结点的左孩子。

ltag=1 时表示 lchild 指示结点的直接前驱。

rtag=0 时表示 rchild 指示结点的右孩子。

ltag=1 时表示 rchild 指示结点的直接后继。

以这种结构的结点构成的二叉链表作为二叉树的存储结构，叫做线索链表；指向结点直接前驱和后继的指针叫线索；加上线索的二叉树称为线索二叉树；对二叉树以某种次序遍历将其变为线索二叉树的过程叫做线索化。

对二叉树进行不同顺序的遍历，得到的结点序列不同，由此产生的线索二叉树也不同，所以有前序线索二叉树、中序线索二叉树和后序线索二叉树之分。如图 6-13 所示为中序线索二叉树，与其对应的中序线索链表如图 6-14 所示。其中实线为指针（指向左、右子树），虚线为线索（指向直接前驱和后继）。

线索二叉树的结点类型定义如下：

```
struct nodexs
{anytype data;
 struct nodexs *lch, *rch;
          int ltag,rtag;     /*左、右标志域*/
        }
```

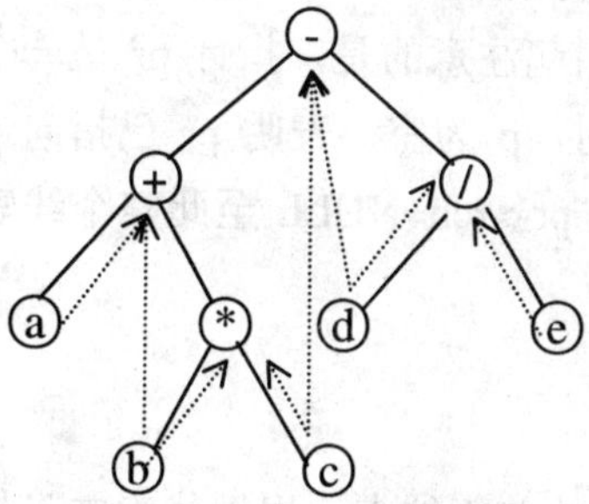

图 6-13　中序线索二叉树

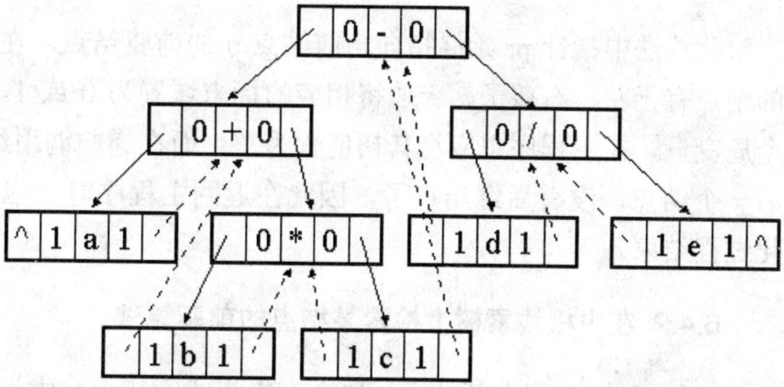

图 6-14　与中序线索二叉树对应的中序线索链表

读者应能熟练地画出另外两种遍历方式下的线索链表。

6.4.1 中序次序线索化算法

中序次序线索化是指按照前面定义的结点形式（每个结点有 5 个域）建立某二叉树的二叉链表，然后按中根遍历的方式在访问结点时建立线索，具体算法描述如下：

```
void inorderxs (struct nodexs *t)
/*中序遍历 t 所指向的二叉树，并为结点建立线索*/
 { if (t!=NULL)
     { inorderxs (t->lch);
       printf ("%c\n",t->data);
       if (t->lch!=NULL)
           t->ltag=0;
   else { t->ltag=1;
          t->lch=pr;
        }              /*建立 t 所指向结点的左线索，令其指向前驱结点 pr*/
   if (pr!=NULL)
     { if (pr->rch!=NULL)
         pr->rtag=0;
```

```
            else { pr->rtag=1;
                  pr->rch=p;
                  }
            } /*建立 pr 所指向结点的右线索，令其指向后继结点 p*/
      pr=p;
      inorderxs (t->rch);
    }
  }
```

此算法中指针 pr 始终指向当前结点 p 的前驱结点，在线索化的过程中，一边判断二叉树的结点有无左、右孩子，一边将相应的标志域置为 0 或 1。要引起注意的是，指针 pr 是一个全局变量，在主程序中应将其初值置为空，而在递归调用结束时，p 为空，表明 pr 已指向最后一个结点，没有后继结点了，因此在返回主程序时，应执行 pr->rch=NULL,至此整个线索化过程结束。

6.4.2 在中根线索树上检索某结点的前驱算法

已知指针 q 指向某结点，要求在中根线索树上检索该结点的前驱结点。根据线索二叉树的定义，我们已经知道，若 q->ltag=1, 则 q->lch 就指向 q 的前驱结点，而当 q->ltag=0 时，表明 q 所指向的结点有左孩子，此时应根据中根遍历的规则寻找 q 所指向结点的前驱结点，应该是中根遍历 q 所指向的结点的左子树时访问的最后一个结点，即左子树的最右尾结点。因此，在中根线索树上检索某结点的前驱结点的算法描述如下：

```
struct nodexs * inpre (struct nodexs *q)
/*在中根线索树上检索 q 所指向的结点的前驱结点*/
  { if (q->ltag==1)
      p=q->lch;
    else { r=q->lch;
          while (r->rtag!=1)
              r=r->rch;
          p=r;
          }
    return (p);
  }
```

6.4.3 在中根线索树上检索某结点的后继算法

已知指针 q 指向某结点，要求在中根线索树上检索该结点的后继结点。根据线索二叉树的定义，我们也知道，若 q->rtag=1，则 q->rch 就指向 q 的后继结点，而当 q->rtag=0 时，表明 q 所指向的结点有右孩子，此时也应根据中根遍历的规则寻找 q 所指向结点的后继结点，应该是中根遍历 q 所指向的结点的右子树时访问的第一个结点，即右子树的最左尾结点。因此，在中根线索树上检索某结点的后继结点的算法描述如下：

```
struct nodexs * insucc (struct nodexs *q)
/*在中根线索树上检索 q 所指向的结点的后继结点*/
  { if (q->rtag==1)
       p=q->rch;
    else { r=q->rch;
           while (r->ltag!=1)
                 r=r->lch;
           p=r;
         }
    return (p);
}
```

6.5 二叉排序树

所谓排序是指把一组无序的数据元素按指定的关键字值重新组织起来，形成一个有序的线性序列。二叉排序树是一种特殊结构的二叉树，它利用二叉树的结构特点实现排序。

6.5.1 二叉排序树的定义

二叉排序树或是空树，或是具有下述性质的二叉树：若其左子树非空，则其左子树上的所有结点的数据值均小于根结点的数据值；若其右了树非空，则其右子树上所有结点的数据值均大于或等于根结点的数据值。左子树和右子树又各是一棵二叉排序树。如图 6-15 所示就是一棵二叉排序树。

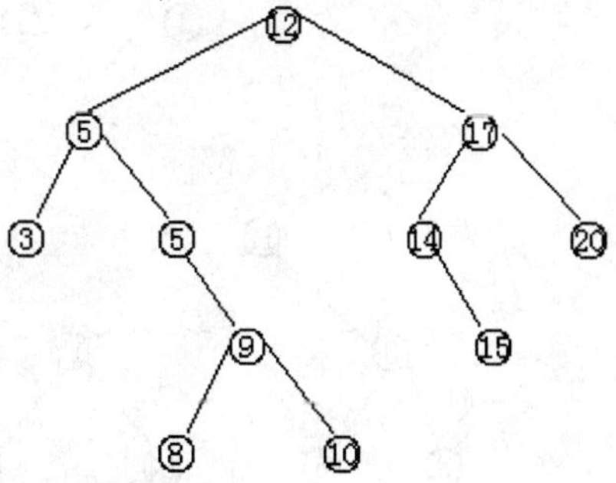

图 6-15 二叉排序树

对上图中的二叉排序树进行中序遍历，会发现{3，5，5，8，9，10，12，14，15，17，20}是一个递增的有序序列。为使一个任意序列变成一个有序序列，可以通过将这些序列构成一棵二叉排序树来实现。

6.5.2 二叉排序树的生成

生成二叉排序树的过程是将一系列结点连续插入的过程。对任意一组数据元素序列{R1,

R2 ,⋯, Rn}，生成一棵二叉排序树的过程为：

（1）令 R1 为二叉树的根。

（2）若 R2<R1，令 R2 为 R1 左子树的根结点，否则 R2 为 R1 的右子树的根结点。

（3）R3，⋯，Rn 结点的插入方法同上。

算法程序用 C 语言描述如下：

```
void insertbst(t,s)
/*将指针 s 所指的结点插入到以 t 为根指针的二叉树中*/
{ if (t==NULL)
   t=s;                                   /*若 t 所指为空树，s 所指结点为根*/
   else if (s->data < t->data)
         insertbst(t->lch,s);          /*s 结点插入到 t 的左子树上去*/
   else
         insertbst(t->rch,s);          /*s 结点插入到 t 的右子树上去*/
}
```

图 6-16 所示为将序列{12，5，17，3，5，14，20，9，15，8，10}构成一棵二叉排序树的过程。

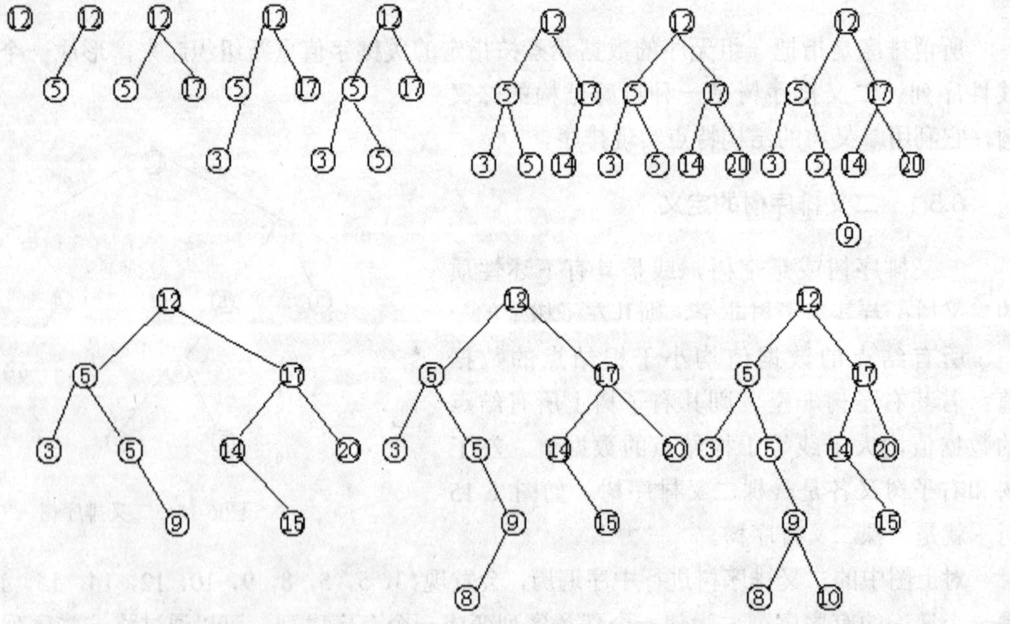

图 6-16　将序列{12，5，17，3，5，14，20，9，15，8，10}构成一棵二叉排序树的过程

由以上插入过程可以看出，每次插入的新结点都是二叉排序树的叶子结点，在插入操作中不必移动其他结点。这一特性可以用于需要经常插入和删除的有序表的场合。

6.5.3　删除二叉排序树上的结点

从二叉排序树上删除一个结点，要求还能保持二叉排序树的特征，即删除一个结点后的二叉排序树仍是一棵二叉排序树。

算法思想：

根据被删除结点在二叉排序树中的位置，删除操作应按以下四种不同情况分别处理：

（1）被删除结点是叶子结点，只需修改其双亲结点的指针，令其 lch 或 rch 域为 NULL。

（2）被删除结点 P 有一个儿子，即只有左子树或右子树时，应将其左子树或右子树直接成为其双亲结点 F 的左子树或右子树即可。如图 6-17（a）所示。

（3）若被删除结点 P 的左、右子树均非空，这时要循 P 结点左子树根结点 C 的右子树分支找到结点 S，S 结点的右子树为空。然后将 S 的左子树成为 Q 结点的右子树，将 S 结点取代被删除的 P 结点。图 6-17（b）所示为删除前的情况，图 6-17（c）所示为删除 P 后的情况。

（4）若被删除结点为二叉排序树的根结点，则 S 结点成为根结点。

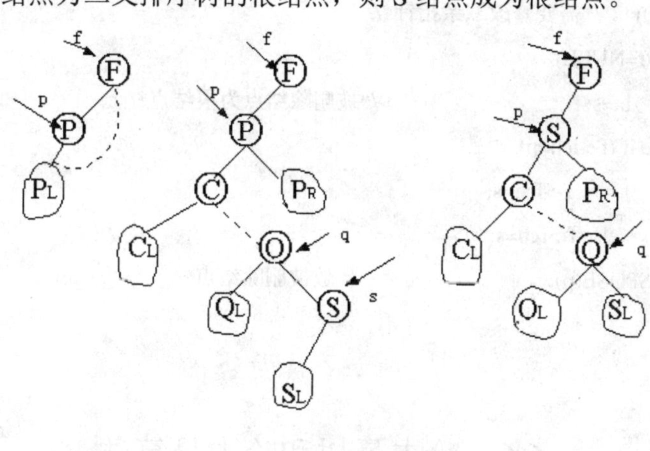

图 6-17　删除排序二叉树结点示意图

二叉排序树结点删除算法的 C 语言描述如下：

```
void delnode(bt,f,p)
/*bt 为一棵二叉排序树的根指针，p 指向被删除结点，f 指向其双亲*/
/*当 p=bt 时 f 为 NULL*/
{ fag=0;                         /*fag=0 时需修改 f 指针信息，fag=1 时不需修改*/
  if (p->lch==NULL)
      s=p->rch;                  /*被删除结点为叶子或其左子树为空*/
  else if (p->rch==NULL)
          s=p->lch;
  else { q=p;                    /*被删除结点的左、右子树均非空*/
```

```
            s=p->lch;
            while (s->rch!=NULL)
                  { q=s;
                    s=s->rch;
                  }                          /*寻找 s 结点*/
            if (q=p)
                 q->lch=s->lch;
            else q->rch=s->lch;
            p->data=s->data;                 /*s 所指向的结点代替被删除结点*/
            DISPOSE(s);
            Fag=1;
           }
   if (fag=0)    /*需要修改双亲指针*/
      { if (f=NULL)
          bt=s;                              /*被删除结点为根结点*/
       else if (f->lch=p)
                  f->lch=s;
            else f->rch=s;
       DISPOSE(p);                           /*释放被删除结点*/
      }
}
```

6.6 哈夫曼树和哈夫曼算法

哈夫曼树（Huffman）又称最优树，是一类带权路径最短的树，这种树在信息检索中很有用。作为树型结构的应用实例之一，下面我们将具体介绍它。

6.6.1 哈夫曼树的定义

首先我们要学习与哈夫曼树有关的一些术语。

路径长度：树中一个结点到另一个结点之间分支数目称为这对结点之间的路径长度。

树的路径长度：树的根结点到树中每一结点的路径长度之和；如果用 PL 表示路径长度，则图 6-18 所示的（a）、（b）两棵二叉树的路径长度分别为：

对图（a）：PL=0+1+2+2+3+4+5=17 。

对图（b）：PL=0+1+1+2+2+2+2+3=13 。

在任何二叉树中都存在如下情况：

路径为 0 的结点至多只有 1 个；路径为 1 的结点至多只有 2 个；……；路径为 k 的结点至多只有 2^k 个。因此 n 个结点二叉树路径长度满足：

$$PL \geqslant \sum_{k=1}^{n} \left\lfloor \log_2^k \right\rfloor$$

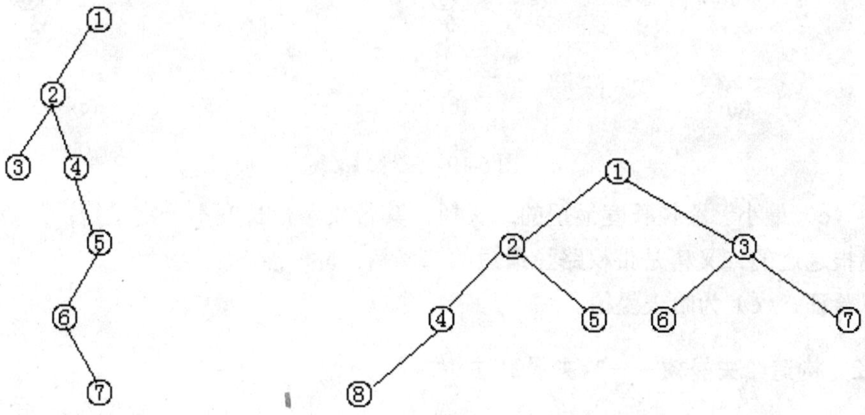

（a）　　　　　　　　（b）

图 6-18　二叉树

从以上关系可以看出，达到最小路径长度，即 $PL = \sum_{k=1}^{n} \left\lfloor \log_2^k \right\rfloor$ 的二叉树为完全二叉树。

现在我们进一步考虑带权的情况：

带权路径长度：从根结点到某结点的路径长度与该结点上权的乘积。

树的带权路径长度：树中所有叶子结点的带权路径长度之和，记作：

$$WPL = \sum_{k=1}^{n} W_K L_K$$

其中 n 为二叉树中叶子结点的个数，Wk 为树中 k 结点的权，Lk 为从根结点到 k 结点路径长度。

哈夫曼树（最优二叉树）：WPL 为最小的二叉树。

如图 6-19 所示，三棵二叉树，都有 4 个叶子结点 a、b、c、d，分别带权 9，5，2，3，它们的带权路径长度分别为：

对图（a）：WPL=9*2+5*2+2*2+3*2=38

对图（b）：WPL=3*2+9*3+5*3+2*1=50

对图（c）：WPL=9*1+5*2+2*3+3*3=34

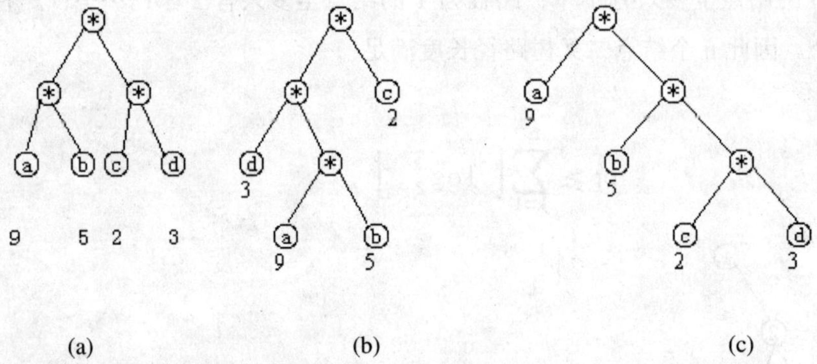

图 6-19　三棵二叉树

其中（c）最小。路径长度最短的二叉树，其带权路径长度不一定最短；结点权值越大离根越近的二叉树是带权路径最短的二叉树。

可以验证，（c）为哈夫曼树。

6.6.2　构造哈夫曼树——哈夫曼算法

如何由已知的 n 个带权叶子结点构造出哈夫曼树呢？哈夫曼最早给出了一个带有一般规律的算法，俗称哈夫曼算法，现介绍如下：

（1）根据给定的 n 个权值{W1，W2，…，Wn}构成 n 棵二叉树的集合 F={T1,T2,… ,Tn}，其中每棵二叉树中只有一个带权为 Wi 的根结点，如图 6-20（a）所示。

（2）在 F 中选择两棵根结点最小的树作为左、右子树构造一棵新的二叉树，且置新的二叉树的根结点的权值为其左、右子树上根结点的权值之和，如图 6-20（b）所示。

（3）将新的二叉树加入 F 中，去除原来两棵根结点权值最小的树。

（4）重复（2）和（3）步知道 F 中只含有一棵树为止，这棵树就是哈夫曼树。如图 6-20（d）所示。

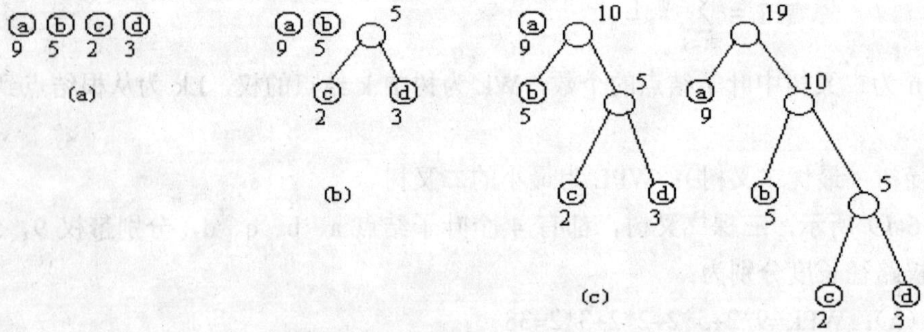

图 6-20　构造哈夫曼树

6.6.3 哈夫曼树的应用

1. 判定问题

在解决某些判定问题时，利用哈夫曼树可以得到最佳判定算法。例如要编制一个将学生百分成绩按分数段分级的程序，其中 90 分以上为‘A’，80 至 89 分为‘B’，70 至 79 分为‘C’，60 至 69 分为‘D’，0 至 59 分为‘E’。假定理想状况为学生各分数段成绩分布均匀，则可用图 6-21（a）中所示的二叉树来实现。但实际情况中学生各分数段成绩分布是不均匀的，若其分布关系如下表所示。

分数段	0-59	60-69	70-79	80-89	90-100
比例（%）	5	15	40	30	10

这个问题如果利用哈夫曼树的特征，则可得到如图 6-21（b）所示的判定过程，它使得大部分数据经过较少的比较次数就能得到结果。再将每一框中两次比较改为 1 次，则得到如图 6-21（c）所示的判定树。我们就可按此编制响应的程序。上例中假定有 10 000 个输入数据，若按图 6-21（a）进行判定过程，总共要进行 31 500 次比较，而按图 6-21（c）所示的过程进行计算，则仅需 22 000 次比较。

2. 哈夫曼编码

当前，在主要的远距离通信手段电报通讯中，需要将要传送的文字转换成二进制位 0、1 组成的字符串，才能传送出去，这称为编码。接收方收到一系列 0、1 组成的字符串后，再把它还原成文字，即为译码。

例如，需传送的电文为“ACDACAB”，其间只用到了四个字符，则只需两个字符的串便足以分辨。令“A，B，C，D”的编码分别为 00，01，10，11，则电文的二进制代码串为：00101100100001，总码长 14 位。接收方按两位一组进行分割，便可译码。

但是，在传送电文时，总希望总码长尽可能的短。如果对每个字符设计长度不等的编码，且让电文中出现次数较多的字符采用尽可能短的编码，则传送电文的总长便可减少。上例电文中 A 和 C 出现的次数较多，我们可以再设计一套编码方案，即 A，B，C，D 的编码分别为 0，01，1，11，此时电文“ACDACAB”的二进制代码串为：011101001，总码长为 9 位，显然是缩短了。

但是，接收方收到该代码串后无法进行译码。比如代码串中的“01”是代表 B 还是代表 AC 呢？因此，若要设计长度不等的编码，必须是任一个字符的编码都不是另一个字符的编码的前缀，这种编码称为前缀编码。电话号码就是前缀码，例如 110 是报警电话的号码，其他的电话号码就不能以 110 开头了。

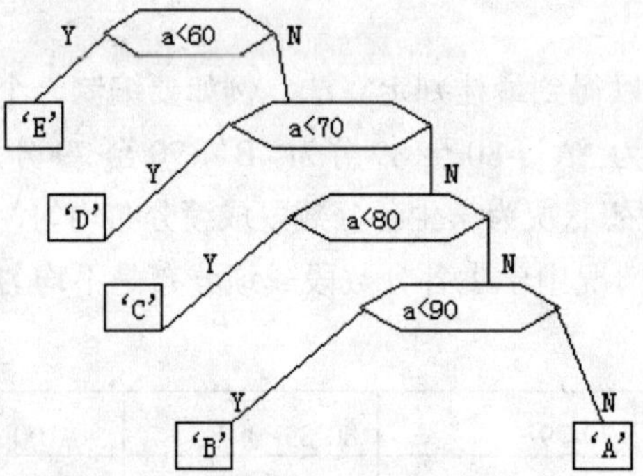

（a）

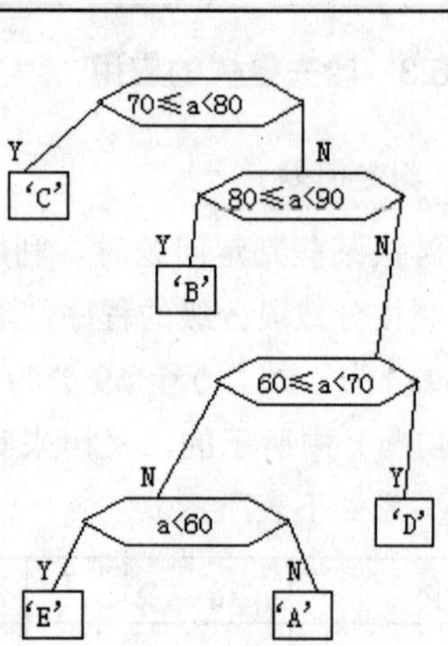

（b）

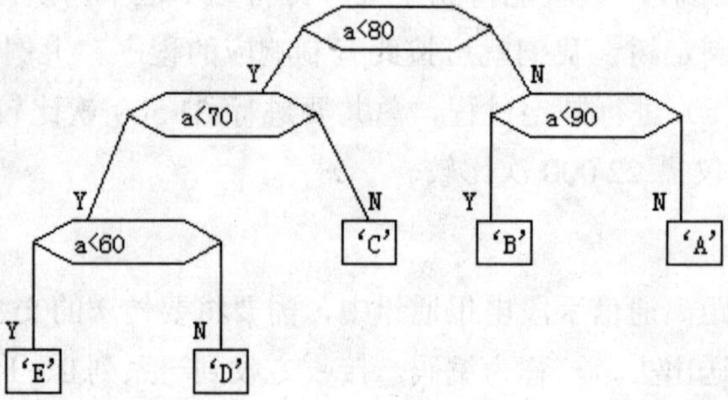

（c）

图 6-21 判断过程

利用哈夫曼树，不仅能构造出前缀码，而且还能使电文编码的总长度最短。方法如下：

假定电文中共使用了 n 种字符，每种字符在电文中出现的次数为 Wi（i=1～n）。以 Wi 作为哈夫曼树叶子结点的权值，用我们前面所介绍的哈夫曼算法构造出哈夫曼树，然后将每个结点的左分支标上“0”，右分支标上“1”，则从根结点到代表该字符的叶子结点之间，沿途路径上的分支号组成的代码串就是该字符的编码。

例如，在电文“ACDACAB”中，A，B，C，D 四个字符出现的次数分别为 3，1，2，1，我们构造一棵以 A，B，C，D 为叶子结点，且其权值分别为 3，1，2，1 的哈夫曼树，按上述方法对分支进行标号，如图 6-22 所示，则可得到 A，B，C，D 的前缀码分别为 0，110，10，111。

此时，电文“ACDACAB”的二进制代码串为：0101110100110。

译码也是根据图 6-20 所示的哈夫曼树实现的。从根结点出发，按代码串中“0”为左子树，“1”为右子树的规则，直到叶子结点。路径扫描到的二进制位串就是叶子结点对应的字符的编码。例如对上述二进制代码串译码：0 为左子树的叶子结点 A，故 0 是 A 的编码；接着 1 为右子树，0 为左子树到叶子结点 C，所以 10 是 C 的编码；接着 1 是右子树，1 继续右子树，1 再右子树到叶子结点 D，所以 111 是 D 的编码，……，如此继续，即可正确译码。

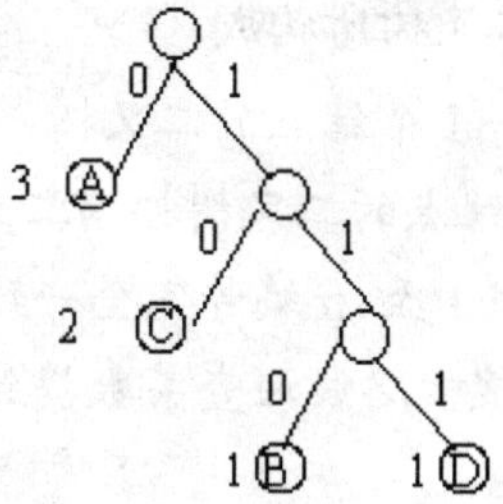

图 6-22　哈夫曼树与分支标号

本章小结

树形结构是一类非常重要的非线性结构，具有十分广泛的用途。本章主要介绍了如下一些基本概念：

树（Tree）：n(n≥0)个结点的有限集。在任意一棵非空树中：有且仅有一个特定的称为根（Root）的结点，该结点没有前驱。当 n>1 时，其余结点可分为 m（m>0）互不相交的有限集 T1,T2,…, Tm,其中每一个集合本身又是一棵树，并且称为根的子树（Subtree）。

结点（node）：树中的元素，包含数据项及若干指向其子树的分支。

结点的度（degree）：结点拥有的子树数。

树的度：树内各结点度的最大值。

叶子（leaf）：度为 0 的结点，又称终端结点。

分支结点：树中度不为 0 的结点，又称非终端结点。

孩子（child）：结点的子树的根称为该结点的孩子。

双亲（parents）：对应上述称为孩子结点的上层结点即为这些结点的双亲。

兄弟（sibling）：同一双亲的孩子之间互为兄弟。

堂兄弟：其双亲在同一层的结点互为堂兄弟。

结点的祖先：从根到该结点所经分支上的所有结点。

结点的子孙：以某结点为根的子树中的任一结点都称为该结点的子孙。

结点的层次（level）：从根开始定义，根为第一层，根的孩子为第二层；若某结点在 l 层，则该结点的子树的根在 l+1 层。

深度（depth）：树中结点的最大层次数。

森林（forest）：是 m（m≥0）棵互不相交的树的集合。对树中每个结点而言，其子树的集合即为森林。

有序树和无序树：如果各子树依次从左到右排列，不可对换，则称该子树为有序树，且把各子树分别称为第一子树，第二子树……；反之，称为无序树。

二叉树： n（n≥0）个结点的有限集，它或为空树（n=0），或由一个根结点和两棵分别称为左子树和右子树的互不相交的二叉树所构成。

满二叉树：深度为h且含有 2^h-1 个结点的二叉树。

完全二叉树：如果一棵有 n 个结点的二叉树按满二叉树方式自上而下、自左而右对它进行编号，若树中所有结点和满二叉树1至 n编号完全一致，则称该树为完全二叉树。

遍历（Traversing）：指循某条搜索路线巡查某数据结构中的结点，而且每个结点只被访问一次。

二叉排序树：或是空树，或是具有下述性质的二叉树：若其左子树非空，则其左子树上的所有结点的数据值均小于根结点的数据值；若其右子树非空，则其右子树上所有结点的数据值均大于或等于根结点的数据值。左子树和右子树又各是一棵二叉排序树。

路径长度：树中一个结点到另一个结点之间分支数目称为这对结点之间的路径长度。

树的路径长度：树的根结点到树中每一结点的路径长度之和。

带权路径长度：从根结点到某结点的路径长度与该结点上权的乘积。

树的带权路径长度：树中所有叶子结点的带权路径长度之和。

哈夫曼树（最优二叉树）:带权路径长度为最小的二叉树。

读者应在掌握以上概念的基础上重点学习对二叉树进行的各种操作及相关算法描述。

习　题　六

1. 已知如图6-24所示的树，请回答下列问题：

（1）哪些结点是叶子结点？

（2）树的度是多少？

（3）找出所有层次为4的结点；

（4）画出该树的不定长结点表示。

2. 给定结点A、B、C，可以构成多少不同形状的树？多少不同形状的二叉树？

3. 请将图 6-24 所示的树转换成一棵二叉树，并分别按先序、中序、后序三种方式遍历之。

4. 若一棵二叉树的先序遍历和中序遍历的结果分别为 ABDEHCFGI 和 DBEHAFCIG，试画出该树。

5. 写出按层次遍历二叉树的方法，同一层次按自左到右的次序。

6. 写出统计一棵二叉树中叶子结点个数的算法。

7. 写出计算一棵二叉树深度的算法。

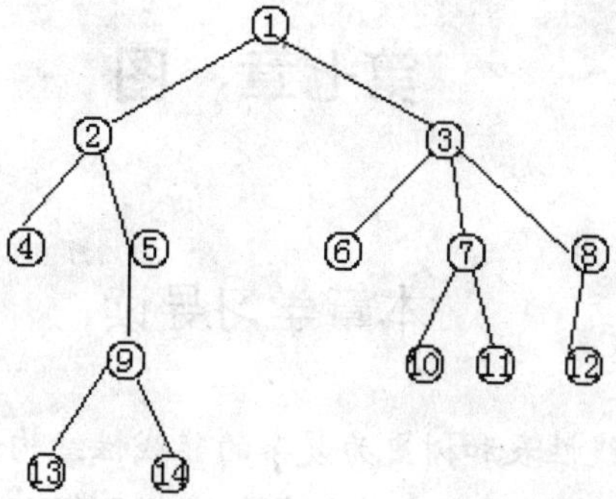

图 6-24　树

8．一份成绩单如下，将其构造成一棵二叉排序树，并写出其中序遍历的结果。

学号	1	2	3	4	5	6	7	8	9
成绩	60.5	47.0	80.3	76.0	90.6	53.2	83.3	93.0	75.5

9．给定一组权值：3，3，7，7，11，13，17，试构造一棵哈夫曼树，并计算出带权路径长度。

10．给定字符串：ABCD BD CB DB ACB，请按此信息构造哈夫曼树，求出每一字符的哈夫曼编码。

第七章 图

本章学习导读

图（Graph）是一种较线性表和树更为复杂的非线性结构。在线性结构中，结点之间的关系是线性关系，除开始结点和终端结点外，每个结点只有一个直接前驱和直接后继。在树形结构中，结点之间的关系实质上是层次关系，同层上的每个结点可以和下一层的零个或多个结点（即孩子）相关，但只能和上一层的一个结点（即双亲）相关（根结点除外）。然而在图结构中，对结点（图中常称为顶点）的前驱和后继个数都是不加限制的，即结点之间的关系是任意的。图中任意两个结点之间都可能相关。由此，图的应用极为广泛，特别是近年来的迅速发展，已渗透到诸如语言学、逻辑学、物理、化学、电讯工程、计算机科学以及数学的其他分支中。

本章首先介绍图的概念，然后介绍图的存储方法及有关图的算法。

7.1 基本定义和术语

图 G 由两个集合 V 和 E 组成，记为 G=(V，E)，其中 V 是顶点的有穷非空集合，E 是 V 中顶点偶对（称为边）的有穷集。通常，也将图 G 的顶点集和边集分别记为 V(G)和 E(G)。E(G)可以是空集，若 E(G)为空，则图 G 只有顶点而没有边，称为空图。

若图 G 中的每条边都是有方向的，则称 G 为有向图（Digraph）。在有向图中，一条有向边是由两个顶点组成的有序对，有序对通常用尖括号表示。例如，$<v_i, v_j>$表示一条有向边，v_i 是边的始点（起点），v_j 是边的终点。因此，$<v_i, v_j>$和$<v_j, v_i>$是两条不同的有向边。有向边也称为弧（Arc），边的始点称为弧尾（Tail），终点称为弧头（Head）。例如，图 7-1 中 G_1 是一个有向图，图中边的方向是用从始点指向终点的箭头表示的，该图顶点集和边集分别为：

$V(G_1)=\{v_1, v_2, v_3\}$

$E(G_1)=\{<v_1, v_2>, <v_2, v_1>, <v_2, v_3>\}$

若图 G 中的每条边都是没有方向的，则称 G 为无向图（Undigraph）。无向图中的边均是顶点的无序对，无序对通常用圆括号表示。因此，无序对(v_i, v_j)和(v_j, v_i)表示同一条边。例如，图 7-1 中的 G_2 和 G_3 均是无向图，它们的顶点集和边集分别为：

$V(G_2)=\{v_1, v_2, v_3, v_4\}$

$E(G_2)=\{(v_1,v_2), (v_1, v_3), (v_1, v_4), (v_2, v_3), (v_2, v_4), (v_3, v_4)\}$

$V(G_3)=\{v_1, v_2, v_3, v_4, v_5, v_6, v_7\}$

$E(G_3)=\{(v_1, v_2), (v_1, v_3), (v_2, v_4), (v_2, v_5), (v_3, v_6), (v_3, v_7)\}$

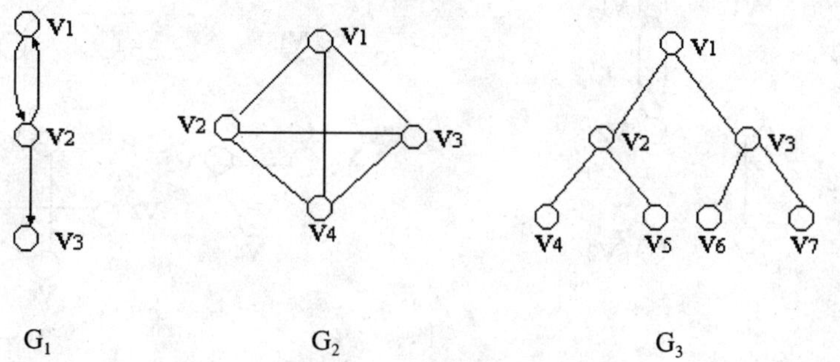

图 7-1　图的示例

在以下的讨论中，我们不考虑顶点到其自身的边，即若(v_1, v_2)或$<v_1, v_2>$是 E(G)中的一条边，则要求 $v_1 \neq v_2$。此外，不允许一条边在图中重复出现。换句话说，我们只讨论简单的图。

在上述规定下，图 G 的顶点数 n 和边数 e 满足下述关系：若 G 是无向图，则 $0 \leqslant e \leqslant n(n-1)/2$；若 G 是有向图，则 $0 \leqslant e \leqslant n(n-1)$。恰好有 n(n-1)/2 条边的无向图称为无向完全图(Undirected Complete Graph)，恰有 n(n-1)条边的有向图称为有向完全图（Directed Complete Graph）。

显然，完全图具有最多的边数，任意一对顶点间均有边相连。例如图 7-1 中的 G_2 是具有 4 个顶点的无向完全图。

若(v_i, v_j)是一条无向边，则称顶点 v_i 和 v_j 互为邻接点（Adjacent），或称 v_i 和 v_j 相邻接；称(v_i, v_j)关联（Incident）于顶点 v_i 和 v_j，或称(v_i, v_j)与顶点 v_i 和 v_j 相关联。如图 7-1 中 G_2，与顶点 v_1 相邻接的顶点是 v_2、v_3 和 v_4，而关联于顶点 v_2 的边是(v_1, v_2)、(v_2, v_3)和(v_2, v_4)。若$<v_i, v_j>$是一条有向边，则称顶点 v_i 邻接到 v_j，顶点 v_j 邻接于顶点 v_I，并称边$<v_I, v_j>$关联于 v_i 和 v_j 或称$<v_i, v_j>$与顶点 v_i 和 v_j 相关联。如图 7-1 中 G_1，关联于顶点 v_2 的边是$<v_1, v_2>$、$<v_2, v_1>$和$<v_2,v_3>$。

无向图中顶点 v 的度（Degree）是关联于该顶点的边的数目，记为 D(v)。若 G 为有向图，则把以顶点 v 为终点的边的数目，称为 v 的入度（Indegree），记为 ID(v)；把以顶点 v 为始点的边的数目，称为 v 的出度（outdegree），记为 OD(v)；顶点 v 的度则定义为该顶点的入度和出度之和，即 D(v)＝ID(v)＋OD(v)。

例如，图 G_2 中顶点 v_1 的度为 3，图 G_1 中顶点 v_2 的入度为 1，出度为 2，度为 3。无论是有向图还是无向图，顶点数 n、边数 e 和度数之间有如下关系：

$$e=\sum_{i=1}^{n} D(v_i)/2$$

设 G＝(V，E)是一个图，若 v′是 v 的子集，E′是 E 的子集，且 E′中的边所关联的顶点均在 v′中，则 G′＝(V′，E′)也是一个图，并称其为 G 的子图（Subgraph）。例如图 7-2 给出了有向图 G_1 的若干子图，图 7-3 给出了无向图 G_2 的若干个子图。

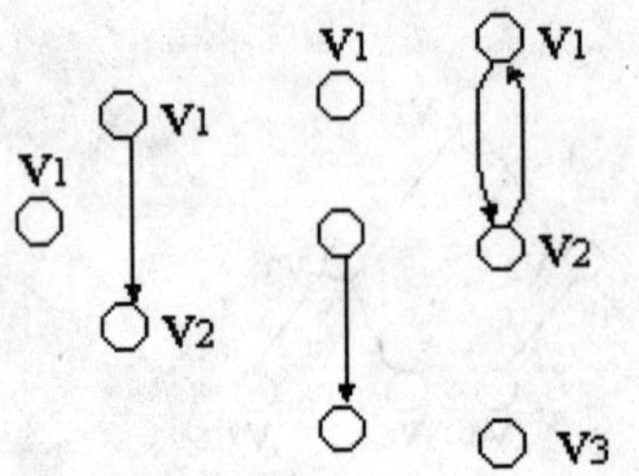

图 7-2　有向图 G_1 的若干子图

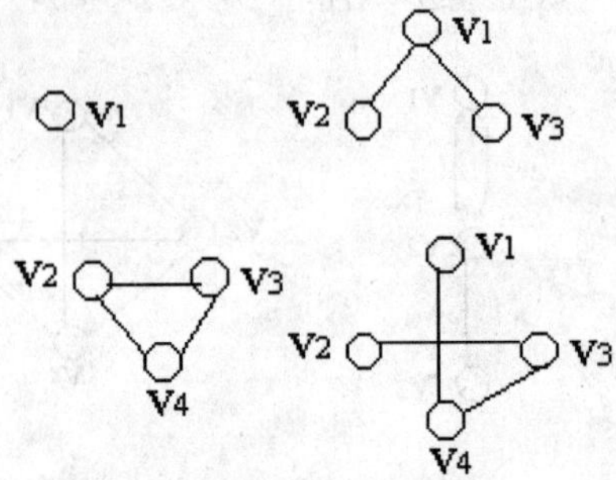

图 7-3　无向图 G_2 的若干个子图

设 $V'=(v_1,\ v_2,\ v_3)$，$E'=\{(v_1,\ v_2),\ (v_2,\ v_4)\}$，显然，$V'\subseteq V(G), E'\subseteq E(G)$，但因为 E 中偶对$(v_2,\ v_4)$所关联的顶点 v_4，不在 V′中，所以(v′，E′)不是图，也就不可能是 G_2 的子图。

在无向图 G 中，若存在一个顶点序列 v_p，v_{i1}，$v_{i2}\ldots$，v_{in}，vq，使得$(v_p,\ v_{i1})$，(v_{i1},v_{i2})，…，$(v_{in},\ v_q)$均属于 E(G)，则称顶点 v_p 到 v_q 存在一条路径(Path)。若 G 是有向图，则路径也是有向的，它由 E(G)中的有向边$<v_p,\ v_{i1}>$，$<v_{i1},\ v_{i2}>$，…，$<v_{in},\ v_q>$组成。路径长度定义为该路径上边的数目。若一条路径上除了 v_p 和 v_q 可以相同外，其余顶点均不相同，则称此路径为一条简单路径。起点和终点相同($v_p=v_q$)的简单路径称为简单回路或简单环（Cycle）。例如，在图 G_2 中顶点序列 v_1,v_2，v_3，v_4 是一条从顶点 v_1 到顶点 v_4 的长度为 3 的简单路径；顶点序列 v_1，v_2，v_4，v_1，v_3 是一条从顶点 v_1 到顶点 v_3 的长度为 4 的路径，但不是简单路径；顶点序列 v_1，v_2，v_4，v_1 是一个长度为 3 的简单环。在有向图 G_1 中，顶点序列 v_1，v_2，v_1 是一个长度为 2 的有向简单环。

在一个有向图中，若存在一个顶点 v，从该顶点有路径可以到达图中其他所有顶点，则称此有向图为有根图，v 称作图的根。

在无向图 G 中，若从顶点 v_i 到顶点 v_j 有路径（当然从 v_j 到 v_i 也一定有路径），则称 v_i 和 v_j 是连通的。若 V(G)中任意两个不同的顶点 v_i 和 v_j 都连通（即有路径），则称 G 为连通图（Connected Graph）。例如，图 G_2 和 G_3 是连通图。

无向图 G 的极大连通子图称为 G 的连通分量（connected Component）。显然，任何连通图的连通分量只有一个，即是其自身，而非连通的无向图有多个连通分量。例如，图 7-4 中的 G_4 是非连通图，它有两个连通分量 H_1 和 H_2。

在有向图 G 中，若对于 V(G)中任意两个不同的顶点 v_i 和 v_j，都存在从 v_i 到 v_j 以及从 v_j 到 v_i 的路径，则称 G 是强连通图。有向图 G 的极大强连通子图称为 G 的强连通分量。显然，强连通图只有一个强连通分量，即是其自身。非强连通的有向图有多个强连通分量。例如图 7-1 中的 G_1 不是强连通图，因为 v_3 到 v_2 没有路径，但它有两个强连通分量，如图 7-5 所示。

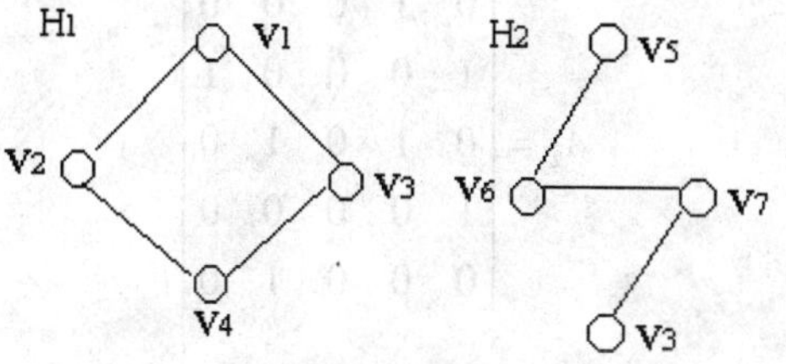

图 7-4　具有两个连通分量的非连通图 G_4

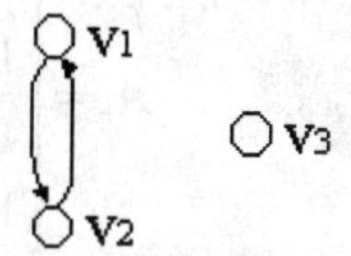

图 7-5　G_1的两个强连通分量

若将图的每条边都赋上一个权，则称这种带权图为**网络**(Network)。通常权是具有某种意义的数，比如，它们可以表示两个顶点之间的距离，耗费等。图 7-6 就是一个网络例子。

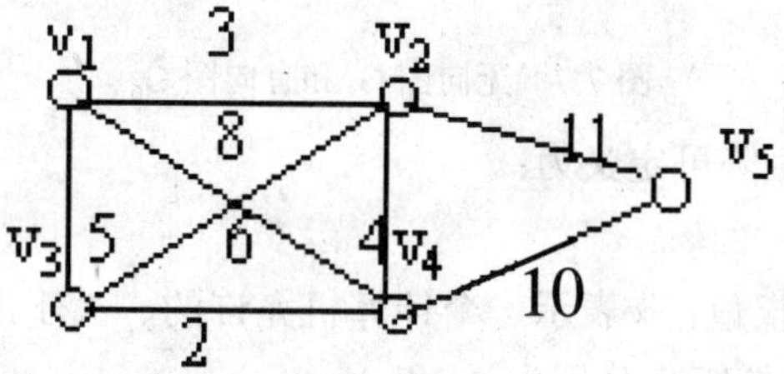

图 7-6　网络示例

7.2　图的存储结构

图的存储表示方法很多，本节仅介绍两种常用的方法，至于具体选择哪一种表示法，主要权决于具体的应用和欲施加的操作。

7.2.1　邻接矩阵

邻接矩阵（Adjacency Matrix）是表示顶点之间相邻关系的矩阵。设 G=(V，E)是具有 n 个顶点的图，则 G 的邻接矩阵是具有如下性质的 n 阶方阵：

$$A[i,j]=\begin{cases}1\text{: 若}(v_i,v_j)\text{或}<v_i,v_j>\text{是}E(G)\text{中的边}\\0\text{: 若}(v_i,v_j)\text{或}<v_i,v_j>\text{不是}E(G)\text{中的边}\end{cases}$$

图 7-7 中的无向图 G_5和有向图 G_6的邻接矩阵分别为 A_1和 A_2。

$$A[i,j]=\begin{cases}w_{ij}; & \text{若}(v_i,v_j)\text{或}<v_i,v_j>\in E(G)\text{。}\\0\text{或}\infty; & \text{若}(v_i,v_j)\text{或}<v_i,v_j>\notin E(G)\text{。}\end{cases}$$

$$A_1=\begin{bmatrix}0&1&1&1\\1&0&1&1\\1&1&0&0\\1&1&0&0\end{bmatrix}\qquad A_2=\begin{bmatrix}0&1&0&0&0\\1&0&0&0&1\\0&1&0&1&0\\1&0&0&0&0\\0&0&0&1&0\end{bmatrix}$$

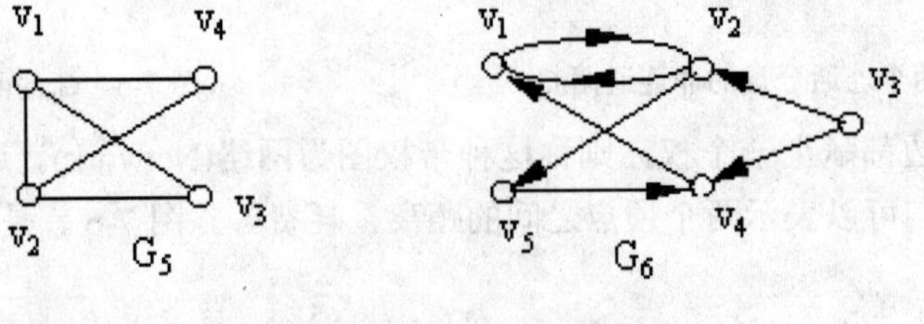

图 7-7　无向图 G_5 和有向图 G_6

若 G 是网络，则邻接矩阵可定义为：

其中，w_{ij} 表示边上的权值；∞表示一个计算机允许的、大于所有边上权值的数。例如，图 7-6 中的带权图的两种邻接矩阵分别为 A_3 和 A_4。

$$A_3=\begin{bmatrix}0&3&5&8&0\\3&0&6&4&11\\5&6&0&2&0\\8&4&2&0&10\\0&11&0&10&0\end{bmatrix}\qquad A_4=\begin{bmatrix}\infty&3&5&8&\infty\\3&\infty&6&4&11\\5&6&\infty&2&\infty\\8&4&2&\infty&10\\\infty&11&\infty&10&\infty\end{bmatrix}$$

用邻接矩阵表示法表示图，除了存储用于表示顶点间相邻关系的邻接矩阵外，通常还需要用一个顺序表来存储顶点信息。其形式说明如下：

```
# define n 6                    /*图的顶点数*/
# define e 8                    /*图的边（弧）数*/
typedef char vextype;           /*顶点的数据类型*/
typedef float adjtype;          /*权值类型*/
typedef struct
{vextype vexs[n];
 adjtype arcs[n][n];
}graph;
```

若图中顶点信息是 0 至 n-1 的编号，则仅需令权值为 1，存储一个邻接矩阵就可以表示图。若是网络，则 adjtype 为权的类型。由于无向图或无向网络的邻接矩阵是对称的，故可采用压缩存储的方法，仅存储下三角阵（不包括对角线上的元素）中的元素即可。显然，邻接矩阵表示法的空间复杂度 $S(n)=O(n^2)$。

下面给出建立一个无向网络的算法。

```
CREATGRAPH(ga)                  /*建立无向网络*/
Graph * ga;
{
int i,j,k;
float w;
for(i=0;i<n;i++ )
ga ->vexs[i]=getchar();                /*读入顶点信息，建立顶点表*/
for(i=0;i<n;i++ )
for(j=0;j<n;j++)
ga ->arcs[i][j]=0;                     /*邻接矩阵初始化*/
for(k=0;k<e;k++)                       /*读入 e 条边*/
(scanf("%d%d%f",&I,&j,&w);             /*读入边(vi,vj)上的权 w */
ga ->arcs[i][j]=w;
ga - >arcs[j][i]=w;
}
}                                      /*CREATGRAPH*/
```

该算法的执行时间是 $O(n+n^2+e)$，其中 $O(n^2)$的时间耗费在邻接矩阵的初始化操作上。因为 $e<n^2$，所以，算法的时间复杂度是 $O(n^2)$。

7.2.2　邻接表

这种表示法类似于树的孩子链表表示法。

对于图 G 中的每个顶点 v_i，该方法把所有邻接于 v_i 的顶点 v_j 链成一个单链表，这个单链表就称为顶点 v_i 的邻接表（Adjacency List）。邻接表中每个表结点均有两个域，其一是邻接点域（Adjvex），用以存放与 v_i 相邻接的顶点 v_j 的序号；其二是链域（Next），用来将邻接表的所有表结点链在一起。并且为每个顶点 v_i 的邻接表设置一个具有两个域的表头结点：一个是顶点域（Vertex），用来存放顶点 v_i 的信息；另一个是指针域（Link），用于存入指向 v_i 的邻接表中第一个表结点的头指针。为了便于随机访问任一顶点的邻接表，将所有邻接表的表头结点顺序存储在一个向量中，这样，图 G 就可以由这个表头向量来表示。

显然，对于无向图而言，v_i 的邻接表中每个表结点都对应于与 v_i 相关联的一条边；对于有向图来说，v_i 的邻接表中每个表结点都对应于以 v_i 为始点射出的一条边。因此，我们将无向图的邻接表称为边表，将有向图邻接表称为出边表，将邻接表的表头向量称为顶点表。例如，对于图 7-7 中的无向图 G_5，其邻接表表示如图 7-8 所示，其中顶点 v_1 的邻接表上三个表结点中的顶点序号分别为 2、3 和 4，它们分别表示关联于 v_1 的三条边(v_1, v_2)，(v_1, v_3)和(v_1, v_4)。而有向图 G_6 的邻接表表示如图 7-9（a）所示，其中顶点 v_2 的邻接表上两个表结点中的顶点序号分别为 1 和 5，它们分别表示从 v_2 射出的两条边(v_2, v_1)和(v_2, v_5)。

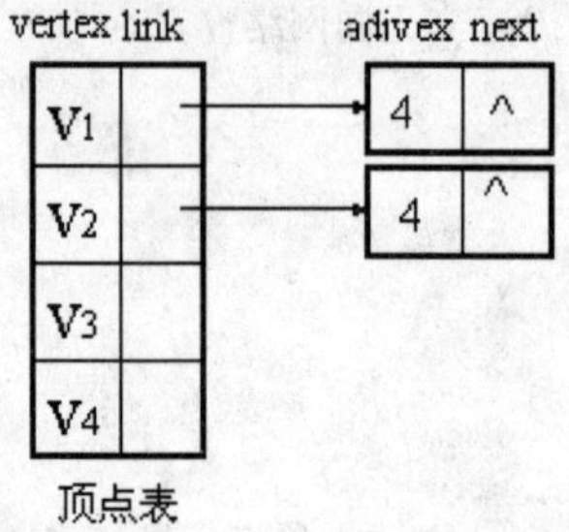

图 7-8　无向图 G_5 的邻接表表示

有向图还有一种称为逆邻接表表示法，该方法为图中每个顶点 v_i 建立一个入边表，入边表中的每个表结点均对应一条以 v_i 为终点（即射入 v_I）的边。例如，G_6 的逆邻接表如图 7-9（b）所示，其中 v_1 的入边表上两个表结点 2 和 4 分别表示射入 v_1 的两条边$<v_2, v_l>$和$<v_4, v_l>$。

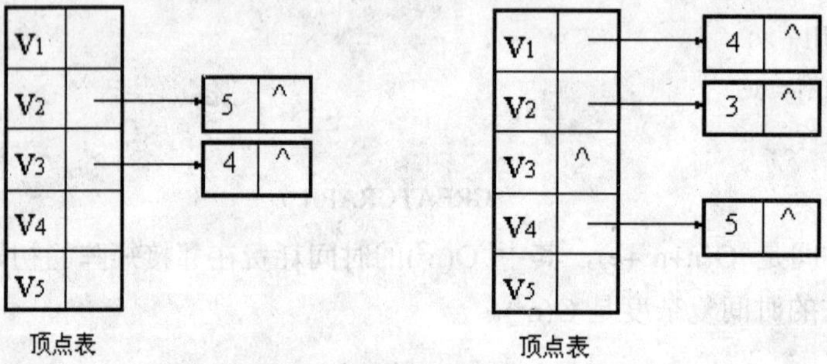

（a）G_6 的邻接表　　　　（b）G_6 的逆邻接表

图 7-9　有向图 G_6 的邻接表表示

下面我们给出邻接表的形式说明及其建立算法：

```
typedef struct node
{int adjvex;                    /*邻接点域*/
struct node * next;             /*链域*/
}edgenode;                      /*边表结点*/
typedef struct
{vextype vertex;                /*顶点信息*/
edgenode link;                  /*边表头指针*/
}vexnode;                       /*顶点表结点*/
vexnode ga[n];

CREATADJLIST(ga)                /*建立无向图的邻接表*/
```

```
Vexnode ga[ ];
{int i,j,k;
edgenode * s;
for(i=o;i<n;i++＝                     /*读入顶点信息*/
(ga[i].vertex＝getchar();
ga[i].1ink＝NULL;                      /*边表头指针初始化*/
}
for(k＝0;k<e;k++＝                     /*建立边表*/
{scanf(”%d%d”,&i,&j);                  /*读入边(vi , vj)的顶点对序号*/
s＝malloc(sizeof(edgenode));           /*生成邻接点序号为 j 的表结点*s   */
s-> adjvex＝j;
s- - >next：＝ga[i].Link;
ga[i].1ink＝s;                         /*将*s 插入顶点 vi 的边表头部*/
s＝malloc(size0f(edgende));            /*生成邻接点序号为 i 的边表结点*s */
s ->adjvex＝i;
s ->next＝ga[j].1ink;
ga[j].1ink＝s;                         /*将*s 插入顶点 vj 的边表头部*/
}
}                                      /* CREATADJLIST */
```

显然该算法的时间复杂度是 O(n+e)。建立有向图的邻接表与此类似，只是更加简单，每读入一个顶点对序号<i，j>时，仅需生成十个邻接点序号为 j 的边表结点，将其插入到 v_i 的出边表头部即可。若建立网络的邻接表，则需在边表的每个结点中增加一个存储边上权的数据域。

值得注意的是，一个图的邻接矩阵表示是唯一的，但其邻接表表示不唯一，这是因为邻接表表示中，各边表结点的链接次序取决于建立邻接表的算法以及边的输入次序。

邻接矩阵和邻接表是图的两种最常用的存储结构，它们各有所长。下面从空间及执行某些常用操作的时间这两方面来作一比较。

在邻接表（或逆邻接表）表示中，每个边表对应于邻接矩阵的一行（或一列），边表中结点个数等于一行（或一列）中非零元素的个数。对于一个具有 n 个顶点 e 条边的图 G，若 G 是无向图，则它的邻接表表示中有 n 个顶点表结点和 2e 个边表结点；若 G 是有向图，则它的邻接表表示或逆邻接表表示中均有 n 个顶点表结点和 e 个边表结点。因此邻接表或逆邻接表表示的空间复杂度为 S(n，e)＝O(n+e)。若图中边的数目远远小于 n^2（即 $e<<n^2$），此类图称作稀疏图(Sparse Graph)，这时用邻接表表示比用邻接矩阵表示节省存储空间；若 e 接近于 n^2（准确地说，无向图 e 接近于 n(n-1)/2，有向图 e 接近于 n(n-1)），此类图称作稠密图（Dense Graph），考虑到邻接表中要附加链域，则应取邻接矩阵表示法为宜。

在无向图中求顶点的度，邻接矩阵及邻接表两种存储结构都很容易做到：邻接矩阵中第 i 行（或第 i 列）上非零元素的个数即为顶点 v_i 的度。在邻接表表示中，顶点 v_i 的度则是第 i 个边表中的结点个数。在有向图中求顶点的度，采用邻接矩阵表示比邻接表表示更方便：邻接矩阵中的第 i 行上非零元素的个数是顶点 v_i 的出度 $OD(v_i)$，第 i 列上非零元素的个数是顶点 v_i 的入度 $ID(v_i)$，顶点 v_i 的度即是二者之和；在邻接表表示中，第 i 个边表(即出边表)上的结点个数是顶点 v_i 的出度，求 v_i 的入度较困难，需遍历各顶点的边表。若有向图采用逆邻接表表示，则与邻接表表示相反，求顶点的入度容易，而求顶点出度较难。

在邻接矩阵表示中，很容易判定(v_i, v_j)或$<v_i, v_j>$是否是图的一条边，只要判定矩阵中的第 i 行第 j 列上的那个元素是否为零即可；但是在邻接表表示中，需扫描第 i 个边表，最坏情况下要耗费 O(n)时间。

在邻接矩阵中求边的数目 e，必须检测整个矩阵，所耗费的时间是 $O(n^2)$，与 e 的大小无关；而在邻接表表示中，只要对每个边表的结点个数计数即可求得 e，所耗费的时间是 O(e+n)。因此，当 $e<<n^2$ 时，采用邻接表表示更节省时间。

7.3 图的遍历

和树的遍历类似，图的遍历也是从某个顶点出发，沿着某条搜索路径对图中所有顶点各作一次访问。若给定的图是连通图，则从图中任一顶点出发顺着边可以访问到该图的所有顶点。然而，图的遍历比树的遍历复杂得多，这是因为图中的任一顶点都可能和其余顶点相邻接，故在访问了某个顶点之后，可能顺着某条回路又回到了该顶点。为了避免重复访问同一个顶点，必须记住每个顶点是否被访问过。为此，可设置一个布尔向量 visited[n]，它的初值为 false，一旦访问了顶点 v_i，便将 visited[i-1]置为 TRUE。

根据搜索路径的方向不同，有两种常用的遍历图的方法是深度优先搜索遍历和宽度优先搜索遍历。

7.3.1 深度优先搜索法

深度优先搜索（Depth-First-Search）遍历类似于树的前序遍历。假设给定图 G 的初态是所有顶点均未访问过，在 G 中任选一顶点 v_i 为初始出发点，则深度优先搜索可定义如下：首先，访问出发点 v_i，并将其标记为已访问过，然后，依次从 v_i 出发搜索 v_i 的每一个邻接点 v_j，若 v_j 未曾访问过，则以 v_j 为新的出发点继续进行深度优先搜索。

显然上述搜索法是递归定义的，它的特点是尽可能先对纵深方向进行搜索，故称之为深度优先搜索。例如，设 x 是刚访问过的顶点，按深度优先搜索方法，下一步将选择一条从 x 出发的未检测过的边(x，y)。若发现顶点 y 已被访问过，则重新选择另一条从 x 出发的未检测过的边。若发现顶点 y 未曾访问过，则沿此边从 x 到达 y，访问 y 并将其标记为已访问过，然后从 y 开始搜索，直到搜索完从 y 出发的所有路径，才回溯到顶点 x，然后再选择一条从 x

出发的未检测过的边。上述过程直至从 x 出发的所有边都已检测过为止。此时，若 x 不是初始出发点，则回溯到在 x 之前被访问过的顶点；若 x 是初始出发点，则整个搜索过程结束。显然这时图 G 中所有和初始出发点有路径相通的顶点都已被访问过。因此，若 G 是连通图，则从初始出发点开始的搜索过程结束，也就意味着完成了对图 G 的遍历。

因为深度优先搜索是递归定义的，故很容易写出其递归算法，下面分别以邻接矩阵和邻接表作为图的存储结构给出具体算法，算法中 g、g1 和 visited 为全程量，visited 的各分量初始值均为 FALSE。

```
int visited[n]                /*定义布尔向量 visitd 为全程量*/
Graph g;                      /*图 g 为全程量*/

DFS(i)                        /*从 Vi+1 出发深度优先搜索图 g，g 用邻接矩阵表示*/
int i;
{ int j;
  printf("node：%c\n", g.vexs[i]);      /*访问出发点 vi+1 */
  Visited[i]=TRUE;                       /*标记 vi+1 已访问过*/
  for (j=0;j<n;j++)                      /*依次搜索 vi+1 的邻接点*/
    if((g.arcs[i][j]==1)  &&(! visited[j]))
        DFS(j);             /*若 Vi+1 的邻接点 vj+1 未曾访问过，则从 vj+1 出发进行深度优先搜
索*/
}                             /*DFS*/
vexnode gl[n]                 /*邻接表全程量*/

DFSL(i)                       /*从 vi+1 出发深度优先搜索图 g1，g1 用邻接表表示*/
int i;
{ int j;
  edgenode * p;
  printf("node：%C\n" ,g1[i].vertex);
  vistited[i]=TRUE;
  p=g1[i].1ink;                      /*取 vi+1 的边表头指针*/
  while(p !=NULL)                    /*依次搜索 vi+1 的邻接点*/
  {
   if(! Vistited[p ->adjvex])
   DFSL(p - >adjvex);           /*从 vi+1 的未曾访问过的邻接点出发进行深度优先搜索*/
   p=p - >next;                      /*找 vi+1 的下一个邻接点*/
  }
```

```
}                                   /* DFSL */
```

对图进行深度优先搜索遍历时，按访问顶点的先后次序所得到的顶点序列，称为该图的深度优先搜索遍历序列，简称 DFS 序列。一个图的 DFS 序列不一定唯一，它与算法、图的存储结构以及初始出发点有关。在 DFS 算法中，当从 v_i 出发搜索时，是在邻接矩阵的第 i 行中从左至右选择下一个未曾访问过的邻接点作为新的出发点，若这种邻接点多于一个，则选中的是序号较小的那一个。因为图的邻接矩阵表示是唯一的，故对于指定的初始出发点，由 DFS 算法所得的 DFS 序列是唯一的。例如，对图 7-10（a）所示的连通图 G_7，其邻接矩阵见表 7-1。

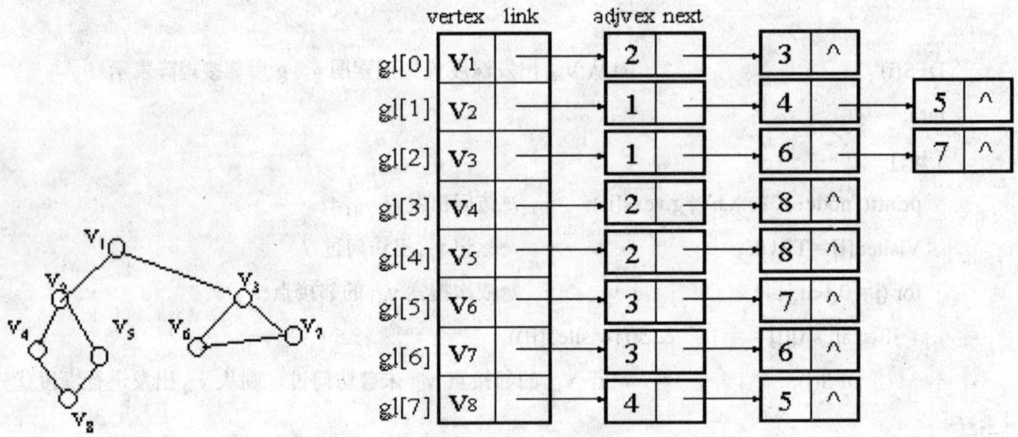

（a）G_7　　　　（b）G_7 的邻接表

图 7-10　无向图 G_7 及其邻接表

表 7-1　G_7 的邻接矩阵

$$
\begin{bmatrix}
0 & 1 & 1 & 0 & 0 & 0 & 0 & 0 \\
1 & 0 & 0 & 1 & 1 & 0 & 0 & 0 \\
1 & 0 & 0 & 0 & 0 & 1 & 1 & 0 \\
0 & 1 & 0 & 0 & 0 & 0 & 0 & 1 \\
0 & 1 & 0 & 0 & 0 & 0 & 0 & 1 \\
0 & 0 & 1 & 0 & 0 & 0 & 1 & 0 \\
0 & 0 & 1 & 0 & 0 & 1 & 0 & 0 \\
0 & 0 & 0 & 1 & 1 & 0 & 0 & 0
\end{bmatrix}
$$

在该存储结构上执行 DFS 算法的过程如下：设初始出发点是 v_1，则 DFS（0）的执行结果是访问 v_1，将其置上已访问标记，从 v_1 搜索到的第 1 个邻接点是 v_2，因 v_2 未曾访问过，故调用 DFS(1)。执行 DFS(1)，首先访问 v_2，将其标记为已访问过，然后从 v_2 搜索到的第 1

个邻接点是 v_1，但 v_1 已访问过，故继续搜索到第 2 个邻接点 v_4，v_4 未曾访过，因此调用 DFS(3)。类似地分析，访问 v_4 后调用 DFS(7)，访问 v 后调用 DPS(4)。执行 DFS(4)时，在访问 v_5 并作标记后，从 v_5 搜索到的两个邻接点依次是 v_2 和 v_8，因为它们均已被访问过，所以 DFS(4)执行结束返回，回溯到 v_8。又因为 v_8 的两个邻接点已搜索过，故 DFS(7)亦结束返回，回溯到 v_4。类似地由 v_4 回溯到 v_2。V_2 的邻接点 v_1 和 v_4 已搜索过，但 v_2 的第 3 个邻接点 v_5 还尚未搜索，故接下来由 v_2 搜索到 v_5，但因为 v_5 已访问过，所以 DFS(1)也结束返回，回溯到 v_1。v_1 的第 1 个邻接点已搜索过，故继续从 v_1 搜索到第 2 个邻接点 v_3，因为 v_3 未曾访问过，故调用 DFS(2)。类似地依次访问 v_3，v_6，v_7 后，又由 v_7 依次回溯到 v_6，v_3，v_1。此时，v_1 的所有邻接点都已搜索过，故 DFS(0)执行完毕。

图 7-11 给出了 DFS(0)的执行过程，图中的包络线是执行该算法的搜索路线，搜索路径第一次经过某顶点 v_i 时表示调用 DFS(i-1)，以后各次经过 v_i 时表示回溯到 v_I。图中两顶点之间的连线表示搜索时所经过的边。沿搜索路线将途中所有第一次经过的顶点列表即得图的 DFS 序列，例如图 7-11 对应的 DFS 序列是：

$v_1,v_2,v_4,v_8,v_5,v_3,v_6,v_7$

因为图的邻接表表示不唯一，故对于指定的初始出发点，由算法 DFSL 所得到的 DFS 序列也不唯一，它取决于邻接表表示中边表结点的链接次序。

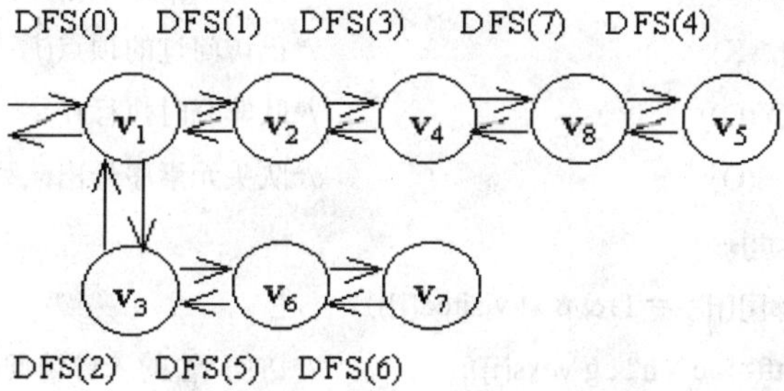

图 7-11　对图进行深度优先遍历时的 DFS（0）

对于具有 n 个顶点 e 条边的连通图，算法 DFS 和 DFSL 均递归调用 n 次。在每次递归调用时，除访问顶点及做标记外，主要时间耗费在从该顶点出发搜索它的所有邻接点。用邻接矩阵表示图时，搜索一个顶点的所有邻接点需花费 O(n)时间来检查矩阵相应行中所有的 n 个元素，故从 n 个顶点出发搜索所需的时间是 $O(n^2)$，即 DFS 算法的时间复杂度是 $O(n^2)$。用邻接表表示图时，搜索 n 个顶点的所有邻接点即是对各边表结点扫描一遍，故算法 DFSL 的时间复杂度为 O(n+e)。算法 DFS 和 DFSL 所用的辅助空间是标志数组和实现递归所用的栈，故它们的空间复杂度为 O(n)。

7.3.2　宽度优先搜索法

宽度优先搜索（Breadth-First-Search）遍历类似于树的按层次遍历。设图 G 的初态是所有顶点均未访问过，在 G 中任选一顶点 2 为初始出发点，则宽度优先搜索的基本思想是：首先访问出发点 V_i，接着依次访问 v_i 的所有邻接点 w_1，w_2，…，w_t，然后，再依次访问与 w_1，w_2，…，w_t 邻接的所有未曾访问过的顶点，依此类推，直至图中所有和初始出发点 v 有路径相通的顶点都已访问到为止。此时，从 v_i 开始的搜索过程结束，若 G 是连通图则遍历完成。

显然，上述搜索法的特点是尽可能先对横向进行搜索，故称之为宽度优先搜索。设 x 和 y 是两个相继被访问过的顶点，若当前是以 x 为出发点进行搜索，则在访问 x 的所有未曾访问过的邻接点之后，紧接着是以 y 为出发点进行横向搜索，并对搜索到的 y 的邻接点中尚未被访问的顶点进行访问。也就是说，先访问的顶点其邻接点亦先被访问。为此，需引进队列保存已访问过的顶点。现在，我们以邻接矩阵和邻接表作为图的存储结构，分别给出宽度优先搜索算法。

```
BFS(k)  /＊从 vk+1 出发宽度优先搜索图 g，g 用邻接矩阵表示，visited 为访问标志向量*/
int k;
{ int i,j;
  SETNULL(Q);                                   /*置空队 Q */
  printf("%c\n", g.vexs[k]);                    /*访问出发点 vk+1*x/
  visited[k]=TRUE;                              /*标记 vk+1 已访问过*/
  ENQUEUE(Q，K);                                /*已访问过的顶点(序号)入队列*/
  While(!EMPTY(Q))                              /*队非空时执行*/
  {i=DEQUEUE(Q);                                /*队头元素序号出队列*/
     for(j=0;j<n;j++)
        if((g.arcs[i][j]==1)&&(! visited[j]))
          {printf("%c\n", g.vexs[j]);           /*访问 vi+1 的未曾访问的邻接点 vj+1 */
           visited[j]=TRUE;
           ENQUEUE(Q,j);                        /*访问过的顶点入队*/
     }
  }
}                                               /* BFS */
BFSL(k)            /*从 vk+1 出发宽度优先搜索图 g1，g1 用邻接表表示*/
int k
{ int i;
  edgenode * p;
  SETNULL(Q);
  printf("%c\n", g1[k].vertex);
  visited[k]=TRUE;
```

```
        ENQUEUE(Q,k);
        while(! EMPTY(Q));
        { i=DEQUEUE(Q);
          p=g1[i].1ink                      /*取 v_{i+1} 的边表头指针*/
          while(p !=NULL)                   /*依次搜索 v_{i+1} 的邻接点*/
          { if( ! visited[p - >adjvex])      /*访问 v_{i+1} 的未访问的邻接点*/
              { printf{"%c \ n" , g1[p - >adjvex].vertex};
                visited[p - >adjvex]=TRUE;
                ENQUEUE(Q,p - >adjvex);     /*访问过的顶点入队*/
              }
            p=p - >next;                    /*找 v_{i+1} 的下一个邻接点*/
          }
        }
        }                                   /*BFSL*/
```

和定义图的 DFS 序列类似，我们可将宽度优先搜索遍历图所得的顶点序列，定义为图的宽度优先搜索遍历序列，简称 BFS 序列。一个图的 BFS 序列也不是唯一的，它与算法、图的存储结构及初始出发点有关。例如，对于表 7-1 所示的无向图 G_7，BFS（0）的执行过程是首先访问出发点 v_1，并将顶点 v_1 的序号 0 入队，第一个出队的元素序号是 0，从 v_1 出发搜索到两个邻接点依次是 v_2 和 v_3，对它们进行访问并将其序号入队；第二个出队的元素序号是 1，从 v_2 出发搜索到的邻接点依次是 v_1,v_4 和 v_5，对其中未曾访问过的顶点 v_4 和 v_5 进行访问并将其序号入队；第三个出队的元素序号是 2，访问 v_3 的邻接点 v_6 和 v_7 并将序号 5 和 6 入队；第四个出队的元素序号是 3，访问 v_4 的邻接点 v_8 并将 7 入队；以后依次出队的元素是 v_5、v_6、v_7 和 v_8 的序号，因为从这些顶点出发搜索到的邻接点均已访问过，故没有元素入队了，因此，当 7 出队后队列为空，搜索过程结束。

由此得到的 BFS 序列是：

$V_1,V_2,V_3,V_4,V_5,V_6,V_7,V_8$

若图的存储结构如图 7-10(b)所示，则由 BFSL(0)得到的 BFS 序列是：

$V_1,V_3,V_2,V_7,V_6,V_5,V_4,V_8$

对于具有 n 个顶点和 e 条边的连通图，因为每个顶点均入队一次，所以算法 BFS 和 BFSL 外循环次数为 n。算法 BFS 的内循环是 n 次，故算法 BFS 的时间复杂度为 O（n^2）。算法 BFSL 的内循环次数取决于各顶点的边表结点个数，内循环执行的总次数是边表结点的总个数 2e，故算法 BFSL 的时间复杂度是 O(n+e)。算法 BFS 和 BFSL 所用的辅助空间是队列和标志数组，故它们的空间复杂度为 O(n)。

7.4 最小生成树

在图论中，常常将树定义为一个无回路连通图。例如，图 7-12 中的两个图就是无回路的连通图。乍一看它们似乎不是树，但只要选定某个顶点做根，以树根为起点对每条边定向，就能将它们变为通常的树。

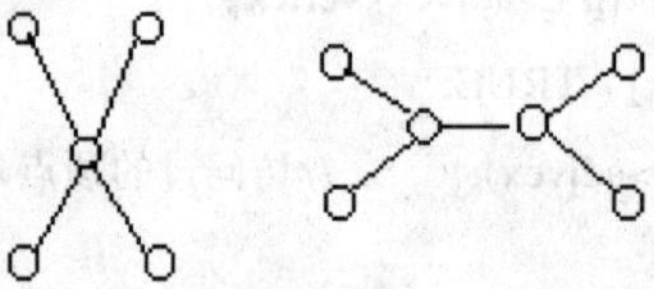

图 7-12　两个无回路的连通图

连通图G的一个子图如果是一棵包含G的所有顶点的树，则该子图称为G的生成树（Spanning Tree）。由于 n 个顶点的连通图至少有 n-l 条边，而所包含 n-1 条边及 n 个顶点的连通图都是无回路的树，所以生成树是连通图的极小连通子图。所谓极小是指边数最少，若在生成树中去掉任何一条边，都会使之变为非连通图，若在生成树上任意添加一条边，就必定出现回路。

对给定的连通图，如何求得其生成树呢？

设图 G=(V，E)是一个具有 n 个顶点的连通图，则从 G 的任一顶点出发，作一次深度优先搜索或广度优先搜索，就可将 G 中的所有 n 个顶点都访问到。显然，在这两种搜索方法中，从一个已访问过的顶点 vi 搜索到一个未曾访问过的邻接点 vj，必定要经过 G 中的一条边(vi,vj)。而两种方法对图中的 n 个顶点都仅访问过一次，因此，除初始出发点外，对其余 n-1 个顶点的访问一共要经过 G 中的 n-l 条边，这 n-l 条边将 G 中的 n 个顶点连接成 G 的极小连通子图，所以，它是 G 的一棵生成树。

回顾一下算法 DFS（或 DFSL）可知，当 DFS（i-1）直接调用 DFS（j-1）时，v_i 是已访问过的顶点，v_j 是邻接于 v_i 的、未曾访问过且正待访问的顶点。因此，只要在 DFS 算法的 if 语句中，在递归调用语句 DFS 之前插入适当的语句，将边(v_i,v_j)打印或保存起来，即可得到求生成树的算法。

类似地，在算法 BFS（或 BFSL）中，若当前出队的元素是 v_i，待入队的元素是 v_j,则 v_i 是已访问过的顶点，v_j 是待访问而未曾访问过的、邻接于 V_i 的顶点。因而也只要在 BFS 算法的 if 语句中插入适当语句，即可得到求生成树的算法。

通常，由深度优先搜索得到的生成树称为深度优先生成树，简称为 DFS 生成树；由广度优先搜索得到的生成树称为广度优先生成树，简称为 BFS 生成树。例如，从图 G_7 的顶点 v_1 出发所得的 DFS 生成树和 BFS 生成树，如图 7-13 所示。

上面给出的生成树定义是从连通图的观点出发、针对无向图而言的。由于从图的遍历可求得生成树，因此我们也可以将生成树定义为：若从图的某顶点出发，可以系统地访问到图中所有顶点，则遍历时经过的边和图的所有顶点所构成的子图，称作该图的生成树。此定义不仅仅适用于无向图，对有向图同样适用。显然，若 G 是强连通的有向图，则从其中任一顶点 v 出发，都可以访问图 G 中的所有顶点，从而得到以 v 为根的生成树。若 G 是有根的有向图，设根为 v，则从根 v 出发也可以完成对 G 的遍历，因而也能得到 G 的以 v 为根的生成树。例如，图 7-14（a）是以 v_1 为根的有向图，它的 DFS 生成树和 BFS 生成树分别如图 7-14（b）和（c）所示。

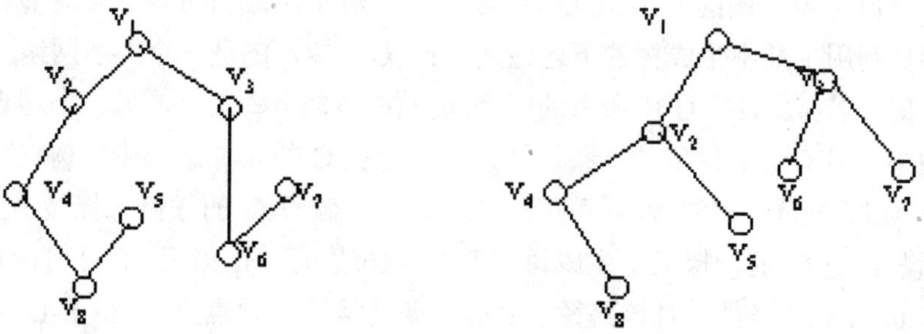

（a）DFS 生成树　　　　（b）BFS 生成树

图 7-13　图 G_7 的 DFS 和 BFS 生成树

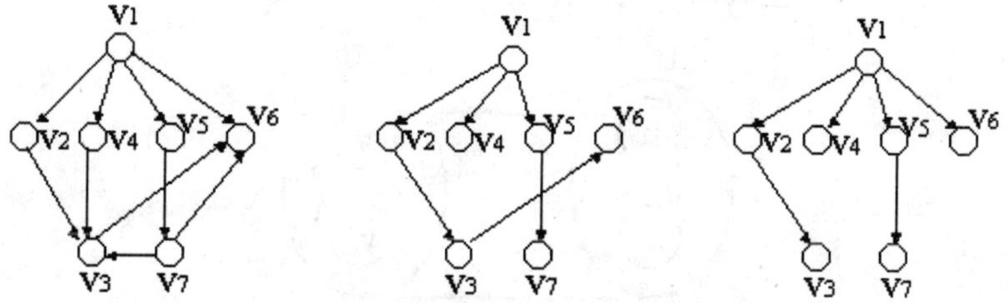

（a）以 V_1 为根据的有向图　　（b）DFS 生成树　　（c）BFS 生成树

图 7-14　有向图及其生成树

若 G 是非连通的无向图，则要若干次从外部调用 DFS（或 BFS）算法，才能完成对 G 的遍历。每一次外部调用，只能访问到 G 的一个连通分量的顶点集，这些顶点和遍历时所经过的边构成了该连通分量的一棵 DFS（或 BFS）生成树。G 的各个连通分量的 DFS（或 BFS）生成树组成了 G 的 DFS（或 BFS）生成森林。类似地，若 G 是非强连通的有向图，且初始出发点又不是有向图的根，则遍历时一般也只能得到该有向图的生成森林。

图的生成树不是唯一的，从不同的顶点出发进行遍历，可以得到不同的生成树。对于连通网络 G=(V，E)，边是带权的，因而 G 的生成树的各边也是带权的。我们把生成树各边的权值总和称为生成树的权，并把权最小的生成树称为 G 的最小生成树（Minimun Spanning Tree）。

生成树和最小生成树有许多重要的应用。令图 G 的顶点表示城市，边表示连接两个城市之间的通讯线路。n 个城市之间最多可设立的线路有 n(n-1)/2 条，把 n 个城市连接起来至少要有 n-1 条线路，则图 G 的生成树表示了建立通讯网络的可行方案。如果给图中的边都赋予权，而这些权可表示两个城市之间通讯线路的长度或建造代价，那么，如何选择 n-1 条线路，使得建立的通讯网络其线路的总长度最短或总代价最小呢？这就要构造该图的一棵最小生成树。

以下我们只讨论无向图的最小生成树问题。构造最小生成树可以有多种算法，其中大多数构造算法都是利用了最小生成树的下述性质：设 G＝(V，E)是一个连通网络，U 是顶点集 V 的一个真子集。若(u，v)是 G 中所有的一个端点在 U(即 u∈U)里、另一个端点不在 U(即 v∈V-U)里的边中，具有最小权值的一条边，则一定存在 G 的一棵最小生成树包含此边(u，v)。这个性质称为 MST 性质。MST 性质可用反证法证明。假设 G 的任何一棵最小生成树中都不含边(u，v)，设 T 是 G 的一棵最小生成树，但不包含边(u，v)。由于 T 是树，且是连通的，因此有一条从 u 到 v 的路径，且该路径上必有一条连接两个顶点集 U 和 V-U 的边(u′，v′)，其中 u′∈U，v′∈V-U，否则 u 和 v 不连通。当把边(u，v)加入树 T 时，得到一个含有边(u，v)的回路，见图 7-15。删去边(u′，v′)，上述回路即被消除，由此得到另一棵生成树 T′，T′和 T 的区别仅在于用边(u，v)取代了 T 中的边(u′，v′)。因为(u，v)的权<(u′，v′)的权，故 T′的权<T 的权，因此 T′也是 G 的最小生成树，它包含边(u，v)，与假设矛盾!

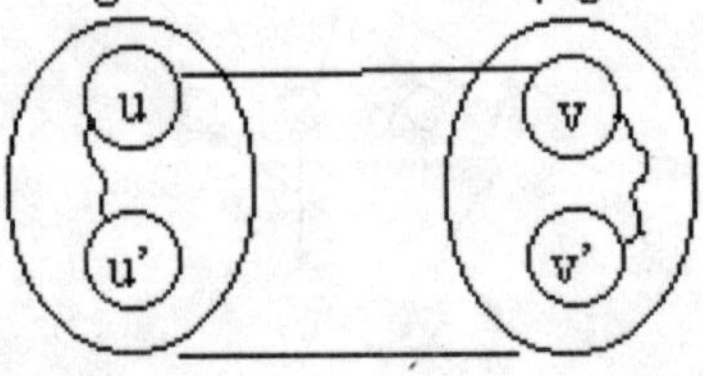

图 7-15 包含边（u,v）的回路

如何利用 MST 性质来构造最小生成树呢?本节介绍构造它的普里姆（Prim）算法和克鲁斯卡尔(Kruskar)算法，我们先介绍 Prim 算法。

假设 G＝(V，E)是连通网络，为简单起见，我们用序号 1 至 n 来表示顶点集合，即 v＝{1，2，…，n}。设所求的最小生成树为 T＝(U，TE)，其中 U 是 T 的顶点集，TE 是 T 的边集。并且将 G 中边上的权看做是长度。

Prim 算法的基本思想是首先从 v 中任取一个顶点 u_0，将生成树 T 置为仅有一个结点 u_0 的树，即置 U＝{u_0}。然后只要 U 是 V 的真子集，就在所有那些其一个端点 u 已在 T(即 u∈U)、另一个端点 v 还未在 T（即 v∈V - U）的边中，找一条最短（即权最小）的边(u，v)，并把该条边(u，v)和其不在 T 中的顶点 v，分别并入 T 的边集 TE 和顶点集 U。如此进行下去，每次往生成树里并入一个顶点和一条边，直到把所有顶点都包括进生成树 T 为止。此时，必有 U＝V，TE 中有 n-1 条边。MST 性质保证上述过程求得的 T＝(U，TE)是 G 的一棵最小生成树。

显然，Prim 算法的关键是如何找到连接 U 和 V-U 的最短边来扩充生成树 T。为直观解释方便，设想在构造过程中，T 的顶点集 U 中顶点和边集 TE 中的边均被涂成红色，U 之外的顶点集 V-U 中的顶点均被涂成蓝色，连接红点和蓝点的边均被涂成紫色，那么最短紫边就是连接 U 和 V-U 的最短边。

设当前生成的 T 中有 k 个顶点，则当前的紫边数目是 k(n-k)（若两项点间没有边，则设想这两个顶点间有一条长度为无穷大的虚拟边）。从如此大的紫边集中选取最短紫边显然是不适宜的，因此，必须构造一个较小的候选紫边集，且保证最短紫边属于该候选集。事实上，对于每一个蓝点，从该蓝点到各红点的紫边中，必存在一条最短的紫边，我们只要将所有 n-k 个蓝点所关联的最短紫边作为候选集，就必定能保证所有紫边中最短的紫边属于该候选集。

于是，扩充 T 就是把从候选集中选出的最短紫边(u，v)连同蓝点 v 涂成红色，加入 T 中。此时，因为 v 由蓝点变为红点，对每一个剩余的蓝点 j，边(v，j)就由非紫边变成了紫边，这就使得我们必须对候选集做如下调整：若原候选集中蓝点所关联的原最短紫边长度大于新紫边(v，j)的长度，则以(v，j)作为 j 所关联的新的最短紫边来代替 j 的原最短紫边；否则 j 的原最短紫边不变。Prim 算法的概括述如下：

（1）置 T 为任意一个顶点，置初始候选紫边集。

（2）while（T 中顶点数目<n）。

（3）{从候选紫边集中选取最短紫边(u，v)。

（4）将(u，v)及蓝点 v 涂成红色，扩充到 T 中。

（5）调整候选紫边集。

（6）}

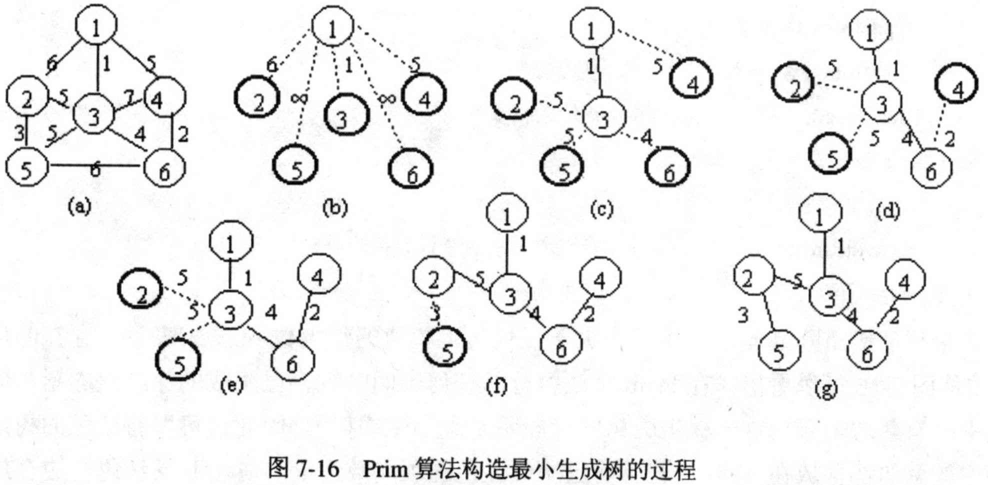

图 7-16　Prim 算法构造最小生成树的过程

对图 7-16（a）所示的连通网络，按照上述算法思想形成最小生成树 T 的过程如图 7-16（b）～（g）所示。构造过程中，红点和红的树边分别用单圆圈和实线表示，蓝点和紫边分别用黑圆圈和虚线表示。开始时，取顶点 1 涂成红色加入 T 中，初始的候选紫边集是与 5 个蓝点所关联的最短紫边，如图 7-16（b）所示。其中，红点 1 同蓝点 5 和 6 没有关联边，故 1 与 5 和 6 关联的最短紫边的长度是无穷大。显然，在这 5 条最短紫边中，(1，3)的长度最短，因此，选择该紫边扩充到 T 中，即把该紫边及其蓝点 3 涂成红色。因为顶点 3 由蓝色变为红色，所以，候选紫边集调整如下：顶点 2 关联的原最短紫边(1，2)的长度为 6，而新紫边(3，2)的长度为 5，前者大于后者，因此，必须用(3，2)取代(1，2)。同理，必须用新紫边(3，5)和(3，6)分别取代原紫边(1，5)和(1，6)，使其成为蓝点 5 和 6 所关联的新的最短紫边；因为蓝点 4 所关联的原最短紫边(1，4)的长度 5 小于新紫边(3，4)的长度 7，所以，蓝点 4 关联的最短紫边仍然是(1，4)。调整后的候选紫边集如图 7-16（c）的 4 条虚线所示。类似地，可选择其中最短的一条紫边(3，6)作为下一条扩充到 T 中的边，…，如此进行下去，最终得到的生成树 T 即为所求的最小生成树，如图 7-16（g）所示。

若候选紫边集中最短紫边不止一条时，可任选其中的一条扩充到 T 中，因此，连通网络的最小生成树不一定是唯一的，但它们的权是相等的。例如在图 7-16（e）中若选取最短紫边是(3，5)而非(3，2)时，则得到另一棵最小生成树，如图 7-17 所示。

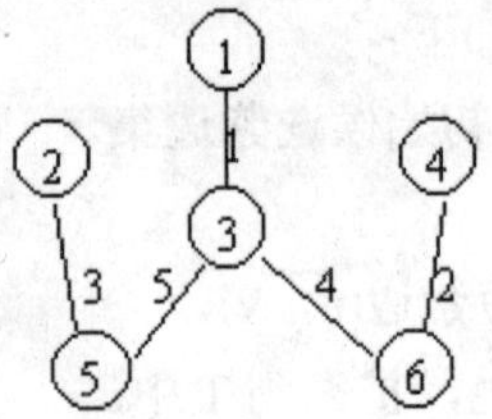

图 7-17　图 7-16（a）的另一棵最小生成树

在对算法 Prim 求精之前，先确定有关的存储结构如下：

```
typdef struct
{Int fromvex，endvex；          /*边的起点和终点*/
float length；                  /*边的权值*/
} edge；

float dist[n][n]；              /*连通网络的带权邻接矩阵*/
edgeT[n-1]；                    /*生成树*/
```

在带权邻接矩阵 dist 中，用一个大于任何边上权值的较大数 max 来表示不存在的边的长度∞。从图 7-16 可以看出，在 Prim 算法执行的任何中间时刻，已生成的涂红色的树与候选紫边集中所有紫边一起构成一棵生成树（可能不是最小生成树）。因此，可以将红色的树边和候选集中的紫边都存放在 T 中。若当前已涂成红色的顶点数为 k，则 k-1 条红色树边存放在 T 的前 k-1 个分量 T[0]到 T[k-2]中，而 T 的后 n-k 个分量 T[n-2]到 T[k-2]正好可用来存放当前候选紫边集的 n-k 条紫边。

现在，可将算法 Prim 中各个抽象语句求精如下：

（1）初始时，不妨取顶点 1 涂成红色加入 T 中，因为只有一个红点 1，所以，对于任一蓝点 j(j＝2，3，…，n)，j 所关联的最短紫边是(1，j)，其长度是 dist[o][j-1]，这 n-1 条最短紫边即为初始候选紫边集(见图 7-16(b))。因为 T 中没有树边，故 T[0]到 T[n-2]全部用来存放初始候选紫边集的 n-1 条紫边。因此，抽象语句(1)可求精为：

```
for(j=1;j<n;j++)                    /*对 n-1 个蓝点构造候选紫边集*/
{T[j-1].fromvex＝1};                /*紫边的起点为红点*/
T[j-1].endvex＝j+1;                 /*紫边的终点为蓝点*/
T[j-1].1ength＝dist[0][j];          /*紫边长度*/
}
```

（2）因为初始化时已在 T 中置入了一个红点，所以，只要将 n-1 条最短紫边及其一端的蓝点，依次扩充到 T 中，即可使 T 成为最小生成树。因此，语句(2)可用 k 从 0 到 n-2 的 for 循环语句代替。

（3）对语句(2)中 for 循环的每一个 k，当前候选紫边集的 n-k-1 条紫边是存放在 T[k]到 T[n-2]中的，因此，抽象语句(3)所求的第 k 条最短紫边可求精为：

```
min＝max;                           /*znax 大于任何边上的权值*/
for (j＝k;j<n-1;j++)                /*扫描当前候选紫边集 T[k]到 T[n-2]，找最短紫边*/
if(T[j].1ength<min)
{min＝T[j].1ength;m＝j;             /*记录当前最短紫边的位置*/
}
```

（4）语句(3)中求得的最短紫边 T[m]，是第 k 条扩充到生成树中的红边，该条边上的蓝点 T[m].endvex(j=k+1,…,n-2)，则是第 k+1 个扩充到生成树中的红点。因此，只要将 T[k]和 T[m]交换，便得到红色的子树 T[0]到 T[k]和待调整的候选紫边集 T[k+1]到 T[n-2]。由此可得抽象语句（4）的求精：

```
e＝T[m];T[m]＝T[k];T[k]＝e，        /* T[k]和 T[m]交换*/
v＝T[kl.Endvex];                    /* v 是刚被涂红色的顶点*/
```

（5）当成为新红点之后，剩下的蓝点是待调整候选紫边集中各紫边的终点 T[j].endvex(j＝k+1，…，n-2)。因此，调整候选紫边集，只需要依次比较各蓝点关联的新紫边(v,T[j].endvex)和该蓝点关联的原最短边 T[j]的长度，取长度较小的作为新的最短紫边即可。故抽象语句(5)可求精为：

```
for(j＝k+1;j<n-1;j++)               /*调整候选紫边集 T[k+1]到 T[n-2]*/
{d＝dist[v-1][T[j].endvex-1];       /*新紫边的长度*/
  if(d<T[j].1ength)                 /*新紫边的长度小于原最短紫边*/
    {T[j].1ength＝d;
     T[j].fromvex＝v;               /*新紫边取代原最短紫边*/
    }
```

```
    }
```

由此不难写出完整的算法：

```
PRIM()          /*从第一个顶点出发构造连通网络 dist 的最小生成树，结果放在 T 中*/
{int j , k , m , v , min , max=l0000;
  float d;
  edge e;
  for(j=1;j<n;j++)                       /*构造初始候选紫边集*/
  {T[j-1].formvex=1;                     /*顶点 1 是第一个加入树中的红点*/
   T[j-1].endvex=j+1;
   T[j-1].length=dist[o][j];
  }
 for(k=0;k<n-1;k++)                      /*求第 k 条边*/
  {min=max;
   for(j=k;j<n-1;j++)                    /*在候选紫边集中找最短紫边*/
    if(T[j].1ength<min)
      {min=T[j].1ength;
        m=j;
      }                                  /*T[m]是当前最短紫边*/
      }
   e=T[m];T[m]=T[k];T[k]=e;              /*T[k]和 T[m]交换后，T[k]是第 k 条红色树边*/
   v=T[k].endvex ;                       /* v 是新红点*/
   for(j=k+1;j<n-1;j++)                  /*调整候选紫边集*/
     {d=dist[v-1][T[j].endvex-1];
      if(d<T[j].1ength);
      {T[j].1ength=d;
       T[j].fromvex=v;
      }
     }
 }                                       /* PRIM */
```

上述算法的初始化时间是 O(n)。k 循环内有两个循环语句，其时间大致为：

令 O(1)为某一正常数 C，展开上述求和公式可知其数量级仍是 n 的平方。所以，整个算法的时间复杂性是 $O(n^2)$。

构造最小生成树的另一个算法是由克鲁斯卡尔（Kruskal）提出的。设 G=(V，E)是连通网络，令最小生成树的初始状态为只有 n 个顶点而无边的非连通图 T=(V，φ)，T 中每个顶点自成一个连通分量。我们按照长度递增的顺序依次选择 E 中的边(u，v)，若该边端点 u，v

分别是当前 T 的两个连通分量 T_1、T_2 中的顶点，则将该边加入到 T 中，T_1，T_2 也由此边连接成一个连通分量。若 u、v 是当前同一个连通分量中的顶点，则舍去此边（因为每个连通分量都是一棵树，此边添加到树中将形成回路）。依次类推，直到 T 中所有顶点都在同一连通分量上为止，T 便是 G 的一棵最小生成树。

对图 7-16（a）中连通网络，按 Kruskal 算法构造的最小生成树，其过程如图 7-18 所示。按长度递增顺序，依次考虑边(1，3)，(4，6)，(2，5)，(3，6)，(1，4)，(2，3)，(3，5)，(1，2)，(5，6)和(3，4)。因为前 4 条边最短，且又都连通了两个不同的连通分量，故依次将它们添加到 T 中，如图 7-18（a）～（d）所示。接着考虑当前最短边(1，4)，因为该边的两个端点在同一个连通分量上，若加入此边到 T 中，将会出现回路，故舍去这条边。然后再选择边(2，3)加入 T，便得到图 7-18（e）所示的单个连通分量 T，它就是所求的一棵最小生成树。显然，对于图 7-18（d），因为边(3，5)和边(2，3)的长度相同，它们都是当前最短边，所以，亦可选择边(3，5)添加到当前的 T 中，从而得到另一棵如图 7-17 所示的最小生成树。

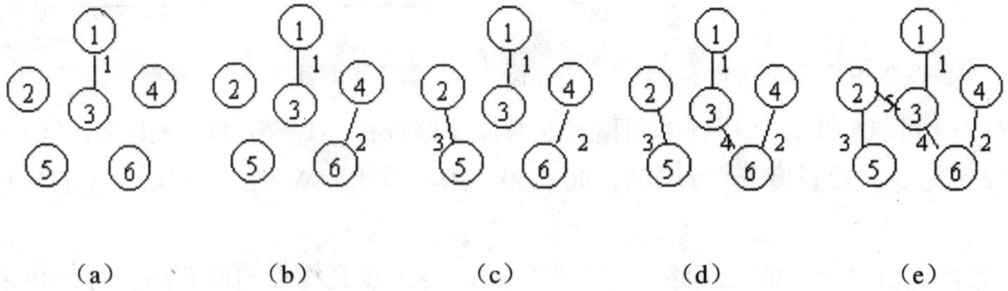

图 7-18 用 Kruskal 算法构造最小生成树的过程

下面给出 Kruskl 算法的粗略描述：

```
T=(V,φ);
While(T 中所含边数<n-1)
{从 E 中选取当前最短边(u,v);
  从 E 中删去边(u,v);
  if((u,v)并入 T 之后不产生回路，将边(u,v)并入 T 中;
}
```

7.5 最短路径

交通网络中常常提出这样的问题：从甲地到乙地之间是否有公路连通？在有多条通路的情况下，哪一条路最短？交通网络可用带权图来表示。顶点表示城市名称，边表示两个城市有路连通，边上权值可表示两城市之间的距离、交通费或途中所花费的时间等。求两个顶点之间的最短路径，不是指路径上边数之和最少，而是指路径上各边的权值之和最小。

另外，若两个顶点之间没有边，则认为两个顶点无通路，但有可能有间接通路（从其他顶点达到）。路径上的开始顶点（出发点）称为源点，路径上的最后一个顶点称为终点，并假定讨论的权值不能为负数。

7.5.1 单源点最短路径

1. 单源点最短路径

单源点最短路径是指：给定一个出发点（单源点）和一个有向网 G=(V，E)，求出源点到其他各顶点之间的最短路径。例如，对图 7-19 所示的有向网 G，设顶点 1 为源点，则源点到其余各顶点的最短路径如图 7-20 所示。

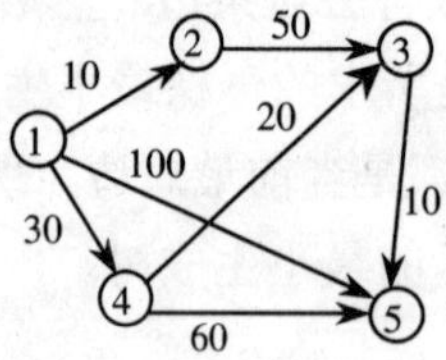

图 7-19 有向网 G

源点	中间顶点	终点	路径长度
1		2	10
1		4	30
1	4	3	50
1	4 3	5	60

图 7-20 源点 1 到其余顶点的最短路径

从图 7-19 可以看出，从顶点 1 到顶点 5 有四条路径：①1→5，②1→4→5，③1→4→3→5，④1→2→3→5 路径长度分别为 100，90，60，70，因此，从源点 1 到顶点 5 的最短路径为 60。

那么怎样求出单源点的最短路径呢？我们可以将源点到终点的所有路径都列出来，然后在里面选最短的一条即可。但是这样做，用手工方式可以，当路径特别多时，显得特别麻烦，并且没有什么规律，不能用计算机算法实现。迪杰斯特拉（Dijkstra）在做了大量观察后，首先提出了按路长度递增序产生各顶点的最短路径算法，我们称之为迪杰斯特拉算法。

2. 迪杰斯特拉算法的基本思想

算法的基本思想是：设置并逐步扩充一个集合 S，存放已求出其最短路径的顶点，则尚未确定最短路径的顶点集合是 V-S，其中 V 为网中所有顶点集合。按最短路径长度递增的顺序逐个以 V-S 中的顶点加到 S 中，直到 S 中包含全部顶点，而 V-S 为空。

具体做法是：设源点为 V_l，则 S 中只包含顶点 V_l，令 W=V-S，则 W 中包含除 V_l 外图中所有顶点，V_l 对应的距离值为 0，W 中顶点对应的距离值是这样规定的：若图中有弧 $<V_l,V_j>$ 则 V_j 顶点的距离为此弧权值，否则为∞（一个很大的数），然后每次从 W 中的顶点中选一个其距离值为最小的顶点 Vm 加入到 S 中，每往 S 中加入一个顶点 Vm，就要对 W 中的各个顶点的距离值进行一次修改。若加进 Vm 做中间顶点，使 $<V_l,Vm>+<Vm,V_j>$ 的值小于 $<V_l,V_j>$ 值，则用 $<V_l,Vm>+<Vm,V_j>$ 代替原来 V_j 的距离，修改后再在 W 中选距离值最小的顶点加入到 S 中，如此进行下去，直到 S 中包含了图中所有顶点为止。

3. 迪杰斯特拉算法实现

下面以邻接矩阵存储来讨论迪杰斯特拉算法，为了找到从源点 V_l 到其他顶点的最短路径，引入三个辅助数组 dist[n],s[n],pre[n]，其中 dist[i-1]记录当前找到的从源点 V_1 到终点 V_i 的最短路径长度，pre[i-1]表示从源点到顶点 i 的最短路径上该点的前驱顶点，s 用以标记那些已经找到最短路径的顶点，若 s[i-1]=1 表示已经找源点到顶点 i 的最短路径，若 s[i-1]=0，则表示尚未找到。算法描述如下：

```
#define max 32767                          /*max 代表一个很大的数*/
void dijkstra (float cost[][n],int v)
/*求源点 v 到其余顶点的最短路径及其长度*/
 { v1=v-1;
   for (i=0;i<n;i++)
      { dist[i]=cost[v1][i];               /*初始化 dist*/
        if (dist[i]<max)
           pre[i]=v;
        else pre[i]=0;
      }
   pre[v1]=0;
   for (i=0;i<n;i++)
      s[i]=0;                              /*s 数组初始化为空*/
   s[v1]=1;                                /*将源点 v 归入 s 集合*/
   for (i=0;i<n;i++)
    { min=max;
      for (j=0;j<n;j++)
         if (!s[j] && (dist[j]<min))
            { min=dist[j];
              k=j;
            }                              /*选择 dist 值最小的顶点 k+1*/
      s[k]=1;                              /*将顶点 k+1 归入 s 集合中*/
      for (j=0;j<n;j++)
         if (!s[j]&&(dist[j]>dist[k]+cost[k][j]))
            { dist[j]=dist[k]+cost[k][j];  /*修改 V-S 集合中各顶点的 dist 值*/
              pre[j]=k+1;                  /*k+1 顶点是 j+1 顶点的前驱*/
            }
    }                                      /*所有顶点均已加入到 S 集合中*/
  for (j=0;j<n;j++)                        /*打印结果*/
    { printf("%f\n%d",dist[j],j+1;);
     p=pre[j];
```

```
        while (p!=0)
            { printf("%d",p);
             p=pre[p-1];
            }
        }
    }
```

利用该算法求得的最短路径如图 7-21 所示。从图 7-21 可知，1 到 2 的最短距离为 3，路径为：1→2；1 到 3 的最短距离为 15，路径为：1→2→4→3；1 到 4 的最短距离为 11，路径为：1→2→4；1 到 5 的最短距离为 23，路径为：1→2→4→5。

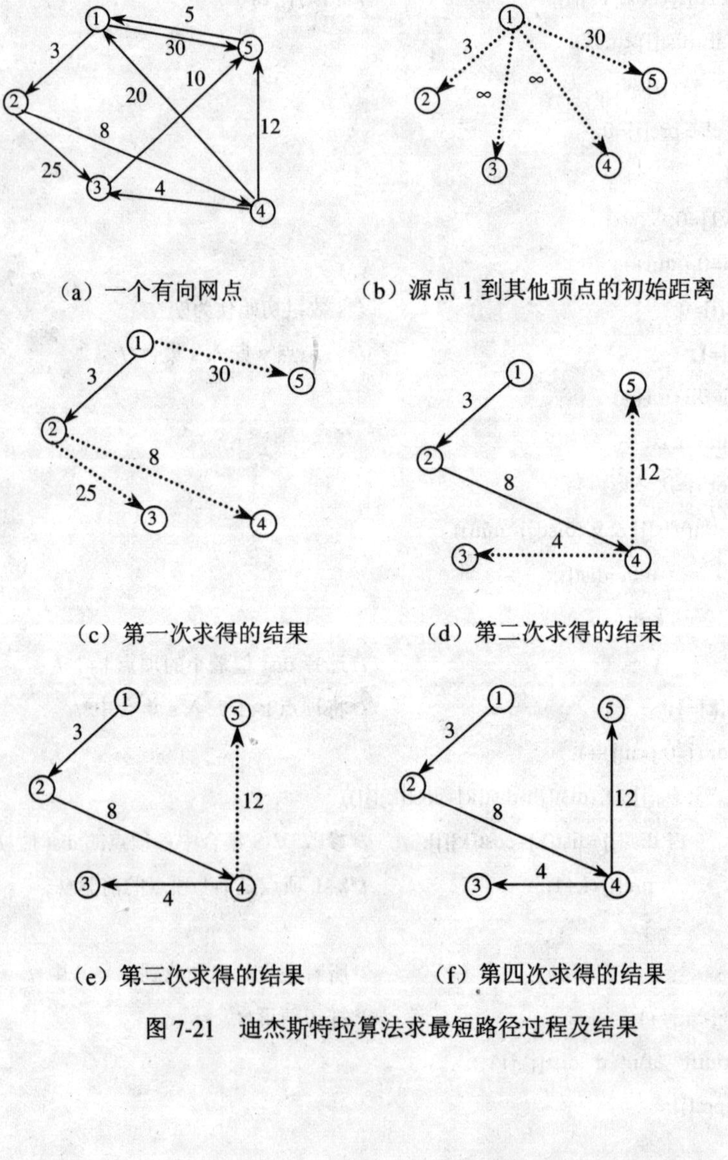

（a）一个有向网点　（b）源点 1 到其他顶点的初始距离

（c）第一次求得的结果　（d）第二次求得的结果

（e）第三次求得的结果　（f）第四次求得的结果

图 7-21　迪杰斯特拉算法求最短路径过程及结果

7.5.2　所有顶点对之间的最短路径

1. 顶点对之间的最短路径概念

所有顶点对之间的最短路径是指：对于给定的有向网 G=(V,E)，要对 G 中任意一对顶点有序对 V、W(V≠W)，找出 V 到 W 的最短距离和 W 到 V 的最短距离。解决此问题的一个有效方法是:轮流以每一个顶点为源点，重复执行迪杰斯特拉算法 n 次，即可求得每一对顶点之间的最短路径,总的时间复杂度为 $O(n^3)$。

下面将介绍用弗洛伊德（Floyd）算法来实现此功能，时间复杂度仍为 $O(n^3)$，但该方法比调用 n 次迪杰斯特拉方法更直观一些。

2. 弗洛伊德算法的基本思想

弗洛伊德算法仍然使用前面定义的图的邻接矩阵 cost[n+1][n+1]来存储带权有向图。算法的基本思想是：设置一个 nxn 的矩阵 $A^{(k)}$，其中除对角线的元素都等于 0 外，其他元素 $a^{(k)}$[i][j]表示顶点 i 到顶点 j 的路径长度，K 表示运算步骤。开始时，以任意两个顶点之间的有向边的权值作为路径长度，没有有向边时，路径长度为∞，当 K=0 时，$A^{(0)}$[i][j]=arcs[i][j],

以后逐步尝试在原路径中加入其他顶点作为中间顶点，如果增加中间顶点后，得到的路径比原来的路径长度减少了，则以此新路径代替原路径，修改矩阵元素。具体做法为：第一步，让所有边上加入中间顶点 1，取 A[i][j]与 A[i][1]+A[1][j]中较小的值作 A[i][j]的值，完成后得到 $A^{(1)}$，第二步，让所有边上加入中间顶点 2，取 A[i][j]与 A[i][2]+A[2][j]中较小的值，完成后得到 $A^{(2)}$…，如此进行下去，当第 n 步完成后，得到 $A^{(n)}$，$A^{(n)}$即为我们所求结果，$A^{(n)}$[i][j]表示顶点 i 到顶点 j 的最短距离。因此，弗洛伊德算法可以描述为：

$A^{(0)}$[i][j]=cost[i][j];　　　　//cost 为图的邻接矩阵

$A^{(k)}$[i][j]=min{ $A^{(k-1)}$ [i][j], $A^{(k-1)}$ [i][k]+ $A^{(k-1)}$ [k][j]}

其中 k=1,2,…,n

3. 弗洛伊德算法实现

在用弗洛伊德算法求最短路径时，为方便求出中间经过的路径，增设一个辅助二维数组 path[n][n]，其中 path[i][j]是相应路径上顶点 j 的前一顶点的顶点号。

算法描述如下：

```
int path[n][n];                          /*路径矩阵*/
void floyd (float A[][n],cost[][n])
 { for (i=0;i<n;i++)                     /*设置 A 和 path 的初值*/
      for (j=0;j<n;j++)
        { if (cost[i][j]<max)
            path[i][j]=j;
          else { path[i][j]=0;
               A[i][j]=cost[i][j];
```

```
            }
        }
    for (k=0;k<n;k++)
  /*做 n 次迭代，每次均试图将顶点 k 扩充到当前求得的从 i 到 j 的最短路径上*/
    for (i=0;i<n;i++)
        for (j=0;j<n;j++)
            if (A[i][j]>(A[i][k]+A[k][j]))        /*修改长度和路径*/
                { A[i][j]=A[i][k]+A[k][j];
                    path[i][j]=path[i][k];
                }
    for (i=0;i<n;i++)                               /*输出所有顶点对 i,j 之间的最短路径长度及路径*/
    for (j=0;j<n;j++)
        { printf (“%f”,A[i][j]);                    /*输出最短路径的长度*/
    next=path[i][j];                                /*next 为起点 i 的后继顶点*/
            if (next==0)                            /*i 无后继表示最短路径不存在*/
                printf (“%d to %d no path.\n”,i+1,j+1);
            else { printf (“%d”,i+1);               /*最短路径存在*/
                while (next!=j+1)                   /*打印后继顶点，然后寻找下一个后继顶点*/
                    { printf (“%d”,next);
                        next =path[next-1][j];
                    }
                printf (“%d\n”,j+1);
            }
        }
}
```

对图 7-22 所示图用弗洛伊德算法进行计算，所得结果如图 7-23 所示。

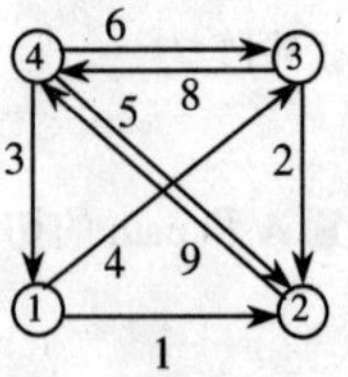

$$\begin{bmatrix} 0 & 1 & \infty & 4 \\ \infty & 0 & 9 & 2 \\ 3 & 5 & 0 & 8 \\ \infty & \infty & 6 & 0 \end{bmatrix}$$

（a）有向带权图 G （b）G 的邻接矩阵

图 7-22 有向带权图及邻接矩阵

从图 7-23 可知，$A^{(4)}$为所求结果，于是有如下的最短路径：

1 到 2 的最短路径距离为 1，路径为 2←1。

1 到 3 的最短路径距离为 9，路径为 3←4←2←1。

1 到 4 的最短路径距离为 3，路径为 4←2←1。

2 到 1 的最短路径距离为 11，路径为 1←3←4←2。

2 到 3 的最短路径距离为 8，路径为 3←4←2。

2 到 4 的最短路径距离为 2，路径为 4←2。

3 到 1 的最短路径距离为 3，路径为 1←3。

3 到 2 的最短路径距离为 4，路径为 2←1←3。

3 到 4 的最短路径距离为 6，,路径为 4←2←1←3。

4 到 1 的最短路径距离为 9，路径为 1←3←4。

4 到 1 的最短路径距离为 9，路径为 1←3←4。

4 到 2 的最短路径距离为 10，路径为 2←1←3←4。

4 到 3 的最短路径距离为 6，路径为 3←4。

	A(0)				A(1)				A(2)				A(3)				A(4)			
	1	2	3	4	1	2	3	4	1	2	3	4	1	2	3	4	1	2	3	4
1	0	1	∞	4	0	1	∞	4	0	1	10	3	0	1	10	3	0	1	9	3
2	∞	0	9	2	∞	0	9	2	∞	0	9	2	2	0	9	2	11	0	8	2
3	3	5	0	8	3	4	0	7	3	4	0	6	3	4	0	6	3	4	0	6
4	∞	∞	6	0	∞	∞	6	0	∞	∞	6	0	9	10	6	0	9	10	6	0
	$PATH^{(0)}$				$PATH^{(1)}$				$PATH^{(2)}$				$PATH^{(3)}$				$PATH^{(4)}$			
	1	2	3	4	1	2	3	4	1	2	3	4	1	2	3	4	1	2	3	4
1	0	1	0	1	0	1	0	1	0	1	2	2	0	1	2	2	0	1	4	2
2	0	0	2	2	0	0	2	2	0	0	2	2	3	0	2	2	3	0	4	2
3	3	3	0	3	3	1	0	1	3	1	0	2	3	1	0	2	3	1	0	2
4	0	0	4	0	0	0	4	0	0	0	4	0	3	1	4	0	3	1	4	2

图 7-23　弗洛伊德算法求解结果

7.6　拓扑排序

1. 基本概念

通常我们把计划、施工过程、生产流程、程序流程等都当成一个工程，一个大的工程常常被划分成许多较小的子工程，这些子工程称为活动，这些活动完成时，整个工程也就完成了。例如，计算机专业学生的课程开设可看成是一个工程，每一门课程就是工程中的活动，图 7-24 给出了若干门所开设的课程，其中有些课程的开设有先后关系，有些则没有先后关系，有先后关系的课程必须按先后关系开设，如开设数据结构课程之前必须先学完程序设计基础及离散数学，而开设离散数学则必须学完高等数学。在图 7-24（b）中，我们用一种有向图来表示课程开设，在这种有向图中，顶点表示活动，有向边表示活动的优先关系，这有向图叫做顶点表示活动的网络（Active On Vertices）简称为 AOV 网。

在 AOV 网中，<i,j>有向边表示 i 活动应先于 j 活动开始，即 i 活动必须完成后，j 活动才可以开始，并称 i 为 j 的直接前驱，j 为 i 的直接后继。这种前驱与后继的关系有传递性，此外，任何活动 i 不能以它自己作为自己的前驱或后继，这叫做反自反性。从前驱和后继的传递性和反自反性来看，AOV 网中不能出现有向回路（或称有向环）。在 AOV 网中如果出现了有向环，则意味着某项活动应以自己作为先决条件，这是不对的，工程将无法进行。对程序流程而言，将出现死循环。因此，对给定的 AOV 网，应先判断它是否存在有向环。判断 AOV 网是否有有向环的方法是对该 AOV 网进行拓扑排序，将 AOV 网中顶点排列成一个线性有序序列，若该线性序列中包含 AOV 网全部顶点，则 AOV 网无环，否则，AOV 网中存在有向环，该 AOV 网所代表的工程是不可行的。

以图 7-24 所示的学生课程开设工程图为例，如果假设一个学生一次修一门课，那么应该选择怎样的课程次序才能保证学习每一门课程时，其先修课程已经学完呢？例如可以选择课程序列：c1，c2，c3，c4，c5，c6，c8，c9，c7，也可以选择课程序列：c1，c2，c8，c9，c3，c4，c5，c6，c7。事实上，只要保证，ci 到 cj 有一条路径时，ci 必须排在 cj 之前。

设 G 是一个包含 n 个顶点的有向图，包含 G 的所有 n 个顶点的一个序列 $V_{i1}, V_{i2}, V_{i3}, \cdots, V_{in}$ 当满足下述条件时称为一个拓扑序列：若在 G 中，从顶点 Vi 到顶点 Vj 有一条路径时，在序列中 Vi 必定排在 Vj 前面。构造拓扑序列的过程成为拓扑排序。

2. 拓扑排序

下面将介绍怎样实现拓扑排序，实现步骤如下：

（1）在 AOV 网中选一个入度为 0 的顶点且输出之。

（2）从 AOV 网中删除此顶点及该顶点发出来的所有有向边。

（3）重复（1）、（2）两步，直到 AOV 网中所有顶点都被输出或网中不存在入度为 0 的顶点。

课程代码	课程名称	先修课程
C1	高等数学	
C2	程序设计基础	
C3	离散数学	C1,C2
C4	数据结构	C2,C3
C5	高级语言程序设计	C2
C6	编译方法	C5,C4
C7	操作系统	C4,C9
C8	普遍物理	C1
C9	计算机原理	C8

（a）课程开设

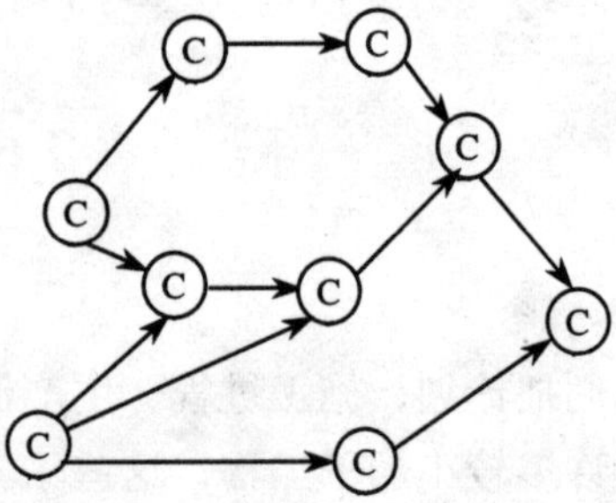

（b）课程开设优先关系的有向图

图 7-24 学生课程开设工程图

从拓扑排序步骤可知，若在第（3）步中，网中所有顶点都被输出，则表明网中无有向环，拓扑排序成功。若仅输出部分顶点，网中已不存在入度为 0 的顶点，则表明网中有有向环，拓扑排序不成功。

例如，对图 7-25 中 AOV 网进行拓扑排序，写出一个拓扑序列。

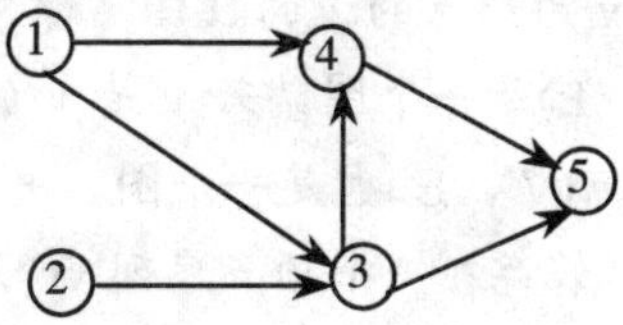

图 7-25　一个 AOV 网

操作过程：在图 7-25 中选择一个入度为 0 的顶点 V_1，删除 V1 及其相关联的两条弧，如图 7-26（a）所示；再选择一个入度为 0 的顶点 V_2，删除 V2 及其相关联的一条弧，如图 7-26（b）所示；再选择一个入度为 0 的顶点 V_3，删除 V_3 及其相关联的两条弧，如图 7-26（c）所示；再选择一个入度为 0 的顶点 V_4，删除 V_4 及其相关联的一条弧，如图 7-26（d）所示；最后选取顶点 V_5，即得到该图的一个拓扑序列：

V_1，V_2，V_3，V_4，V_5。

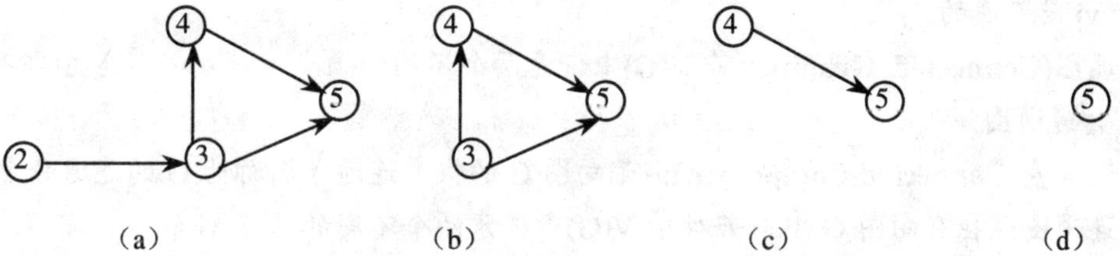

图 7-26　拓扑排序过程

本章小结

图是一种复杂的非线性结构，具有广泛的应用背景。本章涉及到的基本概念如下：

图：由两个集合 V 和 E 组成，记为 G = (V，E)，其中 V 是顶点的有穷非空集合，E 是 V 中顶点偶对（称为边）的有穷集。通常，也将图 G 的顶点集和边集分别记为 V(G)和 E(G)。E(G)可以是空集，若 E(G)为空，则图 G 只有顶点而没有边，称为空图。

有向图（Digraph）：若图 G 中的每条边都是有方向的，则称 G 为有向图。

无向图（Undigraph）：若图 G 中的每条边都是没有方向的，则称 G 为无向图。

无向完全图(Undirected Complete Graph)：恰好有 n(n-1)/2 条边的无向图称为无向完全图。

有向完全图(Directed Complete Graph)：恰有 n(n-1)条边的有向图称为有向完全图。

邻接点(Adjacent)：若(vi，vj)是一条无向边，则称顶点 vi 和 vj 互为邻接点。

度(Degree)：无向图中顶点 v 的度是关联于该顶点的边的数目。

入度(Indegree)若 G 为有向图，则把以顶点 v 为终点的边的数目，称为 v 的入度，记为 ID(v)。

出度(Outdegree)：把以顶点 v 为始点的边的数目，称为 v 的出度，记为 OD(v)。

子图(Subgraph)：设 G = (V，E)是一个图，若 v′是 v 的子集，E 是 E 的子集，且 E 中的边所关联的顶点均在 v′中，则 G′ = (V′，E′)也是一个图，并称其为 G 的子图。

路径(Path)：在无向图 G 中，若存在一个顶点序列 vp,vi1,vi2…，vin，vq，使得(vp，vil)，(vi1,vi2)，…，(vin，vq)均属于 E(G)，则称顶点 vp 到 vq 存在一条路径。

路径长度：该路径上边的数目。

简单路径：若一条路径上除了 vp 和 vq 可以相同外，其余顶点均不相同，则称此路径为一条简单路径。

简单回路或简单环(Cycle)：起点和终点相同(vp = vq)的简单路径称为简单回路或简单环。

有根图：在一个有向图中，若存在一个顶点 v，从该顶点有路径可以到达图中其他所有顶点，则称此有向图为有根图，v 称作图的根。

连通：在无向图 G 中，若从顶点 vi 到顶点 vj 有路径(当然从 vj 到 vi 也一定有路径)，则称 vi 和 vj 是连通的。

连通图(Connected Graph)：若 V(G)中任意两个不同的顶点 vi 和 vj 都连通(即有路径)，则称 G 为连通图。

连通分量(Connected Component)：无向图 G 的极大连通子图称为 G 的连通分量。

强连通图：在有向图 G 中，若对于 V(G)中任意两个不同的顶点 vi 和 vj，都存在 vi 到 vj 以及从 vj 到 vi 的路径，则称 G 是强连通图。

强连通分量：有向图 G 的极大强连通子图称为 G 的强连通分量。

网络(Network)：若将图的每条边都赋上一个权，则称这种带权图为网络。

生成树(Spanning Tree)：连通图 G 的一个子图如果是一棵包含 G 的所有顶点的树，则该子图称为 G 的生成树。

最小生成树(Minimun Spanning Tree)：权最小的生成树称为 G 的最小生成树。

本章在介绍图的基本概念的基础上，还介绍了图的两种常用的存储结构，对图的遍历、最小生成树、最短路径等问题做了较详细的讨论，给出了相应的求解算法，有的算法采用自顶向下、逐步求精的方法加以介绍，也许能便于读者理解它们。

相对而言，图这一章内容较难，尤其是离散数学基础较差的读者，也许难度更大些。建议读者知难而进，理解本章所介绍的算法实质，掌握图的有关术语和存储表示。面对实际问题时，学会引用本章的有关内容。

习　题　七

1．对 n 个顶点的无向图 G，采用邻接矩阵表示，如何判别下列有关问题：

（1）图中有多少条边？

（2）任意两个顶点 i 和 j 是否有边相连？

（3）任意一个顶点的度是多少？

2．图 7-27 所示的有向图是强连通的吗?请列出所有简单路径，并给出其邻接矩阵、邻接表和逆邻接表。

3．按顺序输入顶点对：(1，2)，(1，6)，(2，6)，(1，4)，(6，4)，(1，3)，(3，4)，(6，5)，(4，5)，(1，5)，(3，5)，根据第 7.2.2 节中的算法 CREATADJLIST 画出相应的邻接表。并写出在该邻接表上，从顶点 4 开始搜索所得的 DFS 和 BFS 序列。

4．对图 7-28 所示的有向图，画出从顶点 vl 开始的遍历所得到的 DFS 和 BFS 森林。

5．对图 7-29 所示的连通网络，请分别用 PRIM 算法和 KRUSKAL 算法构造该网络的最小生成树。

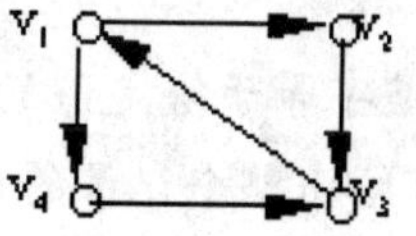

图 7-27　有向图

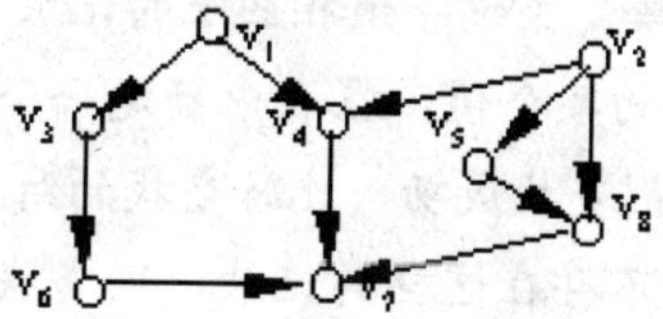

图 7-28　有向图

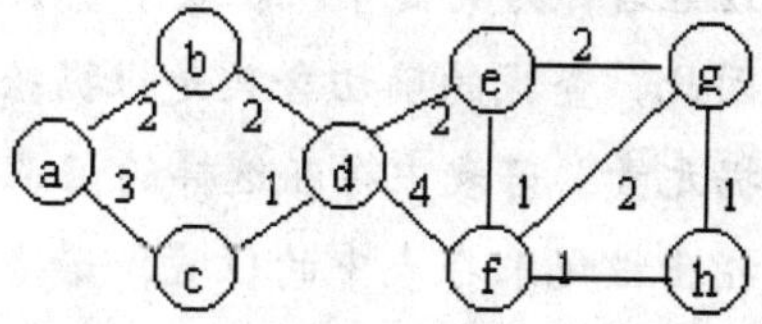

图 7-29　连通网络图

第八章　查找

本章学习导读

在前面的章节中我们介绍了各种线性结构和非线性结构，本章要介绍的查找不是一种数据结构，而是一种基于数据结构的辅助性运算。查找又称检索,是从大量的数据中找出所需要的数据来,也可以简单的说是确定一个已给的数据是否出现在某个数据表中。表通常是指文件,而文件是记录的集合,每个记录都是由若干个数据项组成的,其间一个或一组能唯一标识该记录的数据项称为该记录的关键字(Keyword)。要从一个表中查找出某个记录或元素来,就要依靠预先确定的记录的关键字。例如学生考试的成绩表存放有全体学生各门功课的考试成绩的记录,每个记录中包含有学生的准考证号、姓名、各门功课的成绩和总成绩。我们可以选定准考证号或姓名作为关键字，在表中查找与给定关键字值相匹配的记录。

因此，查找的确切含义是根据给定的某个值，在表中确定一个关键字等于给定值的记录或数据元素。若表中存在这样的记录，则查找成功，此时查找的结果可给出整个记录的信息，也可指出该记录在表中的位置；若表中不存在这样的记录，则查找不成功，此时查找的结果可给出一个“空”记录或“空”指针。

查找是计算机科学中重要的研究课题之一，据统计，商业计算机应用系统中花费在这方面的计算时间超过 25%。查找的方法很多，而且与数据的结构密切相关。查找算法的优劣对计算机系统运行效率的影响极大。所以在本章中，我们将讨论几种不同的查找方法，并通过对它们的分析来比较各种查找方法的优劣。本章的学习要点包括：顺序查找、折半查找、分块查找，以及哈希查找法，读者应掌握它们的查找过程、实现算法以及性能分析。

8.1　顺序查找

顺序查找是一种最基本和最简单的查找方法。它的思路是，从表中的第一个元素开始，将给定的值与表中逐个元素的关键字进行比较，直到两者相符，查到所要找的元素为止。否则就是表中没有要找的元素，查找不成功。对于表中记录的关键字是无序的表，只能采用这种方法。描述顺序查找的算法见框图 8-1。其中 n 是表 r 的长度，k 是要查的元素的关键字，i 是查到的元素的序号。

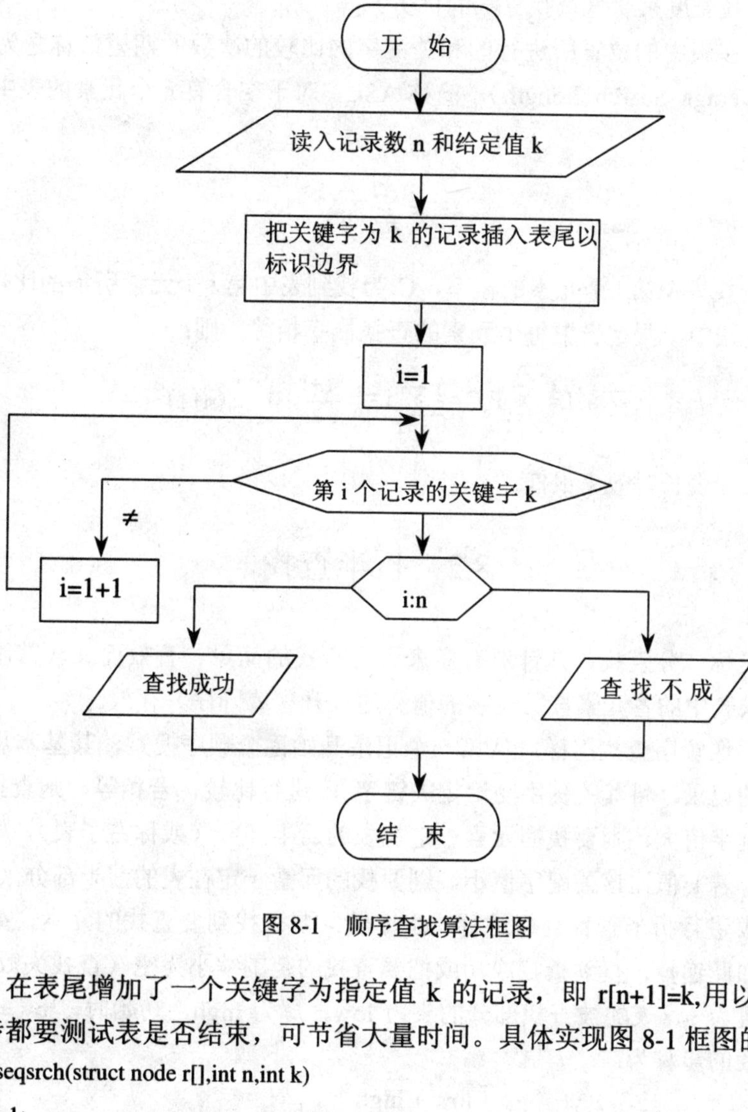

图 8-1　顺序查找算法框图

此算法中，在表尾增加了一个关键字为指定值 k 的记录，即 r[n+1]=k,用以起到标志的作用，以免每一步都要测试表是否结束，可节省大量时间。具体实现图 8-1 框图的程序段如下：

```
Void seqsrch(struct node r[],int n,int k)
{ int i=1;
  r[n+1].key=k;     /*设置边界*/
  while (r[i].key!=k)
            i=i+1;
  if (i<=n)
      printf("%3d,it is r[%2d]",k,i);
  else printf("%3d not found",k );
}
```

顺序查找对短表合适，方法简单；对长表不合适，查找起来会很慢。为了评价查找的性能，引入平均查找长度来衡量查找算法的优劣。

为确定记录在表中的位置所进行的和关键字的比较的次数的期望值称之为查找算法的**平均查找长度**（Average Search Length），简称ASL。对于在含有n个元素的表中找一个元素成功的ASL为：

$$ASL=\sum_{i=1}^{n} P_i C_i$$

其中P_i为查找表中第i个元素的概率，C_i为找到表中第i个元素所需的比较次数。

在顺序查找法中，假定表中每个元素的查找概率相等，则：

$$ASL=\sum_{i=1}^{n} P_i C_i=\frac{1}{n}\sum_{i=1}^{n} i=\frac{1}{n}\cdot\frac{n+1}{2}\cdot n=\frac{1}{2}(n+1)$$

由公式可见，表长时效率很低。

8.2 折半查找

折半查找又称二分查找，是针对有序表进行查找的简单、有效而又较常用的方法。所谓有序表，即要求表中的各元素按关键字的值有序（升序或降序）存放。

折半查找不像顺序查找那样，从第一个记录开始逐个顺序搜索，其基本思想是：首先选取表中间位置的记录，将其关键字与给定关键字 k 进行比较，若相等，则查找成功；否则，若k值比该关键字值大，则要找的元素一定在表的后半部分（或称右子表），则继续对右子表进行折半查找；若k值比该关键字值小，则要找的元素一定在表的前半部分（左子表），同样应继续对左子表进行折半查找。每进行一次比较，要么找到要查找的元素，要么将查找的范围缩小一半。如此递推，直到查找成功或把要查找的范围缩小为空（查找失败）。

设表的长度为n，表的被查找部分的头为low，尾为high，初始时，low=1,high=n,k 为关键字的值。查找的步骤为：

（1）计算中间记录的序号 $mid=\left[\frac{low+high}{2}\right]$，取整。

（2）若 k=r[mid].key,成功，否则：

若 k<r[mid].key, 则 high=mid-1，重复（1）。

若 k>r[mid].key, 则 low=mid+1，重复（1）。

直到成功或不成功（此时 low>high）。

具体算法如下：

```
Void binsrch(struct node r[ ],int n,int k)
{ int mid,low,high,find;
   low=1; high=n;find=0;                    /*置区间初值*/
```

```
      while ((low<=high) && (!find))
      { mid=(low+high)/2;              /*求中点*/
        if (k= = r[mid].key)
            find=1;                    /*已查到*/
        else if(k>r[mid].key )
                low=mid+1;             /*在后半区间查找*/
             else high=mid-1;          /*在前半区间查找*/
      }
    if (find)
        return (mid);                  /*查找成功，返回找到元素的位置*/
    else return (0);                   /*查找不成功，返回 0 标记*/
  }
```

下面我们看一个具体的例子。

给出如下 8 个数据元素的有序表，关键字为数据元素的值：

4，11，14，18，41，44，51，72

用两个指针 low 和 high 分别指示待查元素所在范围的下界和上界。在开始进行查找时，令 low=1，high=8。

（1）要求找出关键字值 k 为 44 的元素，过程如下：

4　11　14　18　41　44　51　72
↑（low=1）　↑（mid=4）　↑（high=8）

4　11　14　18　41　44　51　72
↑（low=5）　↑（mid=6）　↑（high=8）

查找成功。

（2）要查找关键字值为 6 的元素，过程如下：

4　11　14　18　41　44　51　72
↑（low=1）　↑（mid=4）　↑（high=8）

4　11　14　18　41　44　51　72
↑（low=1）　↑（mid=2）　↑（high=3）

4　11　14　18　41　44　51　72
↑（low=1）

high=1

mid=1

4　　11　　14　　18　　41　　44　　51　　72

↑　　↑

high=1 low=2

因为 high<low，故查找不成功，结束。

采用折半查找，当查找成功时，最少比较次数为一次，如在上例中查找关键字值为 18 的结点，只需一次比较。最多经过 $\log_2 n$ 次比较之后，待查找子表要么为空，要么只剩下一个结点，所以要确定查找失败需要 $\log_2 n$ 次或 $\log_2 n+1$ 次比较。可以证明，折半查找的平均查找长度是：

$$ASL=\frac{n+1}{n}\log_2(n+1)-1$$

从折半查找的平均查找长度 ASL 来看，当表的长度 n 很大时，该方法尤其能显示出其时间效率。但由于折半查找的表仍是线性表，若经常要进行插入、删除操作，则元素排列费时太多，因此折半查找比较适合于一经建立就很少改动而又需要经常查找的线性表，较少查找而又经常需要改动的线性表可以采用链接存储，使用顺序查找。

8.3 分块查找

在处理线性表时，如果既希望能够快速查找，又要经常动态变化，则可以采用分块查找方法。分块查找又称索引顺序查找，要求将待查的元素均匀的分成块，块间按大小排序，块内不排序，因此需要建立一个块的最大（或最小）关键字表，称之为“索引表”。

具体而言，假设我们按结点元素关键字升序方式组织表中各块，则要求第一块中任一结点的关键字值都小于第二块中所有结点的关键字值，第二块中任一结点的关键字值都小于第三块中所有结点的关键字值，如此类推。然后选择每块中的最大（或最小）关键字值组成索引表。换言之，索引表中的结点个数等于线性表被分割的块数。

看一个例子：有如下 15 个元素构成的一个线性表，按关键字大小分成三块，第一块中任一结点的关键字值都小于第二块中所有结点的关键字值，第二块中任一结点的关键字值都小于第三块中所有结点的关键字值，然后建立一张按各块中最大的关键字排序而成的线性表。如图 8-2 所示。

第一块	第二块	第三块
12 10 8 29 3	39 37 41 59 64	83 85 69 73 90

29	64	90

图 8-2　线性表

例如要找关键字为 k 的元素，则先用折半查找法由索引表查出 k 所在的块，再用顺序查找法在对应的块中找出 k。在图 8-2 中若要找关键字值为 41 的元素，则先由索引表查出 41 在第二块中（29<41<64），再在第二块中找到 41。

由此我们可以总结：分块查找分两步进行，第一步确定要查找结点在表中的哪一块，第二步在确定的块中找到该结点。

分块查找的平均查找长度为：

$$ASL=ASL_b+ASL_e$$

其中 ASL_b 是折半查找的平均查找长度，ASL_e 是用顺序查找法查块内元素的平均查找长度。设每块中有 s 个元素，可以近似的得到：

$$ASL=\log_2\left(\frac{n}{s}+1\right)+\frac{s}{2}$$

可以看出分块查找的平均查找长度位于顺序查找和折半查找之间。

下面我们简单的对以上几种查找方法做出比较：

（1）平均查找长度：折半查找最小，分块查找次之，顺序查找最大。

（2）表的结构：顺序查找对有序表、无序表均适用；折半查找仅适用于有序表；分块查找要求表中元素是逐段有序的，就是块与块之间的记录按关键字有序。

（3）存储结构：顺序查找和分块查找对向量和线性链表结构均适用；折半查找只适用于向量存储结构的表，因而要求表中元素基本不变，而在需要插入或删除运算时，要移动元素，才能保持表的有序性，所以影响了查找效率。

8.4　哈希法

哈希法又名散列法,因其英文单词 Hash 而得名,是一种完全不同的查找方法。前面我们所介绍的三种查找方法的共同特点在于：通过对关键字的一系列比较，逐步缩小查找范围，直到确定结点的存储位置或确定查找失败。而哈希法则希望不经过任何比较，一次存取就能得到所查元素，因此必须在记录的存储位置和它的关键字之间建立一个确定的对应关系，使得每个关键字和结构中一个唯一的存储位置相对应，这样查找时只需对结点的关键字进行某种运算就能确定结点在表中的位置。因此哈希法的平均比较次数和表中所含结点的个数无关。

打个比方让我们更清楚地认识哈希法的不同。假定某教室有 35 个座位，如果不加限定让学生任意就座，则要找某个学生时就要将待找学生与当前座位上的学生一一做比较，这就是我们前面所介绍的查找方法的大致思路。而哈希法则要限定学生所坐的位置，比如可规定学生座位的编号应与其学号的末两位相同，则学号为 993605 的学生应坐编号为 5 的座位。这样我们要找某个学生时只需根据其学号的末两位到相应座位上去找即可，不必一一比较了。在这个例子里，学生好比记录，学号则为关键字，对关键字进行的操作则是取其末两位，用以确定记录的位置。

8.4.1 哈希表和哈希函数的概念

先看一个学生成绩表存储的例子。

已知某班 6 名学生的学号和某门功课的成绩，现在要将这些数据组织成一张表以便于存储。我们规定按学生学号的末位数字与存储单元地址的对应关系来组织成绩表，如图 8-3 所示。这样组织而成的表即为哈希表。

地址	学号	成绩
1	9901	75
2	9902	87
3		
4	9904	67
5	9905	90
6		
7	9907	89
8		
9	9909	78

图 8-3 哈希表

在这样的存储方式下，要找学号为 9902 的学生，则直接到 2 号单元找即可，要找学号为 9903 的学生，则查找失败。

由此我们可以总结到：将结点的关键字 key 作为自变量，通过一个确定的函数关系 H，计算出相应的函数值 H(key)，然后以 H(key)作为该结点的存储单元地址。用这种方式建立起来的线性表称为哈希表或叫散列表，把结点关键字转换为该结点存储单元地址的函数 H 称为哈希函数或叫散列函数。例如上例中的散列函数为：H（学号）=学号-9900。

然而关键字集合往往比地址集合大的多，哈希函数是个压缩函数，这样会产生不同的关键字映像到同一地址的情况。上例中，若取哈希函数为 H（学号）=学号%10，则学号 9909 和 9919 经过哈希函数都映射到地址 9 上，这种现象叫做冲突（colision）。当然为了不出现冲突现象就应该使用均匀的哈希函数，即散列而成的地址均匀分布，但由于关键字集合比地址集合大，冲突现象不可能完全避免，关键是冲突出现后要有办法解决。

8.4.2 哈希函数的构造方法

一个好的哈希函数应使函数值均匀的分布在存储空间的有效地址范围内，以尽可能减少冲突。但鉴于实际问题中关键字的不同，没法构造出统一的哈希函数。构造哈希函数的方法多种多样，这里只介绍一些比较常用的、计算较为简便的方法。

1. 自身函数

关键字自身作为哈希函数，即 H（k）=k，也可自身加上一个常数作为哈希函数，即 H(k)=k+c。例如上例中建立的哈希函数 H(学号)=学号-9900 采用的就是这样的方法。但这种函数只适用于给定的一组关键字为关键字集合中的全体元素的情况，故不常用。

2. 除余法

选择一个适当的正整数 m,用 m 去除关键字,取其余数作为散列地址,即 H(key)=key%m。上例中后来所设定的函数 H(学号)=学号%10 采用的就是除余法。

但是在这种方法中，m 的选择是值得研究的。如果选择关键字内部代码基数的幂次来除关键字，其结果必定是关键字的低位数字均匀性较差。若取 m 为任意偶数，则当关键字内部代码为偶数时，得到的哈希函数值为偶数；若关键字内部代码为奇数，则哈希函数值为奇数。因此，m 为偶数也是不好的。理论分析和试验结果均证明 m 应取小于存储区容量的素数。

3. 数字分析法

这种方法是对关键字内部代码的各个码位进行分析。例如，给定一组关键字如下，我们要取关键字的其中三位作为散列地址：

k1=642482241

k2=642813678

k3=632228171

k4=642389671

k5=642541577

k6=642985376

k7=642193552

我们分析发现第一位都是 6，不均匀，不可取；第二位有 6 个 4，不可取；类似的，第三位、第五位、第八、九位都不好，因此应取关键字的 4、6、7 位作为哈希函数的值。它们分别是 422、836、281、396、515、953、135。由于数字分析法需事先知道各位上字符的分布情况，因此大大限制了它的实用性。

4. 平方取中法

这是一种较常用的哈希函数。首先将关键字平方，然后取中间几位作为地址，位数可根据要求的地址范围来确定。取中间几位的目的是因为中间位与关键字的各位都有关系，散列后地址的分布可更均匀些，如图 8-4 所示。

关键字	关键字的平方	地址
0100	0010000	010
1100	1210000	210
1200	1440000	440
1160	1345600	345
2061	4247721	247
2062	4251844	251

图 8-4　平方取中法

构造哈希函数的方法很多，很难一概而论的评价其优劣，任何一种哈希函数都应该用实际数据去测试它的均匀性，才能做出正确的判断和结论。

8.4.3 冲突处理

冲突在散列技术中是不可避免的。下面介绍几种处理冲突的方法。

1. 线性探测法

假定有一个关键字为 K 的记录要放入表中，先由哈希函数求出其在表中的地址为 H（K）=j，探测表的第 j 个位置 HT[j]的内容是否为空，若空，则将记录放入，任务完成；若不空，且第 j 个位置的记录的关键字不是 K，则发生冲突。这时则线性的依次探测线性表的下一个位置，HT[j+1]，HT[j+2]，HT[j+3]……，直到找到一个空位置，将关键字为 K 的记录放入其中为止。若找到表尾依然未找到空位置，则转回表头，再依次向下探测，直到该记录放入为止。若整个表已满，则放入另外一个溢出表，如图 8-5 所示。

HT 表

	R2	R3	R4	R5	R6
1	2	3	4	5	6

图 8-5 线性探测法实例

表中已有 4 条记录，现在要加入记录 R6，根据哈希函数计算出 R6 的地址应为 3，可发现 3 中已满，于是依次向后探测，直到发现第 6 个位置为空，则将 R6 放入，任务完成。

下面是线性探测法的算法，请注意，算法中设立了一个查找的边界值 i，当顺序探测已超过表长，则要翻转到表首继续查找，直到查到 i 位置才是真正的查完全表。为编程方便，令 i=j-1。

```
Define m 100;                              /*哈希表的长度*/
Struct hash
{int key;
 }HT[m];
Void linehash(struct hash HT[ ],int k,int p)
{j=k%p;i=j-1;
 while ((HT[j].key!=NULL)&&(HT[j].key!=k)&&(j!=i))
 j=(j+1)%m;                                /*解决冲突*/
 if (HT[j].key==k)
      printf("succ!%d,%d\n",k,j);
 else if (j==i)
         printf("overflow!\n");            /*溢出*/
      else HT[j].key=k;                    /*插入 k*/
```

```
}
```

线性探测法的优点是算法简单，缺点是会导致结点的“堆聚”现象，即某些结点被集中的插入到相邻的存储单元中，从而降低查找效率。

2. 溢出区法

前面讲的线性探测法解决冲突的方法在于，将结点插入冲突位置之后的空的存储单元中，这样该结点就占据了别的结点的位置，会引起连锁反应，增加冲突机会。而溢出区法则另外开辟一个新的存储单元，把发生冲突的结点顺序的插入到溢出区中去。因此，溢出区法将散列表分成了两个区域即基本区与溢出区。

例如：某散列表的基本区长度为 7，其间已放入 4 条记录，而溢出区长度为 5。现在要放入记录 R5，由 R5 的关键字经过哈希函数计算出的地址为 5，但第五号单元已被占据，则将 R5 放入溢出区的第一个单元中，如图 8-6 所示。

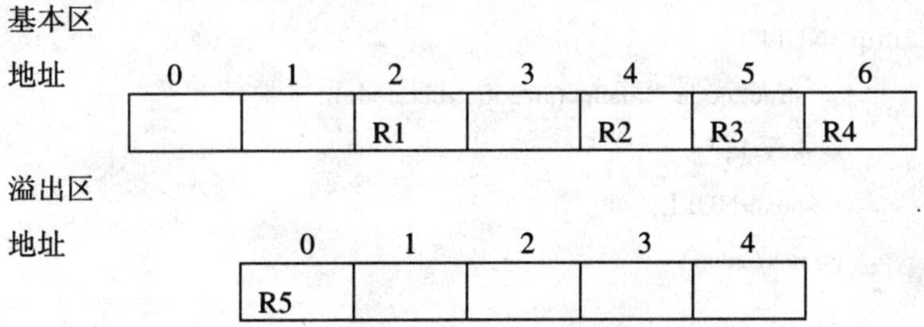

图 8-6 溢出区法实例

与线性探测法相比，溢出区法的空间浪费可能多一点，但查找速度比较快。而且，溢出区也可以采用散列存储，形成二次散列。

3. 链地址法

链地址法的基本思路是把相同散列地址的结点链接在同一个链表中，从而形成 n 条链，然后用一个数组 ht 存储各链表的链头指针。

例如：散列表长度为 n=7，关键字集合为{9，12，4，5，13}，哈希函数为 H（k）=k%7。按链地址法存储散列表的结构如图 8-7 所示。

链地址散列表的查找速度很快，存储空间的利用率也很高，因此经常被采用。具体算法描述如下：

```
Define m 100;              /*表长*/
Struct node
{int key;
struct node * next;
}HT[m];
Void linkhash(struct node HT[ ],int k,int p)
{struct node * p,* r,* s;
```

```
     j=k%p;
   if(HT[j].key==0)
        {HT[j].key=k;
         HT[j].next=NULL;
        }
   else if(HT[j].key==k)
            printf("succ!%d,%d\n",j,k);
         else {q=HT[j].next;
               while(q!=NULL)&&(q->key!=k)
                    {r=q;
                     q=q->next;
                    }
               if(q==NULL)
                  {s=(struct node *)malloc(sizeof(struct node));
                   s->key=k;
                   s->next=NULL;
                   r->next=s;
                  }
                else printf("succ!%d,%d\n",j,k);
   }
```

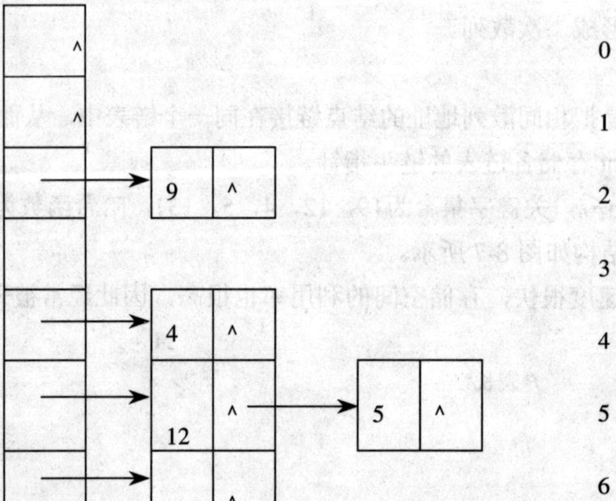

图 8-7　按链地址法存储散列表的结构

本章小结

本章学习了有关查找的基本内容。查找不是一种数据结构，而是基于数据结构的辅助性运算，在计算机的实用系统中占有很重要的地位。本章所涉及到的基本概念有：

查找：根据给定的某个值，在表中确定一个关键字等于给定值的记录或数据元素。

关键字(Keyword)：一个或一组能唯一标识该记录的数据项称为该记录的关键字。

平均查找长度（Average Search Length）：为确定记录在表中的位置所进行的和关键字的比较的次数的期望值称之为查找算法的平均查找长度，简称 ASL。

有序表：表中的各元素按关键字的值有序（升序或降序）存放。

哈希表：将结点的关键字 key 作为自变量，通过一个确定的函数关系 H，计算出相应的函数值 H(key)，然后以 H(key)作为该结点的存储单元地址。用这种方式建立起来的线性表称为哈希表或叫散列表

哈希函数：把结点关键字转换为该结点存储单元地址的函数 H 称为哈希函数或叫散列函数。

在学习这些概念的基础上，我们先后学习了三种基于将待查元素的关键字和表中元素的关键字进行比较的查找算法，即顺序查找、折半查找和分块查找，并对它们做出比较。我们也学习了一种不同的查找算法，即哈希法，它的基本思路是：在记录的存储位置和它的关键字之间建立一个确定的对应关系，使得每个关键字和结构中一个唯一的存储位置相对应，这样查找时只需对结点的关键字进行某种运算就能确定结点在表中的位置，其间我们知道了如何构造哈希函数和如何解决冲突问题。读者应熟悉各种查找算法的思路、算法及性能分析，以灵活应用于各种实际问题中。

习　题　八

1．设有一组关键字序列{12，7，2，30，8，28，4，10，5，60，25，9，1，56，34，78}，当用折半查找算法查找关键字 7，5，67 时，其比较次数分别是多少？

2．用 C 语言改写折半查找过程，使其成为递归过程并上机验证。

3．设单链表的结点是按关键字从小到大排列的，试写出对此链表的查找算法，并说明是否可以采用折半查找。

4．已知关键字集合{2，3，15，8，1，25，16，35，9，22，30，39，18，33，27，26}，按平均查找长度 ASL 最小的原则，画出分块存储示意图。

5．什么是哈希表、哈希函数？哈希法中为什么会出现冲突？

6．删除散列表中某结点，应如何操作？

第九章　排序

本章学习导读

排序（sorting）是计算机程序设计中的一种重要操作。它的功能是将一个数据元素（或记录）的任意序列，重新排列成一个按关键字有序的序列。

由于待排序的记录数量不同，使得排序过程中涉及的存储器不同，可将排序方法分为两大类：一类是内部排序，指的是待排序记录存放在计算机存储器中进行的排序过程；另一类是外部排序，指的是待排序记录的数量很大，以致内存一次不能容纳全部记录，在排序过程中对外存进行访问的排序过程。

本章介绍几种常见排序方法的原理及算法，并对几种方法做简单比较。通过本章的学习，读者应重点掌握：插入排序（包括线性插入和折半插入排序）、希尔排序、选择排序、堆排序、快速排序、基数排序的排序过程及实现算法。

9.1　插入排序

插入排序（insertion sort）是把一个记录插入到已排序的有序文件中去，使得插入这个记录之后，得到的仍然是有序文件。插入记录，首先要对有序文件进行查找，以确定这个记录的插入位置。按查找方式的不同，插入排序又可以分为线性插入排序和折半插入排序。

9.1.1　线性插入排序

线性插入排序的基本思想是：第 1 遍将初始文件中的记录 R_1 看作有序子文件，将 R_2 插入这个子文件中。若 R_2 的关键字小于 R_1 的关键字，则 R_2 插在 R_1 的前面，否则 R_2 插在 R_1 的后面。第 2 遍将 R_3 插入前面的两个记录的有序子文件中，得到 3 个记录的有序子文件。依此类推，继续进行下去，直到将 R_n 插入到前面的 n-1 个记录的有序子文件中，最后得到 n 个记录的有序文件。图 9-1 所示为线性插入排序的例子。

为了避免检测是否应插在 R_1 的前面，在 R_1 的前面设立记录 R_0，它既是中间变量，又是监视哨。设（R_1，R_2，…，R_{i-1}）是已排序的有序子文件，则插入 R_i 的步骤是首先将 R_i 存放到 R_o 中，然后将 Ko（即原 Ri 的关键字 Ki）依次与 K_{i-1}，K_{i-2}，…比较，若 $K_o<K_j$（j=i-1，i-2，…，1），则 R_j 后移一个位置，否则停止比较和移动，最后，将 R_o（即原来待插入的记录 R_i）移到 j+1 的位置上。由于 R_i 的前面有监视哨 R_o，因此不必每次判断下标 j 是否出界。算法描述如下：

	K0	K1	K2	K3	K4	K5
初始关键字：	43	21	89	15	43	28
第一遍排序后：	21	(21 43)	89	15	43	28
第二遍排序后：	89	(21 43 89)		15	43	28
第三遍排序后：	15	(15 21 43 89)			43	28
第四遍排序后：	43	(15 21 43 43 89)				28
第五遍排序后：	28	(15 21 28 43 43 89)				

图 9-1　线性插入排序示例

```
void insertsort(struct node r[ n+1],int n)
/* r[n+1]为一维数组，其中 r[0]为监视哨，r[1]到 r[n]为待排序的 n 个记录，排序好的记录仍放在
r 中*/
{ for(i=2;i<=n;i++)                    /*共进行 n-1 趟*/
    { r[0]=r[i];                       /*r[0]为监视哨，也可做下边循环结束标志*/
      j=i-1;
      while(r[j].key>r[0].key)
            { r[j+1]=r[j];
              j--;
            }
      r[j+1]=r[0];
    }
}
```

在上面的算法中，只需要监视哨 R_0 的辅助空间。插入记录 R_1 时，若待排序的初始文件已按关键字递增次序排列，则 K_1 只与 K_{i-1} 进行一次比较；若初始文件已按关键字递减次序排列，则每个 K_i 均依次与 K_{i-1}，K_{i-2}，…，K_i 和监视哨的关键字 K_0（即 K_1）比较，共计 I 次比较。因此，算法所需的比较次数最少为 n-1，最多为：

$$\sum_{i-2}^{n} i = \frac{(n-1)(n+2)}{2} \approx \frac{n^2}{2}$$

如果初始文件中的记录是随机分布的，则算法所需的平均比较次数为：

$$\sum_{i-2}^{n} \frac{i+1}{2} = \frac{(n-1)(n+4)}{4} \approx \frac{n^2}{4}$$

现在来分析这一算法所需的移动次数。每插入一个记录 R_i，首先将 R_i 移到监视哨 R_0 中；以后每进行一次比较需移动一个记录，但最后一次比较不再移动记录；最后还要将 R_0 移到插入位置。因此，插入一个记录 R_i，至少需 2 次移动，最多需 i+1 次移动，平均需（i+3）/2 次移动。这个算法所需总的移动次数最少为 2(n-1)，最多为：

$$\sum_{i-2}^{n}(i+1)=\frac{(n-1)(n+4)}{2}\approx\frac{n^2}{2}$$

平均为：

$$\sum_{i-2}^{n}\frac{i+3}{2}=\frac{(n-1)(n+8)}{4}\approx\frac{n^2}{4}$$

综上所述，线性插入排序的时间复杂度为 O（n^2）。显然，线性插入排序是稳定的。

9.1.2 折半插入排序

在线性插入排序中，我们采用顺序查找法来确定记录的插入位置。由于（R_1，R_2，…，R_{i-1}）是有序子文件，我们可以采用折半查找法来确定 R_1 的插入位置，这种排序称为折半插入排序。其算法可写出如下：

```
void binarysort(struct node r[ n+1],int n)
/*按关键字递增的次序对记录 r[1],r[2],……,r[n]进行折半插入排序 */
{ for(i=2;i<=n;i++)
    { r[0]=r[i];
      l=1;
      h=i-1;
      while(l<=h)
          { mid=(l+h)/2;
            if(r[0].key<r[mid].key)
               h=mid-1;
            else l=mid+1;
          }
      for(j=i-1;j>=l;j--)
          r[j+1]=r[j];
      r[l]=r[0];
    }
}
```

在上面的算法中，每插入一个 R_1，平均比较次数为 $\log_2 i$。于是，算法所需的总的比较次数为：

$$\log_2 2 + \log_2 3 + \cdots + \log_2 n = \log_2 n! < n\log_2 n$$

可见，折半插入排序所需的比较次数比线性插入排序的比较次数要少，但两种插入排序所需的辅助空间和记录的移动次数是相同的。因此，折半插入排序的时间复杂度为 O（n^2）。

除了上述两种插入排序的方式之外，还有其他的插入排序方式，这里不再介绍。

9.2　希尔排序

希尔排序（Shell's Method）又称“缩小增量排序”（Diminishing Increment Sort），是由 D.L.Shell 在 1959 年提出来的。它的作法是先取定一个小于 n 的整数 d_1 作为第一个增量，把文件的全部记录分成 d_1 个组，所有距离为 d_1 的倍数的记录放在同一个组中，在各组内进行直接插入排序；然后，到第二个增量 $d_2<d_1$ 重复上述分组和排序，直至所取的增量 $d_t=1$（$d_t<d_{t-1}<\cdots<d_2<d_1$），即所有记录放在同一组中进行直接插入排序为止。

先从一个具体的例子来看希尔排序。假设待排序文件有 10 个记录，其关键字分别是：49，38，65，97，76，13，27，49′，55，04。增量序列取值依次为：5，3，1。

第一趟排序时，$d_1=5$，整个文件被分成 5 组：（R_1，R_6），（R_2，R_7），…，（R_5，R_{10}）各组中的第 1 个记录都自成一个有序区，我们依次将各组的第 2 个记录 R_6，R_7，…R_{10} 分别插入到各组的有序区中，使文件的各组均是有序的，其结果见图 9-2 的第七行。

第二趟排序时，$d_2=3$，整个文件分成三组：（R_1，R_4，R_7，R_{10}），（R_2，R_5，R_8），（R_3，R_6，R_9），各组的第 1 个记录仍自成一个有序区，然后依次将各组的第 2 个记录 R_4，R_5，R_6 分别插入到该组的当前有序区中，使得（R_1，R_4），（R_2，R_5），（R_3，R_6）均变为新的有序区，接着依次将各组的第 3 个记录 R7，R8，R9 分别插入到该组当前的有序区中，又使得（R_1，R_4，R_7），（R_2，R_5，R_8），（R_3，R_6，R_9）均变为新的有序区，最后将 R10 插入到有序区（R_1，R_4，R_7）中就得到第二趟排序结果。

最后一趟排序时，$d_3=1$，即是对整个文件做直接插入排序，其结果即为有序文件。

排序过程如图 9-2 所示。

若不设置监视哨，根据上例的分析不难写出希尔排序算法，请读者自行完成之。下面我们先分析如何设置监视哨，然后给出具体算法。设某一趟希尔排序的增量为 h，则整个文件被分成 h 组：（R_1，R_{h+1}，R_{2h+1}，…），（R_2，R_{h+2}，R_{2h+2}，…），…（R_h，R_{2h}，R_{3h}，…），因为各组中记录之间的距离均为是 h，故第 1 组至第 h 组的哨兵位置依次为 1-h，2-h，…，0。如果象直接插入排序算法那样，将待插入记录 R_i（$h+1\leq i\leq N$） 在查找插入位置之前保存到监视哨中，那么必须先计 Ri 属于哪一组，才能决定使用哪个监视哨来保存 Ri。为了避免这种计算，我们可以将 Ri 保存到另一个辅助记录 X 中，而将所有监视哨 R_{1-h}，R_{2-h}，…，R_0 的关键字，设置为小于文件中的任何关键字即可。因为增量是变化的，所以，各趟排序中所需的监视哨数目也不相同，但是我们可以按最大增量 d_1 来设置监视哨。具体算法描述如下：

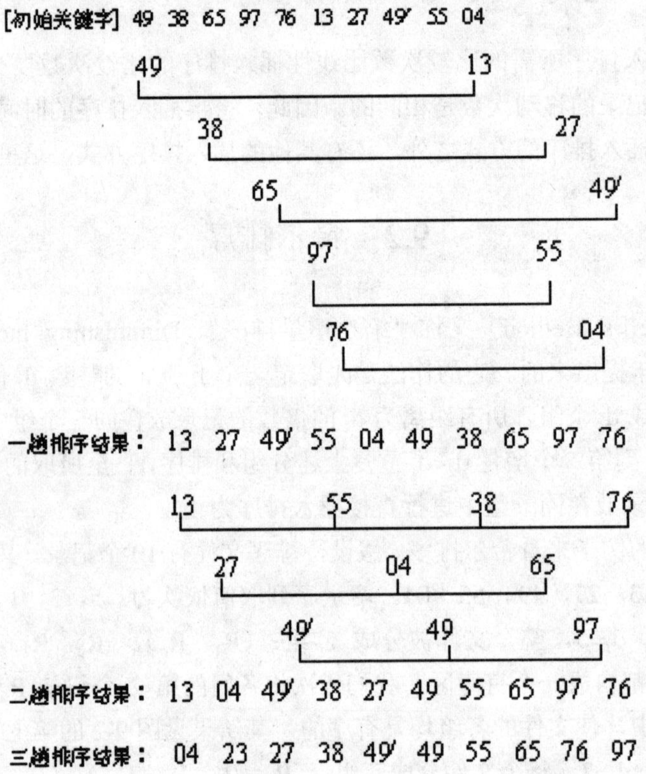

图 9-2 希尔排序示例

```
rectype R[n+d1];                         /* R[d1-1]为 d1 个监视哨*/
int d[t];                                /* d[0]到 d[t-1]为增量序列*/
SHELLSORT(R,d)
Rectype R[ ];
int d[ ];
{int i, j, k, h;
  rectype temp;
  int maxint=32767;                      /*机器中最大整数*/
  for (i=0; i<d[0]; i++)
     R[i].key=-maxint;                   /*设置哨兵*/
     K=0;
     Do{
          H=d[k];                        /*取本趟增量*/
```

```
For(i=h+d1; i<n+d1; i++)          /*R[h+d1]到 R[n+d1-1]插入当前有序区*/
  {temp=R[i]};                    /*保存待插入记录 R[i]*/
   j=i-h;
    while(temp.key<R[j].key)      /*查找正确的插入位置*/
    {R[j+h]=R[j]};                /*后移记录*/
     j=j-h;                       /*得到前一记录位置*/
     }
     R[j+h]=temp;                 /*插入 R[i]*/
    }                             /*本趟排序完成*/
   k++;
  } while (h! =1);                /*增量为 1 排序后终止算法*/
}                                 /*SHELLSORT*/
```

读者可能看出，当增量 h=1 时，SHELLSORT 算法与 INSERTSORT 基本一致。

对希尔排序的分析提出了许多困难的数学问题，特别是如何选择增量序列才能产生最好的排序效果，至今没有得到解决。希尔最初提出取 $d_1=\lfloor n/2\rfloor$，$d_{i+1}=\lfloor d_{i/2}\rfloor$，$d_t=1$，$t=\lfloor \log 2^n\rfloor$。后来又有人提出其他选择增量序列的方法，如 $d_{i+1}=\lfloor(d_i-1)/3\rfloor$，$d_t=1$，$t=\lfloor \log 3n-1\rfloor$；以及 $d_{i+1}=\lfloor(d_{i-1})/2\rfloor$，$d_t=1$，$t=\lfloor \log 2^n-1\rfloor$。

为什么希尔排序的时间性能优于直接插入排序呢？我们知道直接插入排序在文件初态为正序时所需要时间最少，实际上，当文件初基本有序时直接插入排序所需的比较和移动次数均较少。另一面，当 n 值较小时，n 和 n^2 的差别也较小，即直接插入排序的最好时间复杂度 O(n)和最坏时间复杂度 $O(n^2)$差别不大。在希尔排序时增量较大，分组较多，每组的记录数目少，故各组内直接插入较快，后来增量 d_i 逐渐缩小，分组数逐渐减少，而各组的记录数目逐渐增多，但由于已经按 d_{i-1} 作为距离排过序，使文件较近于有序状态，所以新的排序过程也较快。因此，希尔排序在较率上较直接接入排序有较大的改进。

希尔排序是不稳定的。参见图 9-2 的例子，该例中两个相同关键字 49 在排序前后的相对次序发生了变化。

9.3 选择排序

选择排序（selection sort）也是一种简单排序法。一个记录最多只需进行一次交换就可以直接到达它的排序位置。

设待排序的文件为（R1，R2，…，Rn)，进行选择排序的基本步骤如下：

（1）置 i 为 1；

（2）当 i<n 时，重复下列步骤；

1）当(Ri，…，Rn)中选出一个关键字最小的记录 Rmin，若 Rmin 不是 Ri，即 $R_{min}\neq R_i$ 则

交换 Ri 和 Rmin 的位置；否则，不进行交换。

2）i 的值加 1。

例如，对初始化关键字（43，89，21，43，28，15）进行选择排序，其过程如图 9-3 所示。

```
                k1  k2  k3  k4  k5  k6
初始关键字：  （43  89  21  43  28  15）
                i                     min
第一遍排序后：15 （89  21  43  28  43）
                     i   min
第二遍排序后：15  21（89  43  28  43）
                         i       min
第三遍排序后：15  21  28（43  89  43）
                             i min
第四遍排序后：15  21  28 43 （89  43）
                                 i  min
第五遍排序后：15  21  28 43  43  89
```

图 9-3　选择排序示例

选择排序算法如下：

```
void selectsort(struct node r[n+1],int n)
/*对记录数组 r[1]至 r[n]进行选择排序*/
{ for(i=1;i<n;i++)
   { min=i;
     for(j=i+1;j<=n;j++)                /*选择最小元*/
        if (r[j].key<r[min].key)
          min=j;
     if(min!=i)
       { temp=r[min];
         r[min]=r[i];
         r[i]=temp;
       }
   }
}
```

在上面算法中，第 1 遍扫描时，在 n 个记录中为了选出最小关键字的记录，需要进行 n-1 次比较，第 2 扫描时，在余下的 n-1 记录中，再选出具有最小关键字的记录需要比较 n-2 次，……第 n-1 扫描时，在最后的 2 个记录中，比较 1 次选出最小关键字的记录。因此，在任何情况下，算法所需要比较的次数都为：

$$C=\sum_{i=1}^{n-1}(n-i)=n(n-1)/2\approx n^2/2$$

即算法的时间复杂度为 $O(n^2)$。

在最坏情况下，由于每遍排序最多只交换一对记录，因此最多进行 n-1 次交换，在移动记录次数最多 3(n-1)。在最坏情况下，不需要移动记录。

选择排序只需要少量中间变量作为辅助空间。从图 9-3 所示的例子中可知，选择排序是不稳定的。

9.4　堆排序

堆排序（heap sort）是在选择排序的基础上发展起来的。它比选择排序的效率要高。在堆排序中，把待排序的文件逻辑上看作是一棵顺序二叉树，并用到堆的概念。在介绍堆排序之前，先引入堆的概念。

我们回忆一下，一棵有 n 个结点的顺序二叉树可以用一个长度为 n 的向量（一维数组）来表示。反过来，一个有 n 个记录的顺序表示的文件，在概念上可以看作是一棵有 n 个结点（即记录）的顺序二叉树。例如，一个顺序表示的文件（R1，R2，……，R9），可以看作为图 9-4 所示的顺序二叉树。

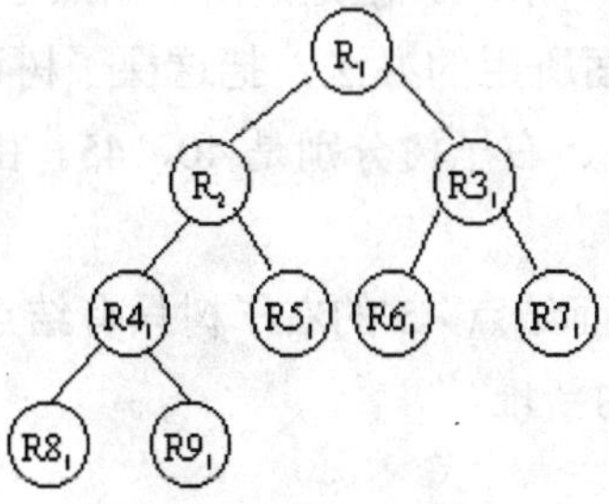

图 9-4　顺序二叉树子

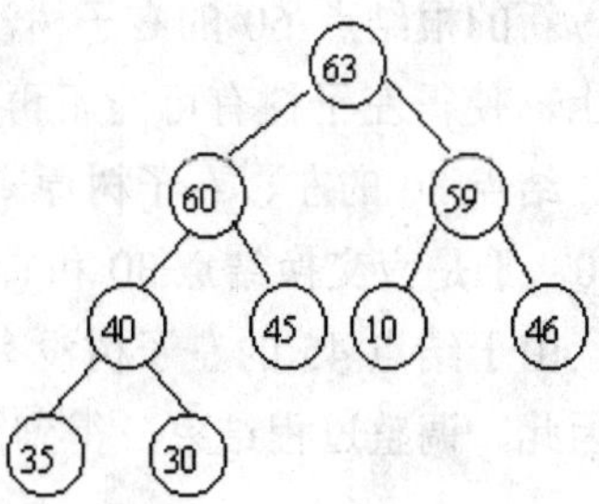

图 9-5　堆示例

当我们把顺序表示的文件（R1，R2，…，Rn）看作为顺序二叉树时，由顺序二叉树的性质可知，记录 $R_i(1<i\leqslant n)$的双亲是记录 $R_{[i/2]}$；R_1 的左孩子是记录 $R_{2i}(2i\leqslant n)$，但若 $2i>n$，则 R_i 的左孩子不存在；R_i 的右孩子是记录 $R_{2i+1}(2i+1\leqslant n)$，但若 $2i+1>n$，则 R_i 的右孩子不存在。

什么是堆呢?堆是一个具有这样性质的顺序二叉树，每个非终端结点(记录)的关键字大于等于它的孩子结点的关键字。例如，图 9-5 所示的顺序二叉树就是一个堆。

显然，在一个堆中，根结点具有最大值（指关键字，下同），而且堆中任何一个结点的非空左、右子树都是一个堆，它的根结点到任一叶子的每条路径上的结点都是递减有序的。

堆排序的基本思想是首先把待排序的顺序表示（一维数组）的文件(R_1，R_2，…，R_n)在概念上看作一棵顺序二叉树，并将它转换成一个堆。这时，根结点具有最大值，删去根结点，然后将剩下的结点重新调整为一个堆。反复进行下去，直到只剩下一个结点为止。

堆排序的关键步骤是如何把一棵顺序二叉树调整为一个堆。初始状态时，结点是随机排列的，需要经过多次调整才能把它转换成一个堆，这个堆叫做初始堆。建成堆之后，交换根结点和堆的最后一个结点的位置，相当于删去了根结点。同时，剩下的结点（除原堆中的根结点）又构成一棵顺序二叉树。这时，根结点的左、右子树显然仍都是一个堆，它们的根结点具有最大值（除上面删去的原堆中的根结点）。把这样一棵左、右子树均是堆的顺序二叉树调整为新堆，是很容易实现的。

例如，对于图 9-5 所示的堆，交换根结点 63 和最后的结点 30 之后，便得到图 9-6（a）所示的顺序二叉树（除 63 之外）。现在，新的根结点是 30，其左、右子树仍然都是堆。下面讨论如何把这棵二叉树调整为一个新堆。

由于堆的根结点应该是具有最大值的结点，且已知左、右子树是堆，因此，新堆的根结点应该是这棵二叉树的根结点、根结点的左孩子和根结点的右孩子（若存在的话）中最大的那个结点。于是，先找出根结点的左、右孩子，比较它们的大小。将其中较大的孩子再与根结点比较大小。如果这个孩子大于根结点，则将这个孩子上移到根结点的位置，而根结点下沉到这个孩子的位置，即交换它们的位置。在图 9-6（a）中，根结点 30 的左、右孩子分别是 60、59，由于 60>59，并且 60>30，于是应交换根结点 30 和左孩子 60 的位置。

这时，新的根结点 60 的右子树没有改变，仍然是一个堆。但是，由于结点 30 下沉到左子树的根上，使得左子树有可能不再是堆了。按照上面所用的办法，把这棵子树调整为一个堆，显然，结点 30 的左、右子树原来都是堆，30 的左、右子树分别是 40，45。由于 40<45，并且 45>30，于是应交换结点 30 和右孩子 45 的位置。

现在，由于结点 45 的左子树没有改变，仍是堆，而结点 45 的右子树只有结点 30，它是一个堆，因此，调整过程结束，得到图 9-7（b）所示的新堆。

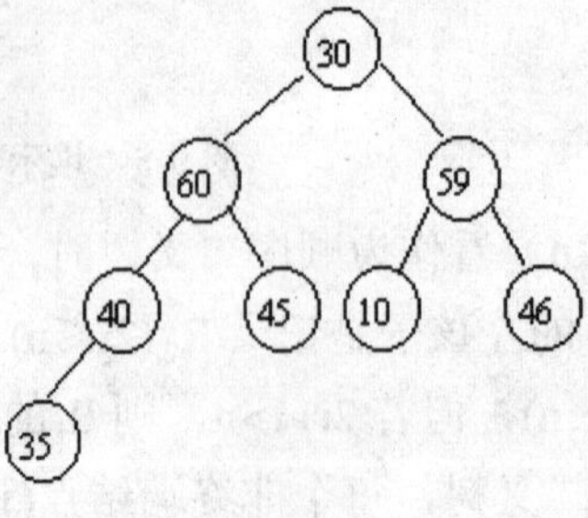

（a）根的左、右子树都是堆

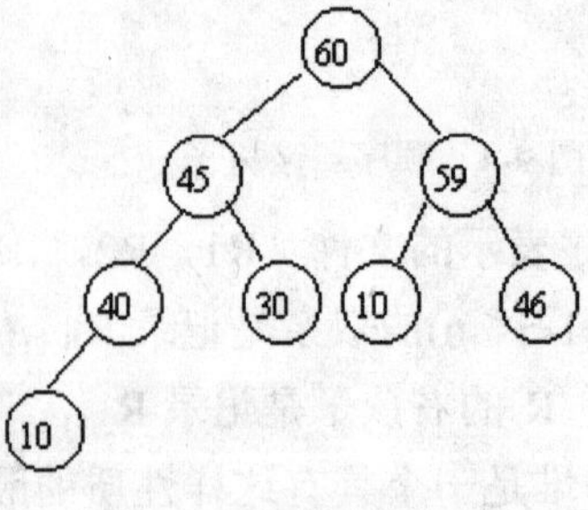

（b）调整后的新堆

图 9-6 堆的调整

把左、右子树都是堆的顺序二叉树调整为一个堆，其算法描述如下：

```
void adjust(struct node r[m+1],int m)
    /* 将文件(r[1],r[2],…,r[m])解释为一棵顺序二叉树,将其中以 r[i]为根结点的二叉树调整
       为一个堆,设以 r[i]为根的二叉树的左,右子树已是堆,1≤i≤1[m/2]   */
{ x=r[i];j=2*i;                                   /*求出 r[i]的左孩子 r[2*i]，即 r[j] */
    while (j<=m)     /*有左孩子*/
      { if ((j<m) &&(r[j].key<r[j+1].key))       /*比较左、右孩子*/
           j=j+1; /*左孩子<右孩子*/
        if (x.key<r[j].key)                   /*比较根结点和它的大孩子*/
           { r[i]=r[j];                   /*大孩子上移到它的双亲位置*/
             i=j;                             /*令 r[j]为根结点*/
             j=2*i;                       /*求出左孩子*/
           }
        else    j=m+1                     /*根不小于它的任一孩子时，强迫退出 while 循环*/
      }
  r[i]=x;                                      /*将存放在 x 中的根结点放到 r[i]中*/
  }
```

在上面的算法中，为了减少移动次数，先将根结点 R 存入中间变量 x 中。WHILE 循环语句每迭代一次，首先比较两个孩子（若存在的话）的大小，接着比较根和它的较大孩子的大小。若根小于这个孩子，则这个孩子上移到它的双亲所在的位置，否则这个孩子不上移。注意，在算法中，孩子结点上移时，根结点并未立即下沉，即不立即进行交换，而是当下面层次上的结点不再需要上移时，才将原先存放在 x 中的结点 R，直接下沉到最后被上移的结点的位置上。

有了上面的算法就容易把（R_1 , R_2 ,… , R_n）转换成初始堆了。我们以自底向上的方式，从最后一个非终端结点 R1 开始，依次将以 R_i,R_{i-1},…,R_1 为根结点的顺序二叉树调整为堆，即反复调用算法 adjust，便可得到 n 个结点的初始堆。

得到初始堆以后，交换根结点和最后结点的位置。再调用算法 adjust，将前 n-1 个结点调整 为新的堆。交换新堆的根结点和最后结点（第 n-1 个结点）的位置，再将前 n-2 个结点调整为新的堆。继续进行下去，直至剩下一个结点，便得到了 n 个结点（记录）的递增序列。

现写出堆排序算法如下：

```
void heapsort (struct node r[n+1],int m)
/*对记录数组 r[1]至 r[n]进行堆排序*/
{ for(i=n/2;i>=1;i--)
      adjust(r,i,n);                /*建立初始堆*/
   for(j=n;j>=2;j--)
```

```
        { x=r[1];   r[1]=r[j];          /*交换根结点和堆的最后一个结点*/
        r[j]=x;
        Adjust (r,1,j-1)                /*将 r [1]至 r[j-1]调整为堆*/
        }
    }
```

现在我们来分析堆排序所需的比较次数。从堆排序的全过程可以看出，它所需的比较次数为建立初始堆所需比较次数和重建新堆所需比较次数之和，即算法 heapsort 中两个 FOR 语句多次调用算法 adjust 的比较次数的总和。

先看建立初始堆所需的比较次数，即算法 heapsort 中执行第 1 个 FOR 语句时调用算法 adjust 的比较次数是多少。假设 n 个结点的堆的深度为 k，即堆共有 k 层结点，由顺序二叉树的性质可知，$2^{k-1} \leqslant n < 2^k$。执行第 1 个 FOR 语句，对每个非终端结点 $R_I(1 \leqslant i \leqslant \lfloor n/2 \rfloor)$调用一次算法 adjust，在最坏的情况下，第 j(1≤j≤k-1)层的结点都下沉 k-j 层到达最底层，根结点下沉一层，相应的孩子结点上移一层需要 2 次比较，这样，第 j 层的一个结点下沉到最底层最多需 2(k-j)次比较。由于第 j 层的结点数为 2(j-1)，因此建立初始堆所需的比较次数不超过下面的值：

$$\sum_{j=k-1}^{1} 2(k-j)*2^{j-1} = \sum_{j=k-1}^{1}(k-j)*2$$

令 p=k-j，则有：

$$\sum_{j=k-1}^{1}(k-j)*2^{j} = \sum_{p=1}^{k-1} p*2^{k-p} = 2^{K}\sum_{P=1}^{K-1} P/2^{P} < 4n$$

其中：$2k \leqslant 2n, \sum_{p=1}^{k-1} p/2^{p} < 2$

现在分析重建新堆所需的比较次数，即算法 heapsort 中执行第 2 个 FOR 语句时，n-1 次调用算法 adjust 总共进行的比较次数。每次重建一个堆，仅将新的根结点从第 1 层下沉到一个适当的层次上，在最坏的情况下，这个根结点下沉到最底层。每次重建的新堆比前一次的堆少一个结点。设新堆的结点数为 I，则它的深度 k= $\lfloor \log 2i \rfloor$ +1。这样，重建一个有 i 个结点的新堆所需的比较次数最多为 2(k-1)=2 $\lfloor \log 2^{n} \rfloor$。因此，n-1 次调用算法 adjust 时总共进行的比较次数不超过：

$\lfloor \log 2 \quad 2(\lfloor \log 2^{(n-1)} \rfloor + \lfloor \log 2^{(n-2)} \rfloor + \ldots + \lfloor \log 2^{2} \rfloor) < 2n \lfloor \log 2^{n} \rfloor$

综上所述，堆排序在最坏的情况下，所需的比较次数不超过 $O(n\log 2^{n})$，显然，所需的移动次数也不超过 $O(n\log 2^{n})$。因此，堆排序的时间复杂度为 $O(n\log 2^{n})$。堆排序中只需一个记录大小的空间作为辅助空间。读者可以找出一个例子来说明堆排序是不稳定的。

9.5　快速排序

快速排序(Quick Sort)又称划分交换排序。其基本思想是在当前无序区 R[1]到 R[h]中任取一个记录作为比较的“基准”（不妨记为 temp），用此基准将当前无序区划分为左右两个较小的无序子区 R[1]到 R[i-1]和 R[i+1]到 R[h]，且左边的无序子区中记录的关键字均小于或等于基准 temp 的关键字，右边的无序子区中记录的关键字均大于或等于基准 temp 的关键字，而基准 temp 则位于最终排序的位置上，即：

R[1]到 R[i-1]中关键字≤temp.key=R[i+1]到 R[h]的关键字（1≤i≤h）

当 R[1]到 R[I-1]和 R[I+1]到 R[h]均非空时，分别对它们进行上述的划分过程，直至所有无序子区中记录均已排好序为止。

要完成对当前无序区 R[1]到 R[h]的划分，具体做法是设置两个指针 i 和 j，它们的初值分别为 i=1 和 j=h。不妨取基准为无序区的第 1 个记录 R[i]（即 R[1]），并将它保存在变量 temp 中。令 j 自 h 起向左扫描，直到找到第 1 个关键字小于 temp.key 的记录 R[j]，将 R[j]移至 i 所指的位置上（这相当于交换了 R[j]和基准 R[i]（即 temp）的位置，使关键字小于基准关键字的记录移到了基准的左边）。然后，令 i 自 i+1 起向右扫描，直至找到第 1 个关键字大于 temp.key 的记录 R[i]，将 R[i]移至 j 指的位置上（这相当于交换了 R[j]和基准 R[i]（即 temp）的位置，使关键字大于基准关键字的记录移到了基准的右边）。接着，令 j 自 j+1 起向右扫描，如此交替改变扫描方向，从两端各自往中间靠拢，直至 i=j 时，i 便是基准 x 的最终位置，将 x 放在此位置 上就完成了一次划分。

综合上面的叙述，下面分别给出一次划分及其排序的算法。

```
int partition(r,1,h)                   /*返回划分后被定的基准记录的位置*/
rectype R[ ];                          /*对无序区 R[1]到 R[h]做划分*/
int 1,h;
{int i,j;
   rectype temp;
   i=1;j=h temp=R[i];                  /*初始化，temp 为基准*/
   Do{
        While((R[j].key>=temp.key)  && (i<j))
     j--;                              /*从右向左扫描，查找第 1 个关键字小于 temp.key 的记录*/
    if(i<j) R[i++]=R[j];               /*交换 R[i]和 R[j]*/
  while((R[i].key<=temp.key) && (i<j))
     i++;                              /*从左向右扫描，查找第 1 个关键字大于 temp.key 的记录*/
    if(i<j) R[j--]=R[i];               /*交换 R[i]和 R[j]*/
```

```
    }
  quicksort(R,s1,t1)                 /*对 R[s1]到 R[t1]*/
  rectype R[ ];
  int s1,t1;
  {int i;
    if (s1<t1)                       /* 只有一个记录或无记录须排序*/
     {i= partition (R,s1,t1);        /*对 R[s1]到 R[t1]做划分*/
      quicksort (R,s1,i-1);          /*递归处理左区间*/
      quicksort (R,i+1,t1);          /*递归处理右区间*/
     }
  }
```

注意：对整个文件 R[0]到 R[n-1]排序，只需调用 quicksort (R,0,n-1)即可。

图 9-7 展示了一次划分的过程及整个快速排序的过程。图中方括号表示无序区，方框表示基准 temp 的关键字，它未参加真正的交换，只是在划分完成时才将它放入正确的位置上。

```
初始关键字              [[49 ] 38   65   97   76   13   27   49`]
                          ↑                                 ↑
                          i                                 j
j 向左扫描              [[49]   38   65   97   76   13   27   49`]
                          ↑                            ↑
                          i                            j
第一次交换后            [27    38   65   97   76   13   [ ]  49`]
                               ↑                       ↑
                               i                       j
i 向右扫描              [27    38   65   97   76   13   [ ]  49`]
                                    ↑                  ↑
                                    i                  j
第二次交换后            [27    38   [ ]  97   76   13   65   49`]
                                    ↑                  ↑
                                    i                  j
j 向左扫描，位置不变
第三次交换后            [27    38   13   97   76   [ ]  65   49]`]
                                         ↑         ↑
i 向左扫描，位置不变，                   i         j
第四次交换后            [27    38   13   [ ]  76   97   65   49`]
                                         ↑    ↑
```

		i j
j 向左扫描		[27 38 13 [49] 76 97 65 49`]
		↑↑
		i j

(a) 一次划分过程

初始关键字：	[49 38 65 97 76 13 27 49`]
一趟排序之后：	[27 38 13] 49 [76 97 65 49`]
二趟排序之后：	[13] 27 [38] 49 [49` 65] 76 [97]
三趟排序之后：	13 27 38 49 49` [65] 76 97
最后的排序结果：	13 27 38 79 79` 65 76 97

(b) 各趟排序之后的状态

图 9-7 快速排序示例

现在对快速排序的性能做具体分析。

最坏情况是第一次划分选取的基准都是当前无序区中关键字最小（或最大）的记录，划分的基准左边的无序子区为空（或右边的无序子区为空），而划分所得的另一个非空的无序子区中记录数目，仅仅比划分前的无序区中记录个数减少一个。因此，快速排序必须做 n-1 趟，每一趟中需进行 n-i 次比较，故总的比较次数达到最大值：

$$Cmax=\sum (n-i)=n(n-1)/2=O(n^2)$$

显然，如果按上面给出的划分算法，每次取当前无序区的第 1 个记录为基准，那么当文件的记录已按递增序（或递减序）排列时，每次划分所取的基准就是当前无序区中关键字最小（或最大）的记录，则快速排序所需的比较次数反而最多。

在最好情况下，每次划分所取的基准都是当前无序区的“中值”记录，划分的结果是基准的左、右两个无序子区的长度大致相等。设 C（n）表示对长度为 n 的文件进行快速排序所需的比较次数，显然，它应该等于对长度为 n 的无序区进行划分所需的比较次数 n-1。加上递归地对划分所得的左、右两个无序子区（长度≤n/2）进行快速排序所需的比较总次数。假设文件长度 $n=2^k$，那么总的比较次数为：

$$\begin{aligned}C(n) &\leqslant n+2C(n/2)\\ &\leqslant n+2[n/2+2C(n/2^2)]=2n+4C(n/2^2)\\ &\leqslant 2n+4[n/4+2C(n/2^3)]=3n+8C(n/2^3)\\ &\leqslant \cdots\cdots\\ &\leqslant kn+2^kC(n/2^k)=nlog2^n+nC(1)\\ &=O(nlog2^n)\end{aligned}$$

注意：式中 C（1）为一常数，$k=log2^n$。

因为快速排序的记录移动次数不大于比较的次数，所以，快速排序的最坏时间复杂度应为 O（n^2），最好时间复杂应为 O(log2^n)。为了改善最坏情况下的时间性能，可采用三者取中的规则，即在每一趟划分开始前，首先比较 R[1].key，R[h].key 和 R[[(1+h)/2]].key，令三者中取中值的记录和 R[1]交换之。

可以证明：快速排序的平均时间复杂度也是 O(nlog2^n)，它是目前基于比较的内部排序方法 中速度最快的，快速排序亦因此而得名。

快速排序需要一个栈空间来实现递归。若每次划分均能将文件均匀分割为两部分，则栈的最大深度为[log2^n]+1，所需栈空间为 O（log2^n）。最坏情况下，递归深度为 n，所需栈空间为 O（n)。

快速排序是不稳定的，请读者自行检验。

9.6 归并排序

归并排序（Merge Sort）是利用“归并”技术来进行排序。所谓归并是指将若干个已排序的子文件合并成一个有序的文件。简单的归并是将两个有序的子文件合并成一个有序的文件。假设 R(low)到 R[m]和 R[m+1]到 R[high]是存储在同一个数组中且相邻的两个有序的子文件，要将它们合并为一个有序文件 R_1[low]到 R_1[high]，只要设置三个指示器 i，j 和 k，其初值分别是这三个记录区的起始位置。合并时依次比较 R[i]和 R[j]的关键字，取关键字较小的记录复制到 R_1[k]中，然后，将指向被复制记录的指示器加 1 和指向复制位置的指示器 K 加 1，重复这一过程，直至全部记录被复制到 R1[low]到 R1[high]中为止。其算法如下：

```
MERGE(R,R1,low,mid,high)
rectype R[ ],R1[ ];
int low,mid,high;
{int i,j,k;
i=low;j=mid+1;k=low;
while((i<=mid)&&(i<=high))
if(R[i].key<=R[j].key)
R1[k++]=R1[i++];
else R1[k++]=R1[j++];
while (i<=mid) R1[k++]=R1[i++];
while (i<=high) R1[k++]=R1[j++];
}
```

归并排序是利用上述归并操作实现的，其基本思想是将待排序文件 R[0]到 R[n-1]看成 n 个长度为 1 的有序子文件，把这些子文件两两归并，便得到[n/2]个有序的子文件(当 n 为奇数时，归并后仍有一个长度为 n 的子文件);然后，再把这[n/2]个有序的子文件两两归并，如此反复，直到最后得到一个长度为 n 的有序文件为止。上述的每次归并操作，都是将两个子文件合并成一个子文件，这种方法“二路归并排序”。类似地也可以有“三路归并排序”或“多路归并排序”。二路归并排序的全过程，如图 9-8 所示。

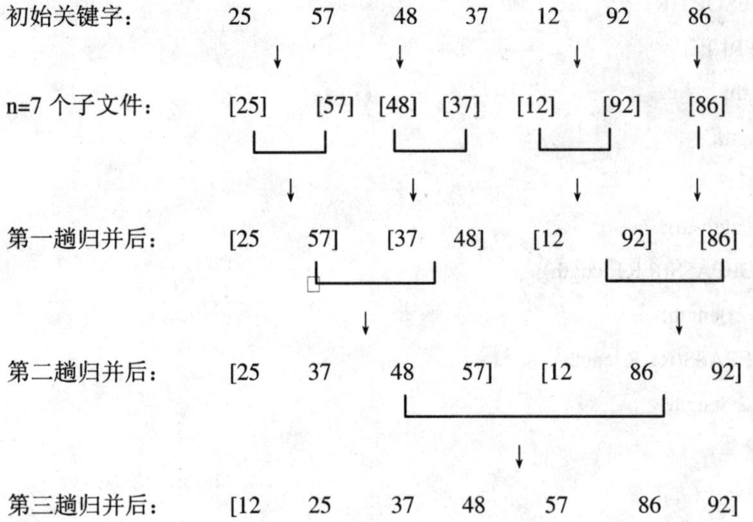

图 9-8　二路归并排序过程示例

在给出二路归并排序算法之前，必须先解决一趟归并问题。在一趟归并中，设各子文件长度为 length（最后一个子文件长度可能小于 length），则归并前 R[0]到 R[n-1]中共有[n/length]个有序的子文件：R[0]到 R[length-1]，R[1]到 R[2*length-1]，…，R[（n/length-1）*length]到 R[n-1]，调用归并操作将相邻的一对子文件进行归并时，必须对子文件的个数可能是奇数、以及最后一个子文件的长度小于 length，这两种特殊情况进行特殊处理。具体算法如下：

```
MERGEPASS(R,R1,length)
rectype R[],R1[];
int length;
{int i,j;
i=0;
while(i+2*length-1<n);
{MERGEPASS(R,R1,i+length-1,i+2*length-1);
i=i+2*length}
if(i+2*length-1<n-1)
MERGE(R,R1,i,i+length-1,n-1);
else
for(j=i;j<n;j++) R1[j],R[j];
}
```

二路归并排序就是调用“一趟归并”过程，将待排序文件进行若干趟归并，每趟归并后有序子文件的长度 length 扩大一倍。第一趟归并时，有序子文件的长度 length 为 1，当有序段长度 length>n 时排序完成。二路归并算法如下：

```
MERGESORT(R)
rectype R[ ];
int length;
{int length;
length=1;
while(length<n);
{MERGEPASS(R,R1,length);
length=2*length;
MERGEPASS(R1,R,length);
length=2*length;
}
}
```

在上述算法中，第二个调用语句 MERGEPASS 前并未判定 length>n 是否成立，若成立，则排序已完成，但必须把结果从 R_1 复制到 R 中。而当 length>n 时，执行 MERGEPASS（R1，R，length）的结果正好是将 R1 中唯一的有序文件复制到 R 中。

显然，第 i 趟归并后，有序子文件长度为 2，因此，对于具有 n 个记录的文件排序，必须做 $\log 2^n$ 趟归并，每趟归并所花的时间是 O(n)，所以，二路归并排序算法的时间复杂度为 $O(n\log 2^n)$。算法中辅助数组 R1 所需的时间是 O(n)。

二路归并排序是稳定的。

9.7 基数排序

前介绍的排序方法都是根据关键字值的大小来进行排序的。本节介绍的方法是按组成关键字的各个位的值来实现的排序的，这种方法称为基数排序（radix sort）。采用基数排序法需要使用一批桶（或箱子），故这种方法又称为桶排序列。下面以十进制数为例来说明基数排序的过程。

假定待排序文件中所有记录的关键字为不超过 d 位的非负整数，从最高位到最低位（个位）的编号依次为 1，2，…，d。设置 10 个队列（即上面所说的桶），它们的编号分别为 0，1，2，…，9。当第一遍扫描文字时，将记录按关键字的个位（即第 d 位）数分别放到相应的队列中。个位数为 0 的关键字，其记录依次放入 0 号队列中，个位数为 1 的关键字，其记录放入 1 号队列中…；个位数为 9 的关键字，其记录放入 9 号队列中。这一过程叫做按个位数分配。现在把这 10 个队列中的记录，按 0 号，1 号，9 号队列的顺序收集和排列起来，同一队列中的记录按先进先出的次序排列，这是第 1 遍。第 2 遍排序使用同样的办法，将第 1 遍排序后的记录按其关键字的十位数（第 d-1 位）分配到相应的队列中，再把队列中的记录收集和排列起来。继续进行下去。第 d 遍排序时，按第 d-1 遍排序后记录的关键字的最高位（第 1 位）进行分配，再收集和排列各队列中的记录，得到了原文件的有序文件，这就是以 10 为基的关键字的基数排序法。

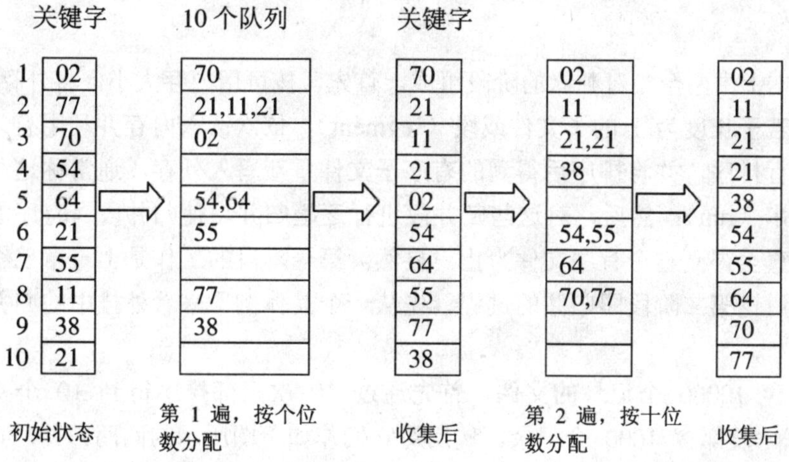

图 9-9　基数排序示例

例如，给出关键字序列（02，77，70，54，64，21，55，11，38，21），其中关键字 02 用 1 个 0 在 2 的前面补足到 2 位，其余关键字均为 2 位的正整数。进行基数排序的过程如图 9-9 所示。

在这个例子中，文件和所有的队列都表示成向量（一维数组）。显然，关键字的某一位有可能均为同一个数字（例如，个数都为 0），这时所有的记录都同时装入同一个队列中（例如，同时装入 0 号队列中）。因此，如果每个队列的大小和文件大小相同，则需要一个 10 倍于文件大小的附加空间。此外，排序时需要进行反复的分配和收集记录。所以，采用顺序表示是不方便的。

基数排序所需的计算时间不仅与文件的大小 n 有关，而且还与关键字的位数、关键字的基有关。设关键字的基为 r（十进制数的基为 10，二进制数的基为 2），为建立 r 个空队列所需的时间为 O（r）。把 n 个记录分放到各个队列中并重新收集起来所需的时间为 O（n），因此一遍排序所需的时间为 O（n+r）。若每个关键字有 d 位，则总共要进行 d 遍排，所以基数排序的时间复杂度为 O（d（n+r））。由于关键字的位数 d 直接与基数 r 以及最大关键字的值有关，因此不同的 r 和关键字将需要不同的时间。

在已介绍的上述各种内部排序方法中，就所需要的计算时间来看，快速排序、归并排序、堆排序是很好的方法。但是，归并排序需要大小为 n 的辅助空间，快速排序需要一个栈空。除了快速排序、堆排序、选择排序不稳定外，其他排序方法都是稳定的。评价一个排序算法性能好坏的主要标准是它所需的计算时间和存储空间。影响计算时间的两个主要因素是比较关键字的次数和记录的移动次数。在实际应用中，究竟应该选用何种排序方法，取决于具体的应用和机器条件。

9.8 外部排序

外部排序基本上由两个相对独立的阶段组成。首先，按可用内存大小，将外存上含 n 个记录的文件分成若干长度为 1 的子文件或段（segment），依次读入内存并利用有效的内部排序方法对它们进行排序，并将排序后得到的有序子文件重新写入外存，通常称这些有序子文件为归并段或顺串（run）；然后，对这些归并段进行逐趟归并，使归并段（有序的子文件）逐渐由小至大，直至得到整个有序文件为止。显然，第一阶段的工作是上一章已经讨论过的内容。本章主要讨论第二阶段即归并的过程。先从一个具体例子来看外排中的归并是如何进行的？

假设有一个含 10000 个记录的文件，首先通过 10 次内部排序得到 10 个初始归并段 R1~R10，其中每一段都含 1000 个记录。然后对它们作如下图所示的两两归并，直至得到一个有序文件为止。

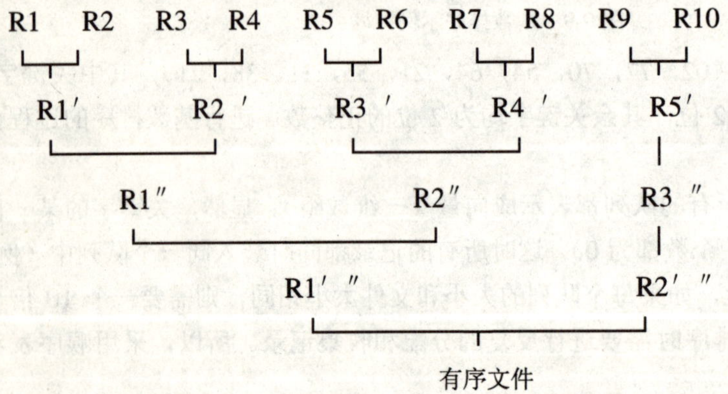

从上图可见，由 10 个初始归并段到一个有序文件，共进行了四趟归并，每一趟从 m 个归并段得到[m/2]个归并段。这种归并方法称为 2-路平衡归并。

将两个有序段归并成一个有序段的过程，若在内存进行，则很简单，上一章中的 merge 过程便可实现此归并。但是，在外部排序中实现两两归并时，不仅要调用 merge 过程，而且要进行外存的读/写，这是由于我们不可能将两个有序段及归并结果段同时存放在内存中的缘故。我们已经知道，对外存上信息的读/写是以“物理块”为单位的。假设在上例中每个物理块可以容纳 200 个记录，则每一趟归并需进行 50 次“读”和 50 次“写”，四趟归并加上内部排序时所需进行的读/写使得在外排中总共需进行 500 次的读/写。

一般情况下，外部排序所需总的时间=

内部排序（产生初始归并段）所需的时间　　$m*t_{IS}$

+外部信息读写的时间　　$d*t_{IO}$　　（11-1）

+内部归并所需的时间　　$s*ut_{mg}$

其中：t_{IS} 是为得到一个初始归并段进行内部排序所需时间的均值；t_{IO} 是进行一次外存读/写时间的均值；ut_{mg} 是对 u 个记录进行内部归并所需时间；m 为经过内部排序之后得到的初始归并段的个数；s 为归并的趟数；d 为总的读/写次数。由此，上例 10000 个记录利用 2-路归并进行外排所需总的时间为：

$$10*T_{IS}+500*T_{io}+4*10000\ t_{mg}$$

其中 t_{IO} 取决于所用的外部设备，显然，t_{IO} 较 t_{mg} 要大得多。因此，提高外排的效率应主要着眼于减少外存信息读写的次数 d。

下面来分析 d 和“归并过程”的关系。若对上例中所得的 10 个初始归并段进行 5-路平衡归并（即每一趟将 5 个或 5 个以下的有序子文件归并成一个有序子文件），则从下图可见，仅需进行二趟归并，外排时总的读/写次数便减至 2*100+100=300，比 2-路归并减少了 200 次的读/写。

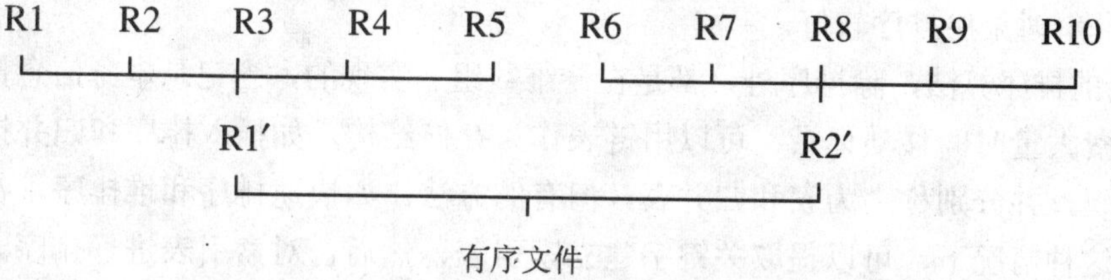

可见，对同一文件而言，进行外排时所需读/写外存的次数和归并的趟数 s 成正比。而在一般情况下，对 m 个初始归并段进行 k-路平衡归并时，归并的趟数

$$s=[\log_k m]$$

可见，若增加 k 或减少 m 便能减少 s。

9.9　各种排序方法的比较

迄今为止，已有的排序方法远远不止本章讨论的这些方法，人们之所以热衷于研究多种排序方法，不仅是由于排序在计算机中所处的重要地位，而且还因为不同的方法各有其优缺点，可适用于不同的场合。选取排序方法时需要考虑的因素有：

待排序的记录数目 n；记录本身信息量的大小；关键字的结构及分布情况；对排序稳定性的要求；语言工具的条件，辅助空间的大小等。依据这些因素，可得出如下几点结论：

（1）若 n 较小（譬如 n50），可采用直接插入排序或直接选择排序。由于直接插入排序所需记录移动操作较直接选择排序多，因此若记录本身信息量较大时，则选用直接选择排序为宜。

（2）若文件的初始状态已是按关键字基本有序，则选用直接插入排序泡排序为宜。

（3）若 N 较大，则应采用时间复杂度为小的排序方法：快速排序\堆排序或归并排序，快速排序是目前基于内部排序中被认为是最好的方法，快速排序的关键字是随机分布时，快速排序的平均时间最少，但堆排序所需的辅助时间少于快速排序，并且不会出现序可能出现的最坏情况，这两种排序方法都是不稳定的，若要求排序稳定则可选用归并排序。但本文章结合介绍的单个记录起进行两两归并排序算法并不值得提倡，通常可以将它和直接排序结合在一起用。先利用直接插入排序求得子文件，然后，再两两归并之。因为直接插入排序是稳定的，所以，改进后的归并排序是稳定的。

（4）在基于比较的排序方法中，每次比较两个关键字的大小之后，仅仅出现两种可能的转移，因此，可以利用一棵二叉树来描述比较判定过程，由此可以证明当文件的 N 个关键字分布时，任何借助于比较的排序算法，至少要的时间，由于箱排序和基数排序只需一步就会引起 M 种可能的转移，即把一个记录装入 M 个箱子之一，因此，在一般情况下，箱排序和排序可能在时间内完成对 N 个记录的。但遗憾的是，箱排序和基数排序只适用于像字符串和整数这类有明显的结构特征的关键字，当关键字的取值范围属于某个无穷集合时，无法使用箱排序和基数排序，这时只有借助于比较方法来排序。由此可知，若 N 较大，记录的关键字倍数较少时且可以分解时采用排序较好。

（5）前面讨论的排序算法，除排序外，都是在一维数组上实现的，当记录本身信息量较大时，为了避免浪费大量时间移动记录，可以用链表作为存储结构，如插入排序和归并排序都易于在链表上实现，并分别称之为表和归并表，但有的方法，如快速排序和堆排序，在链表上难于实现，在这种情况下，可以提取关键字建立索引表，然后，对索引表进行排序。然而更为简单的方法是引入一个整形向量作为辅助表，排序前，若排序算法中要求交换，则只需交换 R[I]和 R[j]即可，排序结束后，向量就指示了记录之间的顺序关系。

无论是用链表还是用辅助时间来实现排序，都有可能要求最终结果是：

上述要求，则可以在排序结束后，再按链表或辅助窨表所规定的次序重排各记录，完成这种重排时间是 O(n)。

本章小结

排序（sorting）是计算机程序设计中的一种重要操作，它的功能是将一个数据元素（或记录）的任意序列，重新排列成一个按关键字有序的序列。本章主要介绍了排序的概念及其基本思想，排序过程和实现算法，简述了各种算法的时间复杂度和空间复杂度。

一个好的排序算法所需要的比较次数和存储空间都应该较少，但从本章讨论的各种排序算法中可以看到，不存在“十全十美”的排序算法，各种方法各有优缺点，可适用于不同的场合。由于排序运算在计算机应用问题中经常碰到，读者应重点理解各种排序算法的基本思想，熟悉过程及实现算法，以及对算法的分析方法，从而面对实际问题时能选择合适的算法。

习 题 九

1．请编写一个以单链表为存储结构的插入排序算法。

2．已知关键字序列为{29，75，17，90，111，13}，请分别用插入排序、选择排序、希尔排序、冒泡排序对其进行排序，并写出排序过程。

3．请编写一个以单链表为存储结构的选择排序算法。

4．写出长度分别为 n1，n2，n3 的有序表的 3 路归并排序算法。

5．已知关键字序列为{10，2，12，33，4，25，0，7，17，9，19}，请用基数排序法对其进行排序，并写出每一趟排序的结果。

6．上面所介绍的几种排序算法中哪些是稳定的，哪些是不稳定的？

第十章　文件

本章学习导读

在现代计算机的应用领域中，数据处理是一个重要方面。数据处理是对各种类型的大批量的数据进行收集、存储、排序、检索、计算、修改、输出等分析和加工处理的过程。例如，用计算机进行企业管理、财务工资管理、仓库物资管理、情报检索、统计报表等都涉及到数据存放到外存储器上。有时，为了长期保存原始数据和加工处理过的数据，也需要将这些数据以文件的形式存放在外存上。学完本章读者应能掌握文件的概念、逻辑特性、物理结构和基本操作。

10.1　文件的基本概念

与文件有关的基本术语有以下几个：

数据项：数据项是文件中可使用的不可分的最小数据单位。一个数据项由若干个字符或数字组成，它代表某一事物的一种属性。数据项又称为数据域。例如，个人书库中的登录号、书号、书名、作者、出版社和价格等等都是数据项。

记录：记录是由一个或多个数据项根据一定的目的而组成的数据项集合。例如，由登录号、书号、书名、作者、出版社和价格等数据项组成的集合是一个图书记录。

文件：文件是大量性质相同的记录组成的集合。例如，表 10-1 所示是一个个人书库文件，它由 10 条记录组成。

表 10-1　个人书库文件示例

登录号	书 号	书　名	作　者	出版社	价 格
000001	TP2233	Windows NT4.0 中文版教程	赵健雅	电子工业	28.00
000002	TP1844	Authorware 5.1 速成	孙　强	人民邮电	40.00
000003	TP1684	Lotus Notes 网络办公平台	赵丽萍	清华大学	16.00
000004	TP2143	Access 2000 入门与提高	张　堪	清华大学	22.00
000005	TP1110	PowerBuilder 6.5 实用教程	樊金生	科学	29.00
000006	TP1397	Delphi 数据库编程技术	刘前进	人民邮电	43.00
000007	TP2711	精通 MS SQL Server 7.0	罗会涛	电子工业	35.00
000008	TP3239	Visual C++实用教程	郑阿奇	电子工业	30.00
000009	TP1787	电子商务万事通	赵乃真	人民邮电	26.00
000010	TP42	数据结构	江　涛	中央电大	18.80

关键字：是能够区别文件中各记录的域。通常，把能唯一标识一个记录的关键字称为主关键字；而那些不能唯一标识一个记录的关键字称为次关键字；由两个以上关键字组成的关键字称为复合关键字。

在表 10-1 所给出的个人书库文件中，各个记录的结构相同，信息长度相同，因而我们将这样的记录称为定长记录。由定长记录组成的文件称为定长记录文件。除了定长记录文件之外，还有不定长记录文件。例如，在学生学籍管理文件中，不同的年级，或者不同专业的学生，所修的课程数和课程名称都不一样。这样，反映各个学生的学科成绩的记录长度和结构就不相同，这类记录称为不定长记录。由不定长记录组成的文件叫做不定长记录文件。

文件的主要操作有以下几种：

插入：将一个记录插入某个文件中。

删除：从某个文件中删除一个或多个记录。

修改：用指定值去修改满足修改条件的某个（或多个）记录中的某个（或多个）数据项的内容。

检索：对文件的检索是通过对文件的各种查询来实现的。对表 10-1 所示的个人书库文件，有以下 4 种类型的查询：

查询 1（Q_1）：这是简单查询，它规定只查询一个关键字的值。例如查询“书名为数据结构”的书有哪些？又如查询“书号=TP1787”的书是哪一个记录？这些都是简单查询。

查询 2（Q_2）：这是范围性查询，它规定在单个关键字值的某个范围内进行查询。例如查询“价格＞22.00”的书是哪些记录？

查询 3（Q_3）：这是函数性查询，它要求先规定单个关键字值的某个因数，然后对该函数的值进行查询。例如规定某个关键字的平均值，可查询“关键字值大于这个平均值”的有哪些记录？对于个人书库文件，可查询“价格＞所有图书的平均价格”是哪些图书？

查询 4（Q_4）：这是布尔查询，即对上述查询 Q_1~Q_3 用逻辑运算符 and（与）、or（或）、not（非）组合起来进行布尔查询。例如查询“（书名为数据结构）or（书号=TP1787）”的图书是哪些记录？

在以上的文件操作中，检索是最基本的操作，其他操作都在检索的基础之上进行。

文件的操作又可以分成实时处理和批量处理两种方式。采用实时处理方式时，对任何一类查询或更新，系统应立即进行响应和处理，一般应在几秒钟之内作出反应。例如，对于一个飞机订票系统，必须在几秒钟之内能给客户的查询请求输出飞机班次和座位的状况等信息，即应是一个实时检索系统。同理，飞机订票系统应采用实时更新方式，即当某个航班一个座位被预订出后，应立即更新该航班的座位文件，以免发生差错。采用批量处理方式，系统不必立即进行响应和处理，因为这时的响应时间不是一个重要因素。例如，对于学生学籍管理系统来说，可在期末考试全部结束后只进行一次批量处理。

文件的物理结构是指文件在外存上的组织形式。按照文件的检索方式和物理结构，文件可分为顺序文件、索引文件、索引顺序文件、直接存取文件、链接文件和多重链表文件、倒排文件。按所存放的外存设备，文件又可以分为磁带文件和磁盘文件等几类。下面分别加以讨论。

10.2 顺序文件

顺序文件是物理结构最简单的文件，也是数据处理历史上最早使用的文件结构。顺序文件的各个记录按输入的先后次序存放在外存中的连续存储区。为了便于检索和修改文件，文件中的记录通常按关键字的大小次序排列，成为按关键字排序的顺序文件。表 10-1 所示的个人书库文件是按关键字登录号排序的文件，它存放到外存的连续存储区后便得到一个按关键字排序的顺序文件。

顺序文件的基本优点是在连续存取时速度较快。例如，如果文件中的第 i 个记录刚被存取过，而下一个要存取的记录就是第 i+1 个记录，则此次存取将会很快完成。磁带是比较适用于这种应用的外存设备。存放于磁带上的文件也只能是顺序文件，这是由磁带的物理特性决定的。存放于磁盘上的文件，既可以是顺序文件，也可以是索引结构或其他结构类型的文件。

当需要对磁带顺序文件进行检索时，一般是采用顺序扫描的方式来检索满足查询条件的记录。例如，若要检索第 i 个记录，则必须先检索前面的 i-1 个记录。为了提高平均检索效率，可采用批量处理技术。如果将对文件的多个检索请求加以积累和排序，则形成一个称为待办文件（或事务文件）的文件。如果将被查询的文件称为主文件，则批量检索就是按照待办文件的要求成批地检索主文件。批量检索对于实时应用来说是不适宜的，因为实时查询要求响应时间快，而在很短的时间间隔内，积累的批处理文件规模太小，不能表现出它的优越性。

在磁带顺序文件中插入记录，只能加在文件的末尾，不能插在两个原有记录之间。修改记录，即使在新旧记录等长的情况下，将新记录写在旧记录的位置上，一般不但不可能完全重合，甚至还会破坏邻近记录的信息。因此，修改一个磁带文件，需要用另一条磁带将原文件复制过来，在复制过程中进行插入、删除、修改记录的操作。为了提高效率，修改一个顺序文件，也采用成批处理技术。这种批量修改方式很适用于银行帐户结算管理系统。例如，可把一天的零星支取和存入分别作为记录收集在一起，构成为一个待办文件，在当天下班时再按照待办文件进行批量修改主文件（头天下班修改过的主文件）的工作，便得到一个新主文件。

例如在图 10-1 中，图（a）给出了一个银行帐户文件，为旧主文件；图（b）给出了用于成批处理的待办文件，注意每个记录中有一个代码域，用以指出进行何种修改；图（c）表示成批处理后得到的新主文件；它的记录格式与旧主文件中的记录格式相同。显然，旧主文件、待办文件、新主文件的记录都按主关键字（帐号）的递增次序排列，而且分别存放在 3 个磁带上（磁盘例外）。批处理时，分别从旧主文件和待办文件中读出一个记录，然后比较它们的关键字。若前者的关键字小，则复制属于原旧主文件的这个记录；若相等，则还要判断后者的代码是表示哪一类型的修改（删除这个记录或更改这个记录的内容），再分别进行不同的处理；若后者的关键字大，则表示插入属于原待办文件的这个记录。重复上述过程，直至旧主文件和待办文件中的记录都复制和处理完毕为止。按照这个思想，读者自己可以为某个具体应用写出批处理的算法。

帐号	余额
0010	3000
0050	600
0810	230
1500	255
2000	330
2810	260

（a）旧主文件

帐号	金额	代码
0030	850	存
0050	400	取
1500	445	存
2000	330	取
2860	290	存

（b）待办文件

帐号	余额
0010	3000
0030	850
0050	200
0810	230
1500	700
2810	260
2860	290

（c）新主文件

图 10-1　银行帐户文件示例

对于磁盘顺序文件，可以使用顺序扫描的方法也可以采用折半查找法或分块查找法来进行检索。采用折半查找和分块查找一定要满足各自的查找条件。注意，当文件的各个记录长度不相等时，还不能使用折半查找，这是因为不能由首尾记录的地址算出中间记录的正确地址。成批处理技术同样适用于磁盘文件。

如前所述，当需要实时检索和实时修改时，顺序文件便暴露出它的固有缺点。对于一个实时系统，应具有快速查找和快速修改记录的能力，这时就应采用各种索引技术了。

10.3　索引文件

顺序文件的查询速度很慢，采用索引文件可以提高检索效率。实际上，在前面的章节中我们已经运用了索引技术。

索引用来表示关键字与相应记录的存储地址之间的对应关系。换言之，索引指出了记录在存储器中的存储地址。设记录 R_i 的关键字为 K_i，R_i 在外存中的存储地址为 A_i，则（K_i，A_i）称为记录 R_i 的索引项。索引表（简称索引）是索引项的集合。如果文件中的每个记录都有一个索引项，则这样的索引称为稠密索引。如果多个记录只有一个索引项，则这样的索引称为非稠密索引。带有索引的文件称为索引文件。索引也称为目录。

索引文件在外存（磁盘、磁鼓等）中可分为两个存储区：索引区和记录区（数据区）。索引表中的索引项顺序存放在索引区中，但为了便于检索，索引项一般按关键字的大小次序排列。文件中的记录按输入的先后次序存放到记录区；记录区按关键字大小次序排列的索引文件称为索引顺序文件。对于索引顺序文件，可以不必使用稠密索引，只为一个记录块（含多个有序记录）建立一个索引项。记录区不按关键字大小次序排列的索引文件称为索引非顺序文件，这时应使用稠密索引。图 10-2 所示的个人书库（价格）索引文件，是一个索引非顺序文件。

关键字	指针	地址	登录号	书 号	书名	作 者	出版社	价格
16.00	3	1	000001	TP2233	……	赵健雅	电子工业	28.00
18.80	10	2	000002	TP1844	……	孙 强	人民邮电	40.00
22.00	4	3	000003	TP1684	……	赵丽萍	清华大学	16.00
26.00	9	4	000004	TP2143	……	张 堪	清华大学	22.00
28.00	1	5	000005	TP1110	……	樊金生	科学	29.00
29.00	5	6	000006	TP1397	……	刘前进	人民邮电	43.00
30.00	8	7	000007	TP2711	……	罗会涛	电子工业	35.00
35.00	7	8	000008	TP3239	……	郑阿奇	电子工业	30.00
40.00	2	9	000009	TP1787	……	赵乃真	人民邮电	26.00
43.00	6	10	000010	TP42	……	江 涛	中央电大	18.80

索引区　　　　记录区

图 10-2 个人书库索引文件示例

通常，索引项所含的数据信息比记录少得多，因而索引所需的存储空间比文件本身（记录区）所需要的存储空间少得多。在文件的记录数较少的情况下，可以为每个记录建立一个索引项。文件建立时，开辟一个索引区，一般固定在某个磁盘面的一个或多个磁道上。写入一个记录到记录区时，在索引区相应登入一个索引项，即把该记录的关键字（主关键字）和记录的存储地址顺序写入索引区。文件建立后，将索引区中的索引读入内存的缓冲区，按关键字进行内部排序。最后将排序好的索引项顺序写回到磁盘上的索引区。

根据关键字查找索引文件的记录分两步进行。第 1 步访问外存的索引区，将索引读入内存缓冲区，使用顺序查找或折半查找法找出所查记录在外存数据区中的地址，这一过程称为预查找。第 2 步即如果在预查中已找到了所查记录的地址，则第 2 次访问外存，根据已查到的地址，读取所查的记录。

删除一个记录时，只需删去相应的索引项，而不必移动数据区中的记录。插入一个新记录时，将记录放到记录区的末尾，在索引区登记相应的索引项，并对索引区中的索引项重新排序。

10.4 索引顺序文件

在实际应用中，索引顺序文件是被经常采用的一种文件结构。它是在顺序文件的基础上，用增加索引的办法而形成的。文件中的记录按关键字大小顺序存放在磁盘的连续或相邻的存储区中。由于记录按关键字排序，因此不必为每一个记录设立一个索引项，而把文件划分为若干个记录块，只为每块中关键字最大（或最小）的记录设置一个索引项。这种组织文件的方法称为索引顺序存取法 ISAM（Indexed Sequential Access Method），用这种方法建立起来的索引文件称为 ISAM 文件，它是一种专为磁盘存取设计的文件组织方式。

由于磁盘是以盘组、柱面和磁道三级地址存取的设备，则可对磁盘上的数据文件建立盘组、柱面和磁道三级索引。文件的记录在同一盘组上存放时，应先集中放在一个柱面上，然后再顺序存放在相邻的柱面上，对同一柱面，则应按盘面的次序顺序存放。例如图 10-3 为存放在一个磁盘组上的 ISAM 文件。每个柱面建立一个磁道索引，每个磁道索引项由两部分组成即基本索引项和溢出索引项，如图 10-4 所示，每一部分都包括关键字和指针两项，前者表示该磁道中最大关键字，后者指示该磁道中第一个记录的位置，柱面索引的每一个索引项也由关键字和指针两部分组成，前者表示该柱面中最末一个记录的关键字（最大关键字），后者指示该柱面上的磁道索引位置。柱面索引存放在某个柱面上，若柱面索引较大，占多个磁道时，则可建立柱面索引的索引——主索引。

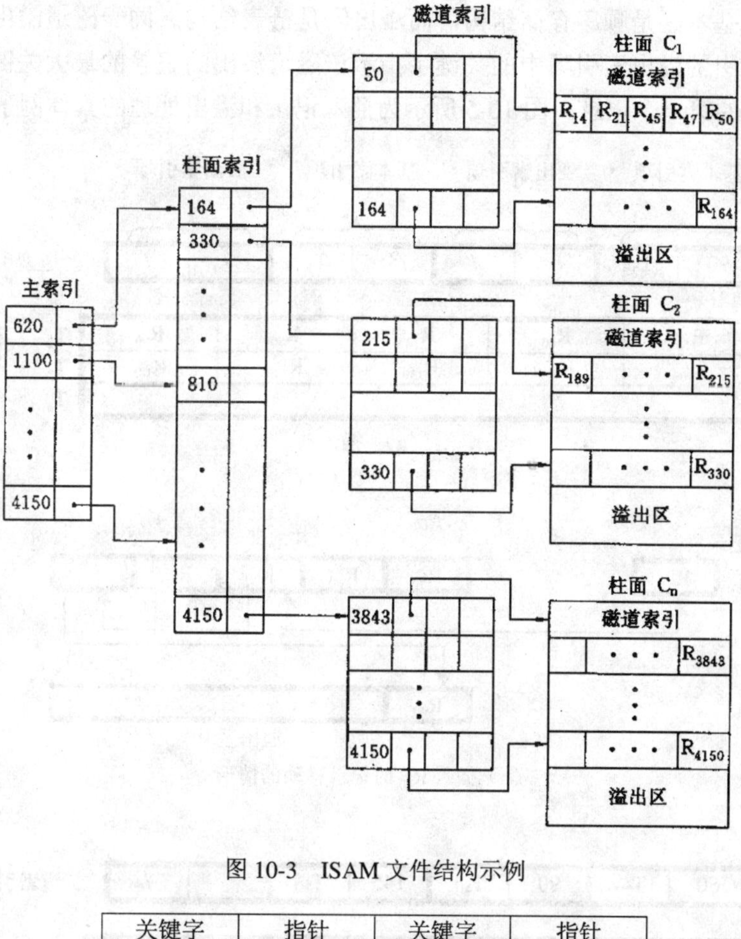

图 10-3　ISAM 文件结构示例

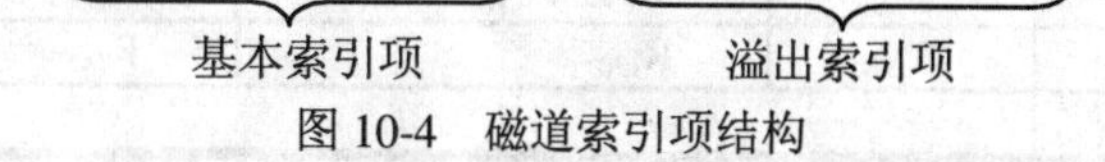

图 10-4　磁道索引项结构

在 ISAM 文件上检索记录时，先从主索引出发找到相应的柱面索引，再从柱面索引找到记录所在柱面的磁道索引，最后从磁道索引找到记录所在磁道的第一个记录的位置，由此出发在该磁道上进行顺序查找直到找到为止；反之，若找遍该磁道而不存在此记录，则表明该文件中无此记录。

从图 10-3 中还可以看到，每个柱面上还开辟有一个溢出区，并且，磁道索引项中有溢出索引项，这是为插入记录所设置的。由于 ISAM 文件中记录是按关键字顺序存放的，则在插入记录时需移动记录并将同一磁道上最后一个记录移至溢出区，同时修改磁道索引项。通常溢出区可有三种设置方法：（1）集中存放——整个文件设一个大的单一的溢出区；（2）分散存放——每个柱面设一个溢出区；（3）集中与分散相结合——溢出时记录先移至每个柱面各自的溢出区，待满之后再使用公共溢出区。

每个柱面的基本区是顺序存储结构，而溢出区是链表结构。同一磁道溢出的记录由指针相链，该磁道索引的溢出索引项中的关键字指示该磁道溢出的记录的最大关键字；而指针则指示在溢出区中的第一个记录。图 10-5 所示为插入记录和溢出处理的具体例子。

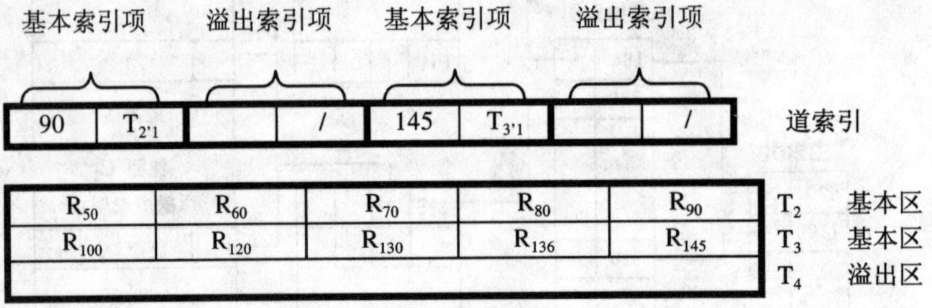

（a） 插入前

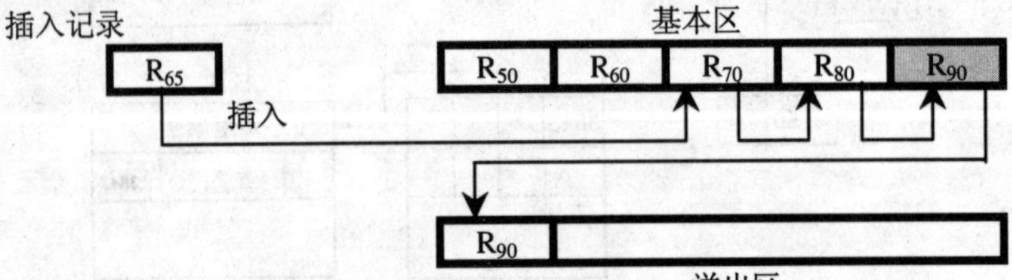

（b）插入 R_{65} 时记录移动的情形

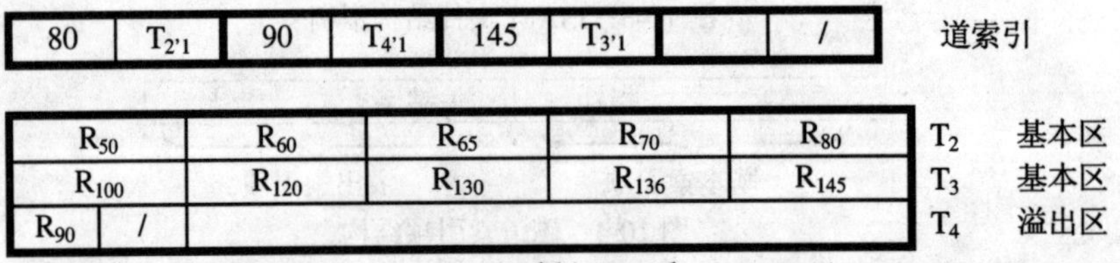

（c）插入 R_{65} 后

80	$T_{2'1}$	90	$T_{4'3}$	136	$T_{3'1}$	145	$T_{4'2}$	道索引

R_{50}		R_{60}		R_{65}	R_{70}	R_{80}	T_2	基本区
R_{95}		R_{100}		R_{120}	R_{130}	R_{136}	T_3	基本区
R_{90}	/	R_{145}	/	R_{83}	/		T_4	溢出区

（d）先插入 R_{95} 再插入 R_{83} 后。

图 10-5　ISAM 文件的插入和溢出处理

其中（a）为插入前的某一柱面上的状态；（b）为插入 R_{65} 时，将第二道中关键字大于 65 的记录顺次后移，且使 R_{90} 溢出至溢出区的情况；（c）为插入 R_{65} 之后的状态，此时 2 道的基本索引项的关键字改为 80，且溢出索引项的关键字改为 90，其指针指向第 4 道第一个记录即 R_{90}；（d）是相继插入 R_{95} 和 R_{83} 后的状态。在 R_{95} 插入在第 3 道的第一个记录的位置而使 R_{145} 溢出。而由于 $80<83<90$，则 R_{83} 被直接插入到溢出区，作为第 2 道在溢出区的第一个记录，并将它的指针指向 R_{90} 的位置，同时修改第 2 道索引的溢出索引项的指针指向 R_{83}。

ISAM 文件中删除记录的操作比插入简单得多，只需找到待删除的记录，在其存储位置上作删除标记即可，而不需要移动记录或改变指针。则在经过多次的增删后，文件的结构可能变得很不合理。此时，大量的记录进入溢出区，而基本区中又浪费很多空间。因此，通常需要周期地整理 ISAM 文件。把记录读入内存，重新排列，复制成一个新的 ISAM 文件，填满基本区而空出溢出区。

10.5　直接存取文件

直接存取文件指的是利用杂凑（Hash）法进行组织的文件。它类似于哈希表，即根据文件中关键字的特点设计一种哈希函数和处理冲突的方法将记录散列到存储设备上，故又称散列文件。

与哈希表不同的是，对于文件来说，磁盘上的文件记录通常是成组存放的。若干个记录组成一个存储单位，在散列文件中这个存储单位叫作桶。一个桶能存放的逻辑记录的总数称为桶的容量。假如一个桶能存放 m 个记录，即 m 个同义词的记录可以存放在同一地址的桶中，当第 m+1 个同义词出现时则发生“溢出”。处理溢出也可采用哈希表中处理冲突的各种方法，但对散列文件，主要采用链地址法。

当发生“溢出”时，需要将第 m+1 个同义词存放到另一个桶中，通常称此桶为“溢出桶”；相对地，称前 m 个同义词存放的桶为“基桶”。溢出桶可以有多个，它们和基桶大小相同，相互之间用指针相链接。当在基桶中没有找到待查记录时，就顺指针所指到溢出桶中进行查找。因此，希望同一散列地址的溢出桶和基桶在磁盘上的物理位置不要相距太远，最好在同一柱面上。

例如，某 i 文件有 18 个记录，其关键字分别为 28，19，13，93，89，14，55，69，8，9，16，21，33，81，62，11，34，35。用除留余数法作哈希函数 H（key）=key MOD 7。桶的容量 m=3，基本桶数=7，由此得到的散列文件如图 10-6 所示。

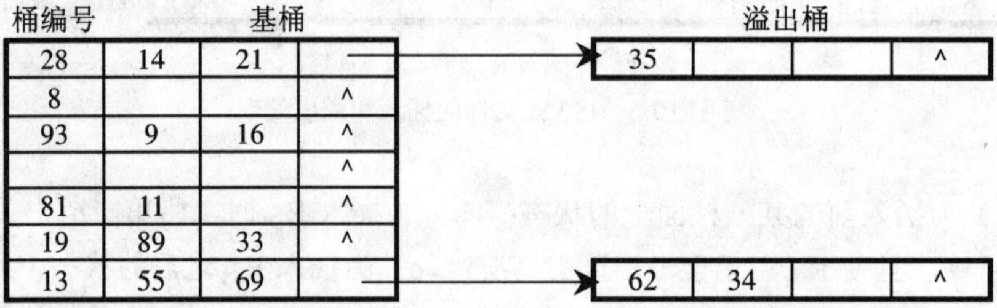

图 10-6　散列文件示例

在散列文件中进行查找时，首先根据给定值 k 求得哈希地址（即基桶号），将基桶的记录读入内存进行顺序查找，若找到关键字等于 k 的记录，则检索成功；若基桶内没有填满记录或其指针域为空（即无溢出桶）则文件内不含有待查的记录；否则根据指针域的值的指示将溢出桶的记录读入内存继续进行顺序查找，直至检索成功或不成功。在散列文件中，装填因子 $\alpha=n/bm$。 其中：n 为文件的记录数，b 为桶数，m 为桶的容量。而存取桶数的期望值 $\alpha=1+\alpha/2$。在散列文件中删除记录仅需要对被删除记录作一标记即可。

总之，散列文件的优点是插入、删除方便，存取速度比索引文件要快；不需要索引区，节省存储空间。其缺点是不能进行顺序存取，只能按关键字随机存取，且询问方式只有简单询问，并且在经过多次的插入、删除之后，也可能造成文件结构不合理，即溢出桶满而基桶内多数为被删除的记录。此时亦需重组文件。

10.6　多关键字文件

主关键字（With more than one key）文件的特点是在对文件进行检索操作时，不仅对主关键字进行简单询问，还经常需要对次关键字进行其他类型的询问检索。因此，对多关键字文件，尚需建立一系列的次关键字索引。次关键字索引与主关键字索引所不同的是每个索引项应包含次关键字、具有同一次关键字的多个记录的主关键字或物理记录号。多重表文件和倒排文件是两种多关键字文件的组织方法。

10.6.1　多重表文件

多重表文件（Multilist file）的特点是记录按主关键字的顺序构成一个串联文件，并建立主关键字的索引（称为主索引）。对每个次关键字项建立次关键字索引（称为次索引），所有具有同一次关键字的记录构成一个链表。主索引为非稠密索引（一组记录建立一个索引项），次索引为稠密索引（每个记录建立一个索引项）。每个索引包括次关键字、头指针和链表长度。

例如，图 10-7 所示为一个多重表文件。其中，工号为主关键字，记录按工号顺序链接。对工号非稠密索引，分成 3 个子链表。其索引如图 10-7（b）所示，索引项中的主关键字为各组中的最大值。职称、专业为两个次关键字项，它们的索引如图 10-7（c）、（d）所示。具有同次关键字的记录链接在同一链表中。有了这些次关键字索引，根据关键字值找到链表的头指针，然后从头指针出发可列出链表中所有记录。例如，要查询数学专业的教授，可以从“专业”索引表中查找到“数学”的头指针和表长，从而可读取到相应的记录，再查看其中哪些记录的“职称”为“教授”即可。此查询也可从“职称”索引表入手。显然，较好的方法是先读长度较短的链表中的记录。

在多重表中插入一个新记录是很容易的，只要修改指针，将记录插在链表的头指针之后。但是，要删去一个记录却很繁琐，需要在每个次关键字的链表中删去该记录。

记录号	工　号		姓　名	专　业		职　称	
1	111	2	张　了	计算机	3	讲师	4
2	112	3	王　为	数　学	5	教授	6
3	113	^	李　立	计算机	6	助教	7
4	114	5	陈　车	物　理	7	讲师	5
5	115	6	黄和平	数　学	9	讲师	9
6	116	^	周建国	计算机	8	教授	^
7	118	8	刘　洋	物　理	^	助教	8
8	119	9	罗　可	计算机	^	助教	^
9	121	^	朱　因	数　学	^	讲师	^

（a）数据文件

主关键字	头指针
113	1
116	4
121	7

（b）主关键字索引

次关键字	头指针	长度
计算机	1	4
数　学	2	3
物　理	4	2

（c）“专业”索引

次关键字	头指针	长度
讲师	1	4
教授	2	2
助教	3	3

（d）“职称”索引

图 10-7　多重表文件示例

10.6.2　倒排文件

倒排文件（Inverted file）和多重表文件的区别在于次关键字索引的结构不同。倒排文件的次关键字索引称为倒排表。在倒排表的索引项中没有头指针和链表长度项，而直接用一项存放具有同一关键字的所有记录的物理记录号或主关键字。值得注意的是，倒排表中具有一次关键字的记录号是有序排列的。图 10-7 所示的文件的倒排表如图 10-8 所示。

计算机	1，3，6，8
数 学	2，5，9
物 理	4，7

（a）专业倒排表

讲师	1，4，5，9
教授	2，6
助教	3，7，8

（b）职称倒排表

图 10-8 倒排表示例

在倒排文件中检索记录较快，特别是处理多个次关键字检索。在处理各种次关键字的询问时，只要在次关键字索引中找出有关的指针集合，再对这些指针集合进行交、并、差等逻辑运算，就可求出符合查询条件的记录指针，然后按指针到外存去存取记录。如前例，要查询数学专业的教授，只要分别在“职称”索引表上找“教授”、在“专业”索引表上找“数学”，得到指针集 A={2，6}、B={2，5，9}。由 A 与 B 的交集{2}得到指针 2，即可根据指针访问外存读取相应 2 号记录。

在插入和删除记录时，倒排表也要作相应修改，同时需移动索引项中的记录号以保持其有序排列。

倒排文件的缺点是：各倒排表的长度不同，同一倒排表中各项长度也不同，这给文件的维护带来困难。而且倒排表需要额外存储空间。

本章小结

本章主要介绍了如下一些基本概念：

数据项：数据项是文件中可使用的不可分的最小数据单位。一个数据项由若干个字符或数字组成，它代表某一事物的一种属性。数据项又称为数据域。

记录：记录是由一个或多个数据项根据一定的目的而组成的数据项集合

文件：文件是大量性质相同的记录组成的集合。

关键字：是能够区别文件中各记录的域。通常，把能唯一标识一个记录的关键字称为主关键字；而那些不能唯一标识一个记录的关键字称为次关键字；由两个以上关键字组成的关键字称为复合关键字。

文件的主要操作有：插入、删除、修改、检索等。

文件的物理结构是指文件在外存上的组织形式。按照文件的检索方式和物理结构，文件分为顺序文件、索引文件、索引顺序文件、直接存取文件、链接文件和多重链表文件、倒排文件。按所存放的外存设备，文件又可以分为磁带文件和磁盘文件等几类。

习 题 十

1．对文件的操作主要有那几种？

2．简述顺序文件、索引文件、索引顺序文件和直接存取文件如何建立的。

3．试写出建立一个已知文件的索引文件的算法（设建立索引的关键字段名为 keyword）。

4．已知数据类型为实数的文件 file1，其中的数据个数未知。试设计将文件 file1 逆序（或倒序）送入文件 file2 的算法。

参考文献

[1] 严蔚敏，吴伟民编著. 数据结构（C 语言版）. 北京：清华大学出版社，1997

[2] 宁正元主编. 数据结构——用 C 语言描述. 北京：中国水利水电出版社，2000

[3] 姚菁主编. 数据结构（C 语言版）. 北京：机械工业出版社，2000

[4] 许卓群主编. 数据结构. 北京：中央广播电视大学出版社，2001

[5] 薛超英主编. 数据结构——用 Pascal 语言、C++语言对照描述算法. 武汉：华中理工大学出版社，2000

[6] 李平编. 数据结构. 北京：电子工业出版社，1986

[7] 袁蒲佳，龙玉国，杨薇薇. 数据结构. 武汉：华中理工大学出版社，1991

[8] 杨秀金主编. 数据结构. 西安：西安电子科技大学出版社，2000

[9] 黄保和主编. 数据结构（C 语言版）. 北京：中国水利水电出版社，2000

[10] 李芳芸，沈被娜，王选民编著. 计算机软件技术基础. 北京：清华大学出版社，1993